国家社会科学基金项目（15CFX025）

非典型正犯
与犯罪参与体系研究

FEI DIANXING ZHENGFAN YU FANZUI CANYU TIXI YANJIU

张 伟 / 著

中国法制出版社
CHINA LEGAL PUBLISHING HOUSE

序言

共同犯罪历来被视为刑法学中“最黑暗、最混乱”的一章，以致有学者发出“绝望之章”的呼声。在笔者看来，正犯无疑是共同犯罪理论中那颗最璀璨的明珠。众所周知，围绕正犯的概念大致形成了限制的正犯概念与扩张的正犯概念这两种截然不同的基本观念，在限制的正犯概念基础上形成了正犯·共犯区分制共同犯罪立法模式与二元犯罪参与体系；以扩张的正犯概念为基础则形成了单一制共同犯罪立法模式与不区分正犯和共犯的统一犯罪参与体系。以德国、日本为代表的大陆法系国家中，有相当一部分国家刑法明确采纳了限制的正犯概念与区分制立法模式；比较而言，少数国家如奥地利、意大利等国刑法典则采纳了扩张的正犯概念与单一制共同犯罪立法模式。随着中外刑法学术交流日益广泛、深入，犯罪参与体系及共同犯罪立法模式问题近年来也进入我国刑法学者关注的视野，并逐渐形成学说上的对立与理论上的争鸣。共同犯罪是一个复杂的犯罪现象，其社会危害性也确非单个人犯罪能够比拟。正因如此，共同犯罪历来成为各国刑事立法与刑事司法预防并规制的重点。共同犯罪立法模式是共同犯罪立法的基调，决定着共同犯罪立法的思路、内容与立法技术，更是共同犯罪的刑法教义学展开的叙事背景，有必要对此问题展开深入研究，并作为构建我国犯罪参与理论的指导观念。

在以限制的正犯概念为基础构建的二元犯罪参与体系下，学界通常立足形式的侧面将正犯厘定为以自己的身体动作直接实施或分担构成要件行为的人，正犯之外的犯罪参与者皆归为共犯。正犯被视为共同犯罪的核心，也是整个共同犯罪理论建构的基石。比如，教唆犯一般被认为是“教唆他人使之实行犯罪者”，帮助犯被定义为“帮助正犯者”。比较而言，共犯则沦落为共同犯罪的“配角”或“边缘角色”，共犯通常从属于正犯而存在，此即共犯从属性理论；不仅如此，正犯与共犯在规范价值层面也存在明显的位阶关系，立法者通常会为正犯与共犯配置轻重有别的法定刑。据此，正犯与共犯被视为本质有别的犯罪参与形态。二元犯罪参与体系有关正犯与共犯的界分与定位看似简洁明了、处置得当，但实际上忽略了犯罪参与的复杂性，有将复杂问题简单化嫌疑。事实上，面对复杂的共同犯罪现象，限制的正犯概念与二元参与体系陷入捉襟见肘的局面，经常在逻辑的一贯性与个案的实质正义之间纠结、徘徊。为此，限制的正犯概念与二元犯罪参与体系不惜牺牲其逻辑与体系的一贯性以获得实质正义。比如，早期间接正犯概念的“腾空出世”，后续的共谋共同正犯、正犯后间接正犯等非典型正犯类型的相继生成，其实均为获得一个可欲的正当结果。但蓦然回首，限制的正犯概念与二元犯罪参与体系距离其理论初衷已然越来越远！不仅如此，一些过失的共动现象如过失共同正犯、结果加重犯的共同正犯等也使得限制的正犯概念与二元犯罪参与体系“雪上加霜”，暴露出二元犯罪参与体系的一些痼疾，如“体系二元论”的问题。

曾经在较长一段时间，犯罪参与体系与共同犯罪立法模式问题并没有引起我国刑法学界足够重视。在共同犯罪理论研究方面，我国学界习惯性地按照德、日刑法理论的通说即限制的正犯概念与二元参与体系展开我国共同犯罪理论的叙事与研究，并想当然地（或许也是无意识间）将我国刑法第二章第三节有关共同犯罪的立法归属于限制的正犯概念与二元犯罪参与体系。但深入比较研究中、日、德刑法典有关共同犯罪立法可知，我国共同犯罪立法明显不同于德国与日本，将我国的共同犯罪立法归入二元犯罪参与体系本身值得商榷。不仅如此，作为共同犯罪理论展开的叙事背景，即便要以限制的正犯概念与二元犯罪参与体系为指导构建我国犯罪参与理论，也有必要首先就二元参与体系本身展开深入研究，评估其科学性。

本书是本人主持的2015年国家社会科学基金项目“实质正犯理论与共同犯罪立法模式研究（项目批准号：15CFX025）”的最终结项成果。全书拟以限制的正犯概念为基础、以二元犯罪参与体系为检讨对象，重点以诸非典型正犯类型为研究切入点，通过深入分析各异的共动现象及二元犯罪参与体系的理论应对，结合限制的正犯概念与二元犯罪参与体系的基本逻辑预设，深刻剖析其可能存在的结构性问题，并在诸非典型正犯概念指涉的理论方向上研究单一的正犯概念与统一正犯体系，主张以此为指导观念并立足我国共同犯罪立法的特殊规定，展开我国的共同犯罪理论研究，不失为一种有益的学术尝试！

目录

第一章　正犯概念的实质化

第二章 “正犯后间接正犯”与犯罪参与理论

第三章 “共谋共同正犯”与犯罪参与理论

01

第一章 正犯概念的实质化

CHAPTER

第一节 正犯概念实质化的叙事语境

一、德、日等国和地区区分制立法例

在限制的正犯概念看来，正犯是亲自实施或分担构成要件行为的人，共犯则是实施了基本构成要件行为以外行为的人。在正犯与共犯区分制模式下，通过强调正犯概念的形式特征能较容易据此将正犯与共犯界分开来，同时也维持了正犯概念的明确性，有其历史的合理性。在此基础上形成的二元参与体系则是指在法律条文之中，不仅就犯罪之成立在概念上区分正犯和共犯（包括教唆犯和帮助犯），而且在刑罚评价上对两者也加以区别的体系。目前采纳这一体系的代表有《德国刑法典》《日本刑法典》《韩国刑法典》以及我国台湾地区“刑法”等。

《德国刑法典》第二章第三节规定了“正犯与共犯”，共计7个条文：

第25条 （正犯）

（1）自己实施犯罪，或通过他人实施犯罪的，依正犯论处。

（2）数人共同实施犯罪的，均依正犯论处（共同正犯）。

第26条 （教唆犯）

故意教唆他人故意实施违法行为的，是教唆犯。对教唆犯的处罚与正犯相同。

第27条 （帮助犯）

（1）对他人故意实施的违法行为故意予以帮助的，是帮助犯。

（2）对帮助犯的处罚参照正犯的处罚，并依第49条第1款减轻其刑罚。

第28条 （特定的个人特征）

（1）正犯的刑罚取决于特定的个人特征（第14条第1款）的，如共犯（教唆犯或帮助犯）缺少此等特征，依第49条第1款减轻处罚。

（2）法定刑因行为人的特定的个人特征而加重、减轻或排除的，其规定只适用于具有此等特征的行为人（正犯或共犯）。

第29条 （共犯责任之独立性）

数人共同犯罪的，各依自己的责任受处罚，不考虑他人的责任。

其后，第30条规定了共犯的未遂，第31条规定了共犯的脱离。①

---

① 第30条（共犯的未遂）1. 命令或教唆他人实施重罪而未遂的，依该重罪的未遂论处，并依第49条第1款减轻处罚。可相应地适用第23条第3款的规定。2. 示意他人犯罪，或接受他人的犯罪请求，或与他人约定实施重罪，或教唆他人实施重罪的，其处罚适用前款规定。第31条（共犯的脱离）1. 具有下列情形之一的，不依第30条处罚：（1）自动放弃命令他人犯重罪的意图，并消除可能存在的他人实施犯罪的危险的；（2）在表示愿意实施重罪之后自动放弃其计划的；或（3）与他人约定实施重罪，或接受他人实施重罪的请求后，自动组织犯罪的。2. 没有脱离者的帮助犯罪也会停止，或没有脱离者的行为犯罪也会实施的，只要脱离者主动且真挚努力阻止犯罪实施的，应免除其刑罚。

《日本刑法典》第十一章规定了“共犯”，共计6个条文，分别规定了共同正犯、教唆、帮助、从犯减轻、对教唆和帮助的处罚限制以及身份犯的共犯等：

第60条（共同正犯）

二人以上共同实行犯罪的，都是正犯。

第61条（教唆）

教唆他人实行犯罪的，判处正犯的刑罚。

教唆教唆犯的，与前项同。

第62条（帮助）

帮助正犯的，是从犯。

教唆从犯的，判处从犯的刑罚。

第63条（从犯减轻）

从犯的刑罚，按照正犯的刑罚予以减轻。

第64条（对教唆和帮助的处罚限制）

仅应判处拘留或者科料之罪的教唆犯和从犯，如果没有特别规定的，不处罚。

第65条（身份犯的共犯）

对于因犯罪人身份而构成的犯罪行为进行加工的人，虽不具有这种身份的，也是共犯。

因身份而特别加重或减轻刑罚时，对于没有这种身份的人，判处通常的刑罚。

我国台湾地区“刑法”第四章规定了“正犯与共犯”，共计4个条文，分别规定了共同正犯、教唆犯及其处罚、帮助犯及其处罚以及拟制之正犯与共犯：

第28条 （共同正犯）

二人以上共同实行犯罪之行为者，皆为正犯。

第29条 （教唆犯及其处罚）

教唆他人使之实行犯罪行为者，为教唆犯。

教唆犯之处罚，以其所教唆之罪处罚之。

第30条 （帮助犯及其处罚）

帮助他人实行犯罪行为者，为帮助犯。虽他人不知帮助之情者，亦同。

帮助犯之处罚，得按正犯之刑减轻之。

第31条 （拟制之正犯与共犯）

因身份或其他特定关系成立之罪，其共同实行、教唆或帮助者，虽无特定关系，仍以正犯或共犯论。但得减轻其刑。

因身份或其他特定关系致刑有重轻或免除者，其无特定关系之人，科以通常之刑。

二、二元犯罪参与体系特色

域外有关共同犯罪之区分制立法模式就其特点而言，可概括为如下四点。

其一，坚持构成要件的实行者与参与者系本质各异的犯罪类型的立场，将共同犯罪人区分为正犯和共犯。申言之，以自己的身体直接分担或实施构成要件行为者，属于正犯即真正的犯罪人；共犯是分担法定构成要件行为以外的犯罪参与者，刑法总则有关教唆犯与帮助犯的规定，为处罚共犯提供了实定法上的依据，此谓“刑罚扩张事由”。

其二，在正犯与共犯的关系上，通常（说）坚持共犯之于正犯的从属性理论，也即狭义共犯的成立以从属于正犯为必要。根据《德国刑法典》第26条、第27条有关教唆犯与帮助犯是教唆、帮助他人“故意实施违法行为”的规定，德国刑法理论通说明确采用了限制从属性说的立场；该说也是日本刑法学界的通说，团藤重光、平野龙一、大塚仁、曾根威彦、川端博、山口厚、林干人等均持此说。[①]

其三，在正犯与共犯的不法程度方面，正犯、教唆犯、帮助犯呈现一种由多到少的落差走向，立足刑法评价的角度，可称之为规范上的层次关系。[②]一般来说，正犯的不法程度高于教唆犯，教唆犯的不法程度又稍重于帮助犯，即不法呈由重到轻的关系。

其四，与前述第三点紧密相关，实定法上为正犯与共犯配置了轻重不同的法定刑。通常来看，教唆犯之刑比照正犯，但帮助

---

① 陈家林：《外国刑法通论》，中国人民公安大学出版社2009年版，第512页。

② ［德］约翰内斯·韦塞尔斯：《德国刑法总论》，李昌珂译，法律出版社2008年版，第333页。

犯之法定刑配置通常明确规定“得按正犯之刑减轻”。

根据上述特征，学界将二元犯罪参与体系的优点概括为如下四个方面：

其一，共同犯罪的行为样态多元、行为性质迥然各异，对此一客观现实情况立法上理应予以充分反映。相较于统一正犯体系，二元犯罪参与体系能够较深入地揭示和反映现实生活中所存在的纷繁复杂的共犯现象。

其二，在二元犯罪参与体系内，本来值得予以刑法规制的是对法益造成直接侵害的正犯，教唆或帮助行为并不能独立且直接造成法益侵害，因而不能独立构成犯罪。只有当教唆或帮助行为加工于正犯的实行，才有予以规制的必要。换句话说，坚持共犯从属性理论，为刑法处罚教唆与帮助行为设置了一个前提，如此合理限制了共犯的处罚范围。①

其三，限制的正犯概念的意义不是只在于将正犯局限在实施不法构成要件的行为人，更在于透过分则构成要件以拘束共犯的成立范围，避免司法者在不能确定犯罪参与人是正犯的情形下，不加区别地将其皆认定为共犯。就此而言，二元犯罪参与体系维护了构成要件的定型化机能，具有保障并实现法治国的意义。②

其四，二元犯罪参与体系注重正犯与共犯的界分，而对两者进

① 钱叶六：《共犯论的基础及其展开》，中国政法大学出版社 2014 年版，第 10 页。

② 许泽天：《共犯之处罚基础与从属性》，载许玉秀等编：《罪与刑：林山田教授六十岁生日祝贺论文集》，五南图书出版公司 1998 年版，第 87 页。

行界分是共犯观念成熟的标志。[①] 分界乃是概念精致化的必然结论，分界有其程序目的，即在于更有效地发挥体系功能。因为分界困难而放弃分界，是逃避问题，不是解决问题。分界其实是进化的当然现象，文明进化的过程是不断地变更界标，寻找更有效的分界方法，而不是放弃分界。[②]

三、二元区分与正犯概念的实质化

在以限制的正犯概念为基础建构的二元犯罪参与体系中，正犯被视为共同犯罪的“核心人物”，而包括教唆犯与帮助犯等在内的狭义共犯则被逐步边缘化，沦为正犯的“配角”。基于构成要件的罪刑法定功能，在限制的正犯概念提出之初，正犯被厘定为以自己的身体活动实施或分担构成要件行为的人即实行行为者，在此，正犯与法定构成要件行为或实行行为存在内在的逻辑对应与界定关系。共犯仅为实施法定构成要件行为之外的类型化的犯罪参与行为者，共犯行为与非实行行为直接对应。在此，不能想象正犯没有亲自分担或实施法定构成要件行为，更不允许分担或实施了法定构成要件的行为者最终被认定为共犯。

但是，伴随着实质犯罪论全面深入地展开，以德、日为代表的大陆法系刑法理论在共同犯罪领域近来也出现了诸多新动向，

---

① 陈兴良:《共同犯罪论》(第二版)，中国人民大学出版社 2006 年版，第 522 页。

② 许玉秀:《当代刑法思潮》，中国民主法制出版社 2005 年版，第 565 页。

最为显著的表现莫过于正犯概念的不断实质化，由此导致正犯与法定构成要件行为（实行行为）、共犯与非实行行为原本严谨工整的对应关系荡然无存；在正犯概念实质化的发展方向上，非典型正犯概念与类型被不断地创造性提出，客观上导致正犯的外延不断泛化即所谓的“正犯肥大化现象”。在此，有必要以德、日等国和地区刑事立法为叙事背景，一方面就正犯概念实质化趋势及其根基、脉络进行学理上的分析与追问，另一方面也有必要以此为契机思考我国共同犯罪理论可能的重构方案。

第二节　正犯概念实质化及根基追问

一、德、日正犯概念实质化趋势

众所周知，在二元犯罪参与体系内，正犯是相对于共犯而言的。限制的正犯概念论者起初多从形式侧面厘定“正犯”，一般认为正犯系亲自实施或分担基本构成要件行为即实行行为的人；与此相对的共犯，则被视为实施教唆、帮助等非实行行为继而满足修正的构成要件的人。[①] 随着犯罪参与理论研究逐步深入，新的犯罪参与形式与参与形态也层出不穷。在共同犯罪理论研究与实践中继续坚持贯彻落实罪刑法定原则，并以此为指导在构成要件符合

① ［日］大塚仁：《刑法概说（总论）》（第三版），冯军译，中国人民大学出版社 2003 年版，第 277 页。

性之判断问题上严格限制对参与行为的处罚范围固然重要；与此同时，考虑到区分制立法有关各参与形态在法的评价尤其是法定刑配置方面的差异性，立足罪刑相当原则，基于满足刑法规制与刑罚处罚上的合理需要，扩张犯罪参与理论的适用面向，逐步调整正犯与共犯的界限，尤其是不断扩张正犯的外延与范畴，显得尤为重要与紧迫。不得不承认，形式客观说在共同犯罪领域确实比较好地贯彻了罪刑法定原则，实现了正犯与共犯界分的明确性要求，但是，我们也必须直面其不能完全满足刑法法益保护的机能以及在实现罪刑相当这一刑法基本原则时力有不逮这些短板，故抛弃形式的客观说继而转向实质的判断标准自然成为学说发展的方向。因此，在形式客观说之外，新的正犯与共犯界分标准也层出不穷，诸如必要性说、同时性说、重要作用说、规范的综合判断理论以及以罗克辛为代表的犯罪事实支配理论等。

与形式客观说相比，不论是必要性说、同时说、优势说，还是危险性程度说、重要作用说，抑或是犯罪事实支配理论，无疑均可归入实质说范畴。其共同之处是不再简单以是否亲自实施或分担构成要件行为作为正犯与共犯的界分标准，而是依据参与者在共同犯罪中的作用或价值大小作为判断正犯与共犯的依据。正犯系在共同犯罪中起重要作用者或支配共同犯罪进程的人；反之，在共同犯罪中仅起次要或辅助作用或者受他人支配参与犯罪活动的人，皆纳入共犯范畴。很明显，正犯与共犯的界分标准已由形式的区分转为实质的判断，正犯与共犯不再局限于物理的、参与形态上的差异；相反，正犯与共犯界分承载了某种价值评判，担负着定罪与量刑的双重使命。也就是说，从判断的结局上看，不论是作为德国通说的行为支配理论抑或是日本通说的重要作用说，均将在共同犯罪中起主要作用的行为人认定为主犯，即便其压根儿没有分担构成要件行为；与此同时，将在共同犯罪中起次要作用的参与者认定为从犯，即便其事实上分担了构成要件行为。至此，可以认为，德、日刑法学中正犯主犯化态势明显。①

正犯概念由早期形式正犯论转向实质正犯论的过程中，正犯的范畴亦有扩张之势，在早期或传统的间接正犯之外，出现了新的正犯形态，如“共谋共同正犯”“正犯后间接正犯”“附加的共同正犯”等概念。伴随着上述变迁，出现下述现象也就不足为奇了：分担实行行为的并不必然构成正犯，自始至终未分担实行行为的则被广泛认定为正犯。正如西原春夫教授在考察共同犯罪中实行行为的意义时指出，通过自己分担实行行为这种形态加工的人，无论是从意思方面看还是从行为方面看，均具有与单独正犯相同程度的当罚性。但例外的情况是，即使客观上分担了实行行为，也并不一定对犯罪的实现具有决定性的作用，这样的人应当作为从犯来处理。②至此，“正犯＝实行犯即实施或分担构成要件行为者，共犯＝非实行犯即在基本构成要件行为之外协力于正犯者”这种相互界定关系被打破，正犯与实行行为之间内在的逻辑对应关系荡然无存！

---

① ［日］金光旭：《日本刑法中的实行行为》，载《中外法学》2008年第2期。

② ［日］西原春夫：《犯罪实行行为论》，戴波、江溯译，北京大学出版社2006年版，第276页。

二、正犯概念实质化演进路径

正犯概念实质化与共犯界限论是一个问题的两个方面。事实上，实质的正犯概念正是通过不断调整正犯与共犯界分标准来实现的，此即正犯概念实质化的实现路径，其过程是复杂的。由于单一正犯体系下不需要区分正犯与共犯，故共犯界限论这一课题仅存在于正犯与共犯二元犯罪参与体系下。其核心问题系如何界分正犯与（狭义）共犯。在此，立足学说史的角度，从宏观层面了解正犯与共犯界分的全过程更有助于掌握正犯概念客观化、实质化的发展脉络。回顾上述演进轨迹，可以说德、日刑法理论与实务在此问题上大致形成并经历了主观说、形式客观说与实质客观说。

（一）主观说及其检讨

主观说以因果关系论中的条件说为基础，认为对结果起作用的所有条件都是结果发生的原因，都是等价的。因此，不论正犯与共犯都是结果发生的条件，不可能从客观层面对正犯与共犯作出正（准）确区分。故此，只能从犯罪参与者的主观方面寻求正犯与共犯区别的依据。主观说中的意思说主张行为人以正犯者意思而实施犯罪行为者即为正犯，若以共犯意思实施犯罪行为即为共犯，德国刑法学者布黎（Buri）是该说的代表人物。[①]1935 年中

---

① 朴宗根:《正犯论》，法律出版社 2009 年版，第 48 页。

华民国最高法院刑庭总会决议在帮助犯与正犯的区别标准方面基本上是以主观说（尤其是意思说）为基础，成为当时乃至以后台湾地区旧“刑法”时代权威的法律解答。① 主观说中的利益说则认为正犯应当系为自己的利益实施犯罪者，而为他人的利益实施犯罪者则为共犯。例如，德国刑法学者鲍曼（Baumann）认为：共同正犯为，“凡欲支配犯罪，即使其于结果并无利益之人”；或者“凡于结果有利益，即使其于犯罪仅欲为无关紧要的加功之人”。帮助犯则为，“凡于结果有些微利益，且对犯罪仅欲为不重要的加功之人”。② 主观说曾作为德国帝国裁判所判例的依据在司法实务中一

---

① 1935年中华民国最高法院刑庭总会决议：1. 以自己犯罪之意思而参与犯罪构成要件之行为者，为正犯。2. 以帮助他人犯罪之意思而参与犯罪构成要件之行为者，为正犯。3. 以帮助他人犯罪之意思而参与，其所参与之行为，为构成要件以外之行为者，为从犯。4. 以自己犯罪之意思而参与，其所参与之行为，为犯罪构成要件以外之行为者，为正犯。又在犯罪者实施犯罪行为前有所参与，其参与者之行为究竟应认为是从犯之行为抑或应认为是共同正犯之行为，应视下列情形而定：1. 他人已决意犯罪，如以犯罪意思助成其犯罪之实现者，或予以物质上之助力（如借予凶器而为有形之帮助行为），或予以精神上之助力（如颂扬犯罪行为或预祝其犯罪成功而为无形之帮助行为），皆为从犯。他人犯罪虽已决议，若以犯罪意思促成其犯罪之实现，如就犯罪实行之方法、犯罪实施之顺序而有所表示，应认为共同正犯，不能认为从犯。该在如斯情形之下，其表示之意见已构成犯罪者实施犯罪行为之内容，不啻加工于犯罪之实现也。2. 上述之“助成”及“促成”情形，应以程度之高低（程度高为正犯，程度低为从犯）及其行为是否构成实施犯罪行为之内容为标准。

② 黄惠婷：《我国与德国刑法共犯理论的发展》，载《刑事法杂志》1996年第6期。

度被采纳，“浴盆案”可谓最具代表性的判例。[①]在日本的大审院时代，主观说也曾作为部分判例的判旨。[②]

主观说在正犯与共犯的区别上重视犯罪参与者的主观因素，这一点是值得肯定的，因为正犯的意思内容与帮助犯的主观认识毕竟有别。但是主观说的缺陷也是非常明显的：首先，作为该说的理论前提即因果关系论中的条件说，并非一个真实的命题。不同行为与结果之间的因果关系并非一律等价，直接因果关系、间接因果关系以及相当因果关系等概念的频繁使用就说明不同行为与结果之间的联系是有强有弱的。其次，研究方法有欠妥当。犯罪行为由主、客观要素结合而成，从单纯的犯罪参与者的主观方面寻求正犯与共犯的差异说明上述学说在认识方法上具有片面性。在以构成要件为核心的犯罪论中，放弃以构成要件为标准而仅以其中一个组合因素为标准寻求共犯与正犯的区别，不考察基本构成要件与修正构成要件之间的差异，这也注定了主观说必将陷入

---

① 当未婚的妹妹生下婴儿后，担心遭受凶暴的父亲的毒打而产生杀害婴儿的念头，只因产后身体虚弱而无能为力，遂委托其姐姐将婴儿放入浴盆中溺死。姐姐由于同情其妹妹的处境遂同意帮忙，将婴儿放入浴盆中溺死。德国帝国最高法院依据主观说，认为姐姐的行为构成共犯，而婴儿的母亲即未婚妹妹则不仅具有正犯的意思，而且为了自己的利益实施犯罪，故应成立正犯。

② 被告人X及第一审共同被告Y为各自获得火灾保险金，商议遂行放火行为，而由被告X提供放置于啤酒瓶中的石油作纵火材料，Y则担任放火之实行行为，并约定若仅其中一人取得保险金，亦应将所得金额分配于另外一人。大审院于1931年判决中指出，数人以共同遂行犯罪之意思而商议、约定实行行为之担当者，其他未亲自担任实行行为之人亦应认为因担当者之行为而实行犯罪。据此认定X、Y构成共同正犯。

窘境。再次，意思说不仅缺乏明确性而且导致循环论证。正如我国学者指出的正犯意思和共犯意思，作为区分共犯和正犯为前提，这就导致循环论证，不符合逻辑规则。[①] 最后，利益说所主张之正犯——自己的利益、共犯——他人的利益，并不具有逻辑与事实上的必然对应性。正犯完全有可能为了他人的利益，而共犯也不能一概排除为了自己的利益而犯罪。不仅如此，为了自己的利益与为了他人的利益也并不冲突，在此，如何界分正犯与共犯也会陷入“纠结”局面。

（二）形式的客观说及其困境

形式的客观说以构成要件为基础，以刑法分则描述之构成要件行为作为区别正犯与共犯的标准，认为正犯是指自己实施一部分或全部构成要件该当行为之人，而帮助犯则指经由一个准备行为或支持行为，而参与他人实现不法构成要件之人。[②] 该说由德国刑法学者比克迈尔（Birkmeyer）首倡，得到贝林（Beling）、迈尔（M.E.Mayer）、李斯特（Liszt）等学者的支持，使得该说在1915—1933年在德国成为通说；该说为日本学者小野清一郎教授继受并介绍到日本，也曾经一度成为日本刑法理论的通说，日本大审院

① 陈家林:《共同正犯研究》，武汉大学出版社2004年版，第10页。

② 林山田:《刑法通论》（下册），元照出版公司2008年版，第42页。

时代的许多判例均以此说为根据。[①] 近年来，该说虽不断受到挑战，但由于团藤重光、大塚仁、福田平、川端博等学者的鼎力支持，使得该说在日本学界仍保持着相当的地位。

形式客观说以构成要件为核心与基准未界定共犯与正犯，主张限制的正犯概念，以此构建了二元的犯罪参与体系，并长期成为德、日共犯理论的通说，在刑事司法的相关判例中也得到贯彻。但是，在德、日刑事立法体系下，形式的客观说在很多场合存在解释论上的障碍与贯彻上的不一致。首先，实行行为与正犯之间的关联性越来越模糊，原来的"你就是我、我就是你"的内在对应性已不复存在。如果说间接正犯的出现已经使得形式客观说"疲于应付"，那么，共谋共同正犯的出现则完全打破了以构成要件为基准的形式客观说的理论预设。为了惩治"幕后黑手"，德、日刑法学家不得不由形式的解释论转为实质的解释论，从实质上寻求"幕后黑手"以及虽然仅实施帮助行为但在犯罪参与中扮演举足轻重角色者的正犯化根据，即广泛承认"正犯背后的正犯"，而这已与形式客观说的理论初衷相悖或者说越走越远。由于形式客观说存在上述疑问，实质客观说作为对前说的修正与补充而产生，并

① 被告人与X共谋潜入X之主人家中行窃，被告人受X之托代为保管其衣服等物品并在路上等候X，由X单独潜入其主人家中实施盗窃。原审认为被告人与X构成盗窃罪的共同正犯。但大审院认为，虽然被告人参与盗窃之谋议，但毕竟没有分担盗窃之实行，原审法院将被告人论以盗窃之实行正犯，置被告有无对该实行行为或与该实行行为密切且必要之行为加以分担而不论，认定原判决不当并予以撤销。

努力从实质的犯罪论角度对正犯与共犯的区别做出解说，单纯就其理论初衷而言无疑是值得肯定的。

（三）实质的客观说及其检视

实质的客观说也可谓折中说，该说主张综合考虑主客观方面因素从而实质性地厘定犯罪参与者的角色，但在根据何种方法以及判断基础论证正犯与共犯的界分，尤其是帮助犯与共同正犯、教唆犯与间接正犯的区别上，德、日两国刑法理论呈现大相径庭之态。整体来看，犯罪支配理论在当今德国刑法理论界占据通说地位；在日本，以大谷实为代表的主客观结合说以及以西原春夫为代表的重要作用理论，体现了近来日本刑法理论在共犯与正犯区分方面新的发展动向。当然，从学术史的角度看，也有必要就重要作用说或行为支配理论出现之前且风靡一时的必要性说与同时性说作一简单介绍。

1. 必要性说。该说以因果关系中的原因说为基础，认为当某一行为对结果的发生来说是必不可少的原因时，其行为者为正犯；如果某一行为对结果的发生来说只是一种条件时，其行为者为共犯。必要性说以自然科学上力的强弱为标准来区分原因与条件，但刑法上的因果关系不是物理学意义上的因果关系，应当根据社会的观点加以推导。因此，必要性说也不再有支持者。[①] 以因果关系论为基础的必要性说在如何区别条件与原因、如何具体确认某

---

① 陈家林:《外国刑法通论》，中国人民公安大学出版社 2009 年版，第 491 页。

一行为是否对结果来说是不可或缺的这一根本问题上，不能做出令人信服的解答。例如，必要性说就很难对择一的共同正犯与累积的共同正犯[①]作出解释。事实上，必要性说仍然是自然科学的考察方法在刑法学上的运营与体现。但作为一门带有价值判断的学问，应当更多地从规范论的角度对相关问题进行考证，因此，必要性说所采用的考察方法在强调价值判断、规范评价的刑法学中也是存在疑问的。

2. 同时性说。该说以实施犯罪行为的时间为标准，认为在犯罪行为实行之时对犯罪事实予以助力的，是正犯；在犯罪行为实行之前予以加功的，是共犯。这样的区分方式在19世纪中叶曾经一度风行，并对很多国家的法典编纂产生过影响。在20世纪初，该说也曾出现在德国帝国法院的判决中，英、美、法等国刑事法律也曾经采纳过该理论。[②]我国早在《暂行新刑律》时代也以此说为理论根据，当时刑法第29条第2款规定：于实施犯罪行为之际帮助

---

① 这是德国学者鲁道菲（Rudolphi）提出的共同正犯分类类型，他提出这种分类也主要是为了批判罗克辛的机能的行为支配论。在鲁道菲看来，前者存在机能的行为支配，而后者不存在。因此，机能的行为支配无法说明后者的正犯性。所谓累积的共同正犯，是指从最初开始各共同行为人都有可能引起构成要件结果的情况。而择一的共同正犯，则是指从最初开始行为人中就只有一人的行为能引起构成要件结果的情况。如AB两人共同计划杀人，分别埋伏在不同的小道的情况。被害人如果经过A所埋伏的道路，那么A就可以杀害被害人，反之，如果被害人从B埋伏的道路走，则A对B的杀害行为没有发挥共同作用，一般认为A也成为杀人罪的共同正犯。陈家林：《析共同正犯的几个问题》，载《法律科学》2006年第1期。

② 刘思凡：《共犯界限论》，中国人民公安大学出版社2011年版，第70页。

正犯者，准正犯论；第 31 条第 1 款规定：于实施犯罪行为以前帮助正犯者，为从犯。1913 年 10 月 23 日司法部指令 1522 号、1915 年上字第 221 号大理院判例、1916 年上字第 31 号大理院判例均以此为据，将“把风”行为认定为正犯。[①] 该说虽然在帮助犯与正犯的区分标准上实现了简单明了，但该说的合理性也值得怀疑。正如我国学者指出的，过分地拘泥于犯罪行为的遂行时间，完全排挤了共犯参与犯罪形态的多样性和具体性，因而不可能正确地把握正犯和共犯的实质。[②]

3. 重要作用说。重要作用说是由日本学者西原春夫教授以共同意思主体说为基础而提倡的，认为共同正犯与帮助犯的区别在于是否对犯罪实现起到了重要的作用。所谓重要的作用，是指既然将共同正犯作为正犯来处罚，那么必须能够将之评价为与单独正犯实行行为具有相同的价值，而且，这种重要的作用应当综合行为人的主观意欲、客观行动（也包括参与谋议）、对共同意思主体的活动所起的作用（有时候也包括其在共同意思主体内部的地位）等要素的基础上进行判断。当然，西原春夫教授也类型化地探讨了诸如望风行为、单纯参加谋议等情形是构成正犯抑或是共犯。并且明确指出，即使客观上分担了实行行为，但并不一定对犯罪的实现具有决定性作用；或者从其主观上看，只不过具有帮助

① 陈子平：《共同正犯与共犯论——继受日本之轨迹及其变迁》，五南图书出版公司 2001 年版，第 18 页。

② 朴宗根：《正犯论》，法律出版社 2009 年版，第 48 页。

他人犯罪的意思，这样的人应当作为从犯（帮助犯）来处理。[①] 该说目前是日本刑法理论的通说。若立足正犯与共犯在规范上的层级关系考虑，如此区分正犯与共犯确实遵从了实质的价值判断，也能够很好地实现罪刑相当原则。唯值得反思的是，如此界分正犯与共犯其最终结果是否会背离限制的正犯概念与二元犯罪参与体系的理论初衷。

4. 行为支配理论。犯罪支配理论之功能性支配说的发展脉络颇为复杂，该理论内部尚存在一元正犯理论的行为支配论与多元正犯理论。前者中复存在以威尔策尔为首倡者的目的行为支配论，即主张正犯是在认识自然的因果法则基础上，采用适当的手段与行为方式，根据一定的意图，有目的地统制行为的发展；比较而言，共犯仅对其所参与的行为具有支配作用，对于犯罪事实本身则无目的的行为支配。以莫拉赫为代表的客观的行为支配论则更强调从客观侧面认识行为支配，认为正犯与共犯的区分以行为支配为标志，不论是直接正犯、间接正犯还是共同正犯都具有如下特征：将涵盖于故意中之构成要件符合性的事态经过握在手中，也就是指行为人所意识的构成要件实行上的统制可能性。与此同时，作为犯罪支配理论的集大成者，罗克辛教授的犯罪支配说以限制的正犯概念为基础，以犯罪参与者的主观与客观方面作为判断的依据，以犯罪支配作为判断的标准，认为行为人在整个犯罪过程

---

① ［日］西原春夫：《犯罪实行行为论》，戴波、江溯译，北京大学出版社2006年版，第274—278页。

中居于犯罪支配的地位者，即为正犯；否则，即为共犯。[①]在此基础上，罗克辛教授依正犯类型的差异，将支配犯复分为行为支配、意思支配以及功能支配。以行为支配用来解释单独正犯与直接正犯，意思支配则为间接正犯的正犯性找到了理论根据，功能的犯罪支配被用来解释共同正犯。在功能性支配理论看来，共同正犯中的每一个参与者对于犯罪行为的实现，无论在主观上还是在客观上均具有依其扮演角色的功能性的犯罪支配。虽在未参与构成要件该当行为这点上与帮助犯相似，但在主观上若存在共同的行为决议，而且系在共同行为决议下的角色分工，同样是功能的犯罪支配。而帮助犯与正犯之间并无共同的行为决议，就其对整个犯罪进程的贡献来看，也无功能的犯罪支配，两者的界限是明确的。罗克辛指出欲存在功能性支配，须具备三个核心条件：共同的犯罪计划、共同的实行以及实行阶段作用的重要性。支持该种学说的判例也不乏其数，近年来，在德国以及日本也出现了以功能性支配理论为标准认定正犯与帮助犯的判例。[②]当然，考虑到特别

① 林山田：《刑法通论》（下册），元照出版公司2008年版，第42页。

② 例如被告人将自己产期迫近的女朋友带到一个没有人烟的地方以后，使他的女朋友在那里产下了私生子。他欲除掉这个私生子，故意把婴儿放置在野外致使婴儿因寒冷冻死。原判决认定被告犯有杀人罪，被告提出上诉。德国法院第二刑事部于1932年在判决中指出，被告人作为私生子的父亲有义务使婴儿的生命处于安全境地，但故意违反致使婴儿被冻死，其不作为与婴儿的死亡之间存在因果关系。考虑到被告人对外是强壮的男性，具备主导力，内在上他意图使新生儿死伤，整体上对全部的事态具有操控性，因此不可能只是帮助犯而应该是共同正犯，据此驳回被告的上诉。

犯的特殊性，罗克辛教授也明确指出，义务犯与自手犯的正犯性需要从别的观点加以判断。但诚如批评者所指出的，威尔策尔的行为支配论是以目的行为论为基础，而目的行为论作为行为理论本身就不科学，不能说明过失行为，以此为基础说明正犯与共犯的区别，也就很难提出科学的根据。莫拉赫坚持客观的行为支配，但又认为需要从社会的、规范的视角进行实质的考察，这就不可避免地产生判断的不确定性。罗克辛的观点使行为支配本身的概念空洞化，不能说明一切非典型的共同正犯，也不能精确地区分正犯与教唆犯、帮助犯。[①] 即便如此，不容否认的是，犯罪事实支配理论在德国刑法学界仍处于通说地位。“支配犯”是正犯的代名词，正犯是犯罪过程的核心人物，是支配导致犯罪实现的事件的人，而共犯对这一事件虽然同样有影响，但他的实施并不是决定性的。[②]

不论是行为支配说还是重要作用说，都是从主客观方面综合考察正犯与共犯的区别，这一点是符合主客观相统一的认识观的。而尤为重要者，折中说更是从实质上而非形式上寻求正犯（尤其是共同正犯）与帮助犯的区别，就此而言，该说是在实质说的延长线上展开的，而这也是符合实质的刑法解释论的。因此，折中说中不乏值得肯定之处。德国联邦最高法院之所以认为被告构成帮助犯而非共同正犯，皆因综合被告人在共同犯罪中的表现，判

---

① 陈家林:《外国刑法通论》，中国人民公安大学出版社 2009 年版，第 492—496 页。

② ［德］克劳斯·罗克辛:《正犯与犯罪事实支配》，劳东燕译，载陈兴良主编:《刑事法评论》第 25 卷，北京大学出版社 2009 年版，第 2 页。

定其对犯罪事实缺乏“支配作用”。整体来看，不论是德国的行为支配理论还是日本的重要作用说，均基本倾向于从犯罪参与者在共同犯罪中的地位与作用角度区分正犯与共犯。正如日本学者金光旭教授指出的，归根结底，共同正犯与狭义共犯的区别，只能根据其在犯罪中所发挥作用的重要性来判断，中国刑法也将作用的大小作为区别主犯与从犯的标准。在此意义上，我认为完全有可能把中国的主犯和日本的共同正犯放在一个平台上加以探讨。① 我国也有学者发表过类似观点，认为当今德、日刑法上的正犯概念已经相当于我国刑法上的主犯概念。② 显然，折中说中部分学说虽存在进一步商榷之处，但在二元犯罪参与体系下，折中说在区分共犯与正犯的思考维度上应当说是正确的，至于该说内部的不同观点，笔者以为并无实质性冲突，可以相互参考、补正。

三、正犯概念实质化根基初步追问

德、日正犯概念实质化背后有其深层次的理论与制度根基，从根源上探寻正犯与共犯界限变迁的内在逻辑关联性，对全面认识这一理论动向具有重要意义。窃以为，上述变迁的终极原因恐怕是德、日共犯立法的特殊性使然。

首先，诚如前述，德、日共犯立法采二元区分制，严格区分正

① ［日］金光旭：《日本刑法中的实行行为》，载《中外法学》2008 年第 2 期。

② 江溯：《犯罪参与体系研究——以单一正犯体系为视角》，中国人民公安大学出版社 2010 年版，第 74 页；陈洪兵：《共犯论思考》，人民法院出版社 2009 年版，第 243—247 页。

犯与共犯，根据参与形态分别规定法定刑，教唆犯比照正犯处罚、帮助犯比照正犯从轻或减轻处罚。从立法上看，区分正犯与共犯不仅关涉参与行为是否构成犯罪、构成何种形态的共犯，而且与在何种法定刑幅度内裁量刑罚有密切关系。刑罚裁量除却考虑影响刑罚轻重的一些专属于个人的特殊因素外，主要还应根据参与者在共同犯罪中所起作用大小来决定。至于所起作用大小，则应依据参与者在共同犯罪中所处地位、所扮演之角色、犯罪参与的程度、主观意思、获利多少、个人影响力等因素综合判断。传统的分工分类法根据参与形态区分正犯与狭义共犯，这种界分偏重于对事实的描述与归纳，基本不涉及规范的、价值的评判。言其对定罪有益，也仅出于事实与规范对接时不同参与形态如何适用刑法分则相关构成要件这一考虑：根据分工分类法所得之教唆犯与帮助犯具有相对定型性。正所谓正犯与共犯二元区分的立法都是以罪刑法定主义的构成要件观念为基础的。[①] 上述形式的界分原本并不关涉价值或意义，但德、日共犯立法却在正犯与共犯这种参与形态之上人为地附加了价值评判：根据参与形态配置、裁量法定刑，这无疑宣示“正犯是主犯，应从重处罚，共犯是从犯，应从轻、减轻处罚”。如此一来，分工分类法必须发挥其本不具备的功能，而该功能原本应通过作用分类法实现。最终正犯与共犯的界分就不再是简单地考虑参与形态，更多的是出于罪刑相当原则的考虑，

---

① ［日］大谷实：《日本刑法中的正犯与共犯——与中国刑法中的共同犯罪相比照》，王昭武译，载《法学评论》2002 年第 6 期。

依据参与者在共同犯罪中的作用大小进行区分。

其次，立足立法论的考察，当今德、日刑法典共犯立法中没有规定组织犯。所谓组织犯是指组织犯罪的实施或领导犯罪的实行的人，以及成立有组织的团伙或犯罪团体（犯罪组织）或领导这些团伙或团体的人。这一发端于苏联刑法的犯罪参与形态具有重要的理论与实践意义。立法没有规定组织犯并不意味着司法实践中不存在此类犯罪现象。尤其在有组织犯罪中，如何惩处“幕后黑手”变得非常棘手。另外，在二人以上共谋实行，但终由一部分共谋者实现犯罪的场合，认为参与共谋但未实践者不构成犯罪或者仅构成预备犯恐怕也不妥当。为了弥补立法疏漏，日本司法审判中创造了“共谋共同正犯”概念。日本肯定共谋共同正犯的确是出于这样的考虑，当犯罪是有组织地进行的场合，对幕后策划犯罪或下达命令的首谋者，或者虽未亲自实施犯罪但发挥重要作用的人，即使没有实行行为，但仍应按共同正犯而不是帮助犯加以处罚。[①] 为了实现罪刑相当原则，德国联邦最高法院也在许多判决中承认了“正犯后正犯”概念。

最后，从德、日刑法理论发展脉络角度看，德、日刑法由早期形式的犯罪论向现今实质的犯罪论过渡；在刑法解释论上，实质的解释论替代了形式的解释论，可罚的违法概念的提出即为有力的佐证。以此为指导，必然从实质的不法论对帮助犯与共同正犯进行考察，就此而言，帮助犯与共同正犯的区别就完全不在于是

---

① ［日］西田典之:《共犯的分类》，载马克昌、莫洪宪:《中日共同犯罪比较研究》，武汉大学出版社 2003 年版，第 10—11 页。

否实施了构成要件之行为。正如大塚仁教授指出的，即使客观上分担了实行行为，但并不一定对犯罪的实现具有决定性作用；或者从其主观上看，只不过具有帮助他人犯罪的意思，这样的人应当作为从犯（帮助犯）来处理。[①] 而日本的审判实践也证实了这一点：雇主 A 违反《粮食管理法》，让雇工 B 用卡车运送粮食。判例认定 A 构成实行正犯，B 构成帮助犯。[②] 但是，将分担把风行为的犯罪参与者最终认定为共同正犯的实践与做法，也宣告了德、日语境下形式解释论与形式客观说的破产。

四、正犯与共犯界限演进之我见

笔者以为，在确立界分标准前，首先有必要就标准确立的意义及其功能进行探讨。早期一般认为，正犯是实施了符合基本的构成要件的实行行为的人，共犯则是通过符合被修正的构成要件而加担正犯的实行行为的人，正犯系共同犯罪理论的核心。易言之，共犯成立也需遵循罪刑法定原则，通过对基本构成要件进行“修正”来实现，其具体方法正是通过共犯从属性理论进行。从属性理论就其核心而言，主要探讨共犯之成立是否至少要以正犯者着手于犯罪之实行为必要。[③] 因此，在笔者看来，将从属性与独立性

---

① [日]西原春夫：《犯罪实行行为论》，戴波、江溯译，北京大学出版社 2006 年版，第 274—278 页。

② 最高裁判所 1950 年 7 月 6 日判决，《最高裁判所刑事判例集》第 4 卷第 7 号，第 1178 页。

③ 陈子平：《刑法总论》，中国人民大学出版社 2008 年版，第 341 页。

之争视为有关共犯本质的探讨恐有欠妥当，毋宁应作为狭义共犯成立条件的学说。[①]就此而言，该理论具有重要的方法论意义，它为在共犯领域贯彻罪刑法定原则提供了标准与具体方法。故早期确立正犯与共犯界分标准恐怕更多出于定罪的考虑，即在共犯领域贯彻罪刑法定原则、合理且明确限定共犯处罚范围的需要。但一方面囿于德、日刑法在正犯与共犯法定刑方面的区别规定，另一方面出于贯彻罪刑相当的考虑，早先形式的界分标准功能过于单一，没有从罪刑相当层面考虑实质处罚的需要：根据形式区分说认定之狭义共犯有可能在共同犯罪中起到重大作用而不能处以重罚。因此，稍后有关正犯与共犯界分的学说更多出于贯彻罪刑相当的考虑，界分标准的功能由强调定罪转向注重量刑。

正犯与共犯区分意义的转变注定了共犯界分标准的更替：由主观到客观或主客观并重、由要素单一向要素多元转变。有关正犯与狭义共犯界分标准，早期是主观说，后来发展为客观说或折中说。主观说以因果关系理论中的条件说为基础，认为一切先行行为对结果的发生都具有原因力，在价值上应该是等同的。故从因果关

① 日本学者多在共犯本质论中研究共犯独立性与从属性，即将其与犯罪共同说和行为共同说均视为有关共犯本质的争论。[日]大谷实：《刑法讲义总论》，黎宏译，中国人民大学出版社2008年版，第365页；[日]大塚仁：《刑法概说（总论）》（第三版），冯军译，中国人民大学出版社2003年版，第277—285页。但我国台湾地区学者陈子平教授则明确区分共犯本质与共犯成立，并将犯罪共同说与行为共同说之争作为有关共同正犯本质的探讨，而将共犯从属性与独立性的学说视为有关狭义共犯成立（及其成立范围）的争论。陈子平：《刑法总论》，中国人民大学出版社2008年版，第341—342页。

系这一客观方面不可能区分正犯与共犯，而必须求助于行为者的意思、目的、动机等主观的要素。其内部复分为意思说与利益说，意思说主张以实现自己犯罪的意思而实施行为者系正犯，以参与他人犯罪意思实施行为者系共犯。利益说则主张，为了自己利益实行犯罪者是正犯，而为了他人利益实行犯罪者是共犯。但一方面，该说赖以存在的理论前提与研究方法均有欠妥当；另一方面，该说的实质性论点要么模糊不清，要么缺乏逻辑与事实上的对应关系，故基本已被放弃。客观说是在批判主观说的同时发展起来的，该说经历了形式客观说向实质客观说的变迁，且实质说内部也发生了持续性变化，即由必要说、同时说向重要作用说、犯罪支配论的演进。从学说史的角度看，在共犯界分判断依据方面，经历了单一判断因子向多元判断因素的转变：早期只强调犯罪参与中某一因素，要么只关注参与意思或是否具有某种利益，要么过分夸大参与的时间点或某一行为对结果实现是否必要；后来则全面考虑犯罪参与的各项情况，包括犯罪参与的主客观因素，规范的综合判断理论作为当今德国最高法院司法判例的主流意见，正是典型的主客观折中说。①而重要作用说在判断参与者是否起到重要作用时并非单纯求助于行为的客观方面，参与者的主观意思也是不得不考虑的因素。

---

① ［德］克劳斯·罗克辛：《正犯与犯罪事实支配》，劳东燕译，载陈兴良主编：《刑事法评论》第25卷，北京大学出版社2009年版，第2页。

第三节　两种实质正犯概念理论初考

一、“共谋共同正犯”与“正犯后正犯”概念的肯认

承前所述，一方面，考虑到打击幕后黑手等重要的犯罪参与者的需要，尤其从严从重惩处有组织犯罪中的“幕后大人物”；另一方面，若坚持从德、日刑法中寻找规制参与犯的依据，则根据之前的刑法通说——形式区分说确立的正犯范畴根本不能满足上述需要。为消弭这种立法局限与司法需要之间的鸿沟，在共犯论中放弃之前形式的刑法解释，转而采实质的刑法解释势在必行。在共犯界限论中贯彻实质刑法解释即意味着正犯与共犯界分标准由形式区分说转向实质界分论，实质的正犯概念也就顺理成章，正犯外延也随之拓展，新的正犯类型也随之产生。日本出现了“共谋共同正犯”，而德国产生了“正犯后正犯”概念。

（一）“共谋共同正犯”初考

“共谋共同正犯”是在日本司法判例中确立的正犯类型，概指二人以上在就犯罪的实行谋议后，其中一部分人实行了犯罪，包括没有直接实施实行行为的全体共谋者都成立共同正犯。[①] 发端于日本司法实务的“共谋共同正犯”最早可溯及旧刑法时代的大审院判例，当时的判例认为，数人既有共谋的事实，其共谋者中不

---

① 马克昌等主编：《刑法学全书》，上海科学技术出版社 1993 年版，第 658 页。

论何人实行之，均为共谋者全体的行为。[1] 当时判处共谋共同正犯的案件主要集中在强盗、放火的望风行为。现行刑法典制定后，判例首先认可了恐吓罪之类的智能犯的共谋共同正犯，并最终扩展到放火罪、杀人罪、盗窃罪和抢劫罪等实力犯方面。[2] 广泛承认共谋共同正犯，与通说历来的立场——限制的正犯概念相抵牾，且极易导致刑罚的恣意，与承认共谋共同正犯的初衷相悖。因此，限定共谋共同正犯的适用与存在范围成为问题之关键，而“练马案”判决[3] 为实现上述转折提供了契机。本案判例虽依旧肯认共谋共同正犯，但与以往不同的是，本案的判旨特别强调并严格限定“共谋”的内容，折射出肯定共谋共同正犯但必须严格限制其适用

---

① 陈家林：《共同正犯研究》，武汉大学出版社 2004 年版，第 107 页。

② ［日］大谷实：《刑法讲义总论》，黎宏译，中国人民大学出版社 2008 年版，第 387 页。

③ 该案基本案情与判决情况大致如下：日本东京练马区有一个造纸公司，A 和 B 共谋对处理冲突的警察 Y 实施暴力之后，B 与 C、D、X 等人密谋具体的暴力细节，然后由 C 等将 Y 骗往某处，并用器械殴打 Y 致其脑部受伤而亡。法院判决认定，尽管 A 与 B 未直接对 Y 实施殴打，但仍然成立伤害致死罪的共同正犯。该判决同时对共谋共同正犯的成立理由作了如下的阐述：“对共谋共同犯罪的成立而言，重要的是二人以上者为了进行特定的犯罪，在共同意思之下成为一体，互相利用他人的行为，进行了把自己的意思付诸实有予这种内容的谋议，由此必须认为有实行了犯罪的事实。因而，既然认定有参加了共谋的事实，即使是没有直接参与实行行为的人，在将他人的行为作为自己的手段进行了犯罪的意义上，就没有理由认为其间在刑事责任的成立上有什么差异。在这种关系中，是否直接参与了实行行为、其分担或作用如何并不左右上述共犯的刑责本身的成立。”［日］大塚仁：《犯罪论的基本问题》，冯军译，中国政法大学出版社 1993 年版，第 275 页。

的信号。这一点在稍后的“大麻案”判决中得到了确证，时任日本最高裁判所法官的团藤重光教授在判决中指出：“我们历来对共谋共同正犯的判例持强烈的否定态度，但考虑到社会生活的现实以及事务部门的执着态度，在一定限度内承认共谋共同正犯是有其道理的……我们的选择应当是在正当的限度内承认共谋共同正犯，并防止其过度使用。”①

（二）“正犯后正犯”初论

在德国，形式客观说曾经长期处于通说地位，此后转向主观说，如今刑法学界通说转为罗克辛教授主张的犯罪事实支配理论。但德国的司法实务部门与刑法理论在共犯问题上存在不可调和的矛盾，主观说仍旧是当今德国判例的通说。②德国法院早在“浴盆案”即以主观说中的利益说将亲自杀死婴儿者（被告人的姐姐）认定为谋杀罪的帮助犯，而将嘱托作为妹妹的被告人（嘱托人）认定为正犯。德国法院并没有在同一案件中在纵向共动

---

① 最高裁判所1982年7月16日判决，《最高裁判所刑事判例集》第36卷第6号，第695页。

② 当今德国的主观说实质上已不再是原初形态的主观说，准确地说应当是规范的综合判断理论，德国最高法院的判例认为正犯意思不再是裁判者能够约束性地确定的内在事实。这涉及一种价值型的评判。对于这种评判而言，一个重要的依据是，参与犯在多大程度上共同支配事件的流程，以致构成要件行为的过程与结果决定性地取决于其意思。德国联邦最高法院：《刑事辩护人》，1981年，第275页以下。

的意义上同时确立两个正犯，在实行犯与幕后黑手之间，未分担构成要件行为的幕后黑手被冠以“正犯”之名，亲自实现犯罪构成要件行为者则仅被确认为帮助犯。这不仅明显有违共犯之实定法规定，而且过度地挑战了既存之法理与民众的法感情。因此，也遭到学界激烈批判，就连此后的判例对此也持否定态度。直接实施构成要件行为者自应认定为正犯，但因德国并不承认共谋共同正犯，为了将躲在幕后操控实行犯者也以正犯论处，早在1950年德国刑法学家Kohlrausch与Lange合著的《刑法典释义与附属刑法》一书中就曾论及“正犯后的正犯”，此后Schroder以“正犯后正犯”为题发表其博士学位论文。在著名的“猫王案”中，警察因女友的欺骗陷入一种可以避免的禁止性错误而杀人，警察作为杀人罪的正犯不存在疑问；根据传统的负责原则，亲自实施构成要件行为者如果违法且有责，则协力于其行为者只能以共犯论处。但联邦法院却将警察的女友认定为杀人罪的间接正犯。理由是间接正犯并不会因为直接的实施者具有刑事责任而完全地被否定，躲在幕后的女友具有正犯意思、有客观的犯行支配，完全符合间接正犯的法理。这是德国法院首次运用“正犯后正犯”这一范畴解决非典型的间接正犯问题。[①] 但判例的动向值得进一步关注：这样理解的间接正犯不只出

---

① 陈毅坚：《作为组织支配的正犯后正犯：支配型共谋的德国理解》，载《云南大学学报（法学版）》2010年第3期。

现在滥用国家权力的场合，在黑社会组织犯罪情况下同样也要考虑……在经济企业运作中的责任问题也可以这样解决。[①]

二、两种实质正犯概念的证成路径

司法实践中承认共谋共同正犯与《日本刑法典》第60条“二人以上共同实行犯罪”规定明显不符；确立“正犯后正犯”虽没有背离《德国刑法典》第25条第1款之规定，但与传统间接正犯的法理明显冲突。从一定意义上可以说，这种理论“创新”恐怕更多是一种无奈。判例之所以做出此等冒险性的尝试，如前所述，是因为德、日刑法采单一的分工分类法，立法中未规定组织犯，为了在共犯处罚方面贯彻罪刑相当原则而迫不得已极力拓展正犯范畴。组织犯是共同犯罪活动的领导者、策划者或组织者，一般不亲自实行犯罪，严格按照《日本刑法典》第60条有关共同正犯的规定考察，组织犯显然被排除在共同正犯之外，只能以共犯论处。但与实行犯相比，作为组织犯的幕后黑手的社会危害性有过之而无不及；同时考虑到打击“暴力团头子”是日本刑事司法的重要任务，要达到这一目的，只能绕过第60条规定，创立一个“共谋共同正犯”概念。[②]

---

① 《联邦最高法院刑事判例集》第40卷，第218页。

② 李邦友：《日本刑法共谋共同正犯的理论及其发展》，载《法学评论》2001年第1期。

首先，不论是日本的“共谋共同正犯”还是德国的“正犯后正犯”，其拟解决的犯罪参与问题大致相同，存在价值亦基本一致：即考虑到罪刑相当原则，如何将隐藏于幕后操控（违法、有责的）正犯者或协力于后者且对犯罪实现起到重要作用者以正犯论处。与传统的形式正犯概念相比，上述两个概念虽均属实质的正犯概念，但“共谋共同正犯”与“正犯后正犯”确立的法理基础并不相同，其正犯“资格”认证过程也迥然有别：日本的“共谋共同正犯”通过扩张共同正犯范畴的方式进行，而德国的“正犯后正犯”则是在对既有间接正犯的法理进行些许修正基础上完成的，即通过间接正犯的方式扩张正犯外延。申言之，依据“共谋共同正犯”理论，参与共谋但未分担构成要件行为且在共同犯罪过程中起重大作用者应与构成要件实施者成立共同正犯；而依据“正犯后正犯”法理，上述情形成立间接正犯。在笔者看来，通过间接正犯“认证”共谋型的正犯背后的参与者的正犯性不仅有悖共同犯罪的一般法理，而且完全混淆了共犯与正犯的界限。既然共同参与了共谋，则无论如何不可能构成单独正犯。因为间接正犯是相对于直接正犯而言的一类单独正犯，它在主观与客观方面均有别于狭义的共犯：间接正犯与被利用者之间不存在共同犯罪故意，在间接正犯的情况下，行为人明知被利用者的行为不构成犯罪或与之不存在共犯关系，因而具有单独犯罪的故意；在客观方面间接正犯与共犯之间形同而实异，因而使之区别于共犯而归入正犯的范畴。[①]由此可见，即使立足犯罪事实支配论，论证参与共谋者的间接正犯性也是存有疑问的，此类“正犯后正犯”的单独正犯性委实令人困惑。

其次，就两类实质正犯的法理基础而言，“正犯后正犯”基本以犯罪事实支配理论为基础，但“共谋共同正犯”的理论基础则见仁见智，日本刑法学界试图诠释判例的立场，随之发展出诸多学说：共同意思主体说、间接正犯类似说、目的行为支配说、优越支配共同正犯说等。[②]虽然均以论证隐藏于正犯后参与者的正犯性为目的，但论证的重点与研究向度亦存差异：德国通过间接正犯的路径实现“幕后大人物”的正犯化，而间接正犯又以犯罪事实支配理论为基础，故“幕后大人物”能否论以正犯，关键在于其在实现犯罪中是否属于核心人物，是否对事件进程具有决定性影响。易言之，拥有犯罪事实支配者，是正犯，否则以共犯论处。犯罪事实支配理论依据立法有关正犯类型的规定，将支配犯区分为作为直接正犯标志的行为支配、赋予间接正犯以特殊标记的意志支配以及表征共同正犯实质的功能性犯罪事实支配。该理论实现了正犯形式的三分法与犯罪控制三类型的对应，从法教义学的角度看，这种立法规定与理论诠释的对接是成功的，且上述类型化考察方法在逻辑上是周延的，在理论上也是明确的。反

① 陈兴良:《间接正犯：以中国的立法与司法为视角》，载《法制与社会发展》2002年第5期。

② 林亚刚:《共谋共同正犯问题研究》，载《法学评论》2006年第4期。

观“共谋共同正犯”的法理基础，不论共同意思主体说、间接正犯类似说还是行为支配论，其核心均在于，如何从规范的、有价值的意义上将仅参与共谋但未分担构成要件行为者“视为”分担了构成要件行为，进而与实行犯构成共同正犯。共同意思主体说强调基于共谋而形成的同心一体，主张个体行为即共同体行为，此个体之实行行为亦可视为彼个体之实行。据此，参与共谋但未分担实行行为者之实行犯属性由此获得；间接正犯类似说试图以间接正犯的法理论证共谋者亦具有正犯性；比较而言，行为支配论已不再拘泥于从正犯与实行行为关系角度谋求共谋者的正犯性，而是从共谋者在共同犯罪中的实质性作用角度论证将实行行为者背后的大人物以正犯论处的正当性。若固守《日本刑法典》第 60 条“共同实行犯罪”的规定，因共谋者毕竟未实施构成要件行为，欲论证仅参与共谋者也“共同实行了犯罪”这种“无中生有”的研究思路注定是艰难的或失败的。对共同意思主体说的批判是，不适当地扩张了共同正犯的概念、违反了罪刑法定原则，立足团体责任违反了个人责任的基本刑法原理。就间接正犯类似说而言，共谋关系与间接正犯中单纯利用关系存在明显区别，如何类比间接正犯；[①] 共谋共同正犯即使能够类比间接正犯，而间接正犯又属单独正犯，从根本上看该说是在否认而非肯定共同正犯的成立。行为支配说有向犯罪事实支配理论靠拢的

---

① ［日］大塚仁：《犯罪论的基本问题》，冯军译，中国政法大学出版社 1993 年版，第 276 页。

趋势，但德、日共犯立法并不相同，对“幕后大人物”的正犯性论证路径也全然不同，茫然的借鉴仍未解决共谋者如何与实行犯之间“共同实行犯罪”继而作为共同正犯这一问题。另外，该说虽可暂时解决支配型共谋共同正犯，但仍然无法诠释对等参与场合共谋者的正犯性。①

最后，“共谋共同正犯”的存在初衷是解决参与共谋而未着手实行者的正犯性，故即使形式上没有分担实行行为，但预备阶段的共谋却是必不可少的；基于限制的正犯概念的通说立场的考虑，日本刑法理论与司法判例现在通过强调“共谋”的意义与构成来限定“共谋共同正犯”的成立，即通过谋议形成和实行者具有同等重要作用的对等关系或将实行者作为自己的代行者并据此而实现犯罪的支配关系。②上述努力的方向值得肯定，但由此也导致“共谋共同正犯”适用范围上的局限性。例如，在缺乏共谋却藏于幕后对犯罪进程产生重大影响的场合，幕后操控者的罪责如何看待，易言之，“共谋共同正犯”无法解释“多纳事例”③中利用者的正犯

---

① 马克昌：《比较刑法原理》，武汉大学出版社 2006 年版，第 627 页。

② ［日］大谷实：《刑法讲义总论》，黎宏译，中国人民大学出版社 2008 年版，第 392 页。

③ “多纳事例”是德国多纳设计的，处理的是利用已经决意实施活动的人的人的罪责问题。事例如下：A 得知“B 准备于特定的夜晚埋伏在 A 经常散步的偏僻处将 A 射杀”。于是，A 为杀死其敌人 C，给 C 发了假电报，（以 C 恋人的名义）将其引诱至该场所。结果，B 误将 C 当成 A，杀害了 C。具体有关“正犯后正犯”的探讨留待后续章节展开。

性。该正犯概念同样不能对“利用他人之故意犯行为”场合[①]处于支配或优越地位的幕后操控者的正犯性进行诠释，对前一事例最终只能求助于片面的共犯理论，对后一事例则通过间接正犯的法理予以解决。但支撑共谋共同正犯的法理如共同意思主体说又未必承认片面共犯，若将此一理论贯彻到底，最终只能将“多纳事例”中的幕后参与者认定为同时犯，但这一结论恐怕未必合适，毕竟幕后参与者没有亲自实施犯罪。在“利用他人之故意犯行为”的场合，日本通说以利用者存在优越的支配为由，肯定幕后参与者的（间接）正犯性，而德国依然是在犯罪事实支配理论基础上，通过肯定幕后参与者对犯罪进程的支配地位而确认间接“（正犯后）正犯”。比较而言，构建在犯罪事实支配理论上的“正犯后正犯”适用面似较为宽泛，理论解释的生命力或许更强。

第四节　实质正犯论本土化反思

一、实质正犯论在我国的兴起

受域外刑法学理论影响，实质正犯论在我国刑法学界逐渐强劲有力。从现有研究来看，在我国提倡实质正犯论者基本沿着下述研究向度展开：其一，立足实质的犯罪论，将实质的刑法解释贯

---

① 即被利用者的行为完全具备了构成要件符合性、违法性与有责性，具有了完全的犯罪性。

彻于犯罪参与论，继而主张实质正犯论。如刘艳红教授在分析德、日正犯理论发展脉络基础上明确指出，形式客观说无法有效地弥补间接正犯的致命缺陷，决定了实质客观说必须登场。实质性的正犯理论是客观性的，它看到形式客观说过于严苛的形式标准的缺陷之后，主张正犯是对结果的发生或犯罪的实现具有较之于教唆犯或帮助犯更高危险或更高强度的因果联系之人，这样，亲自实施构成要件实行行为的人当然是正犯，没有亲自实施构成要件实行行为但参与了犯罪实施并对其完成起到重要作用的人也是正犯，因此，它是实质性的。客观实质正犯论是我国刑法正犯理论在寻求问题的解决与体系的解决的冲突与对峙之间所获得的相对稳妥的一种理论，它是正犯与共犯的认定在摸索了实务规律与解决了犯罪论体系难题之后形成的类似于为共犯的成立设定根据的理论。[①] 其二，提倡犯罪事实支配理论，以此作为正犯与共犯界分标准，继而主张构建实质正犯论。有论者基于犯罪事实支配论中的组织支配原则解释有组织权力机构及其组织者的间接正犯性，并以此为指导寻求处理支配型共谋的中国路径。[②] 有论者直言，有些“正犯后正犯”情形，正是在犯罪事实支配理论之下才被发现、得到认可，也只有通过犯罪事实支配理论才能得到合理解决。因此，

---

① 刘艳红:《论正犯理论的客观实质化》，载《中国法学》2011 年第 4 期。

② 陈毅坚:《作为组织支配的正犯后正犯: 支配型共谋的德国理解与中国问题》，载《北方法学》2010 年第 4 期。

只有以犯罪事实支配理论为根据，才能正确厘定间接正犯的范围。[①] 其三，与前述研究进路略有区别的是，第三类研究以共犯分类为视角，赞成共犯分类的实质化，在我国提倡分工分类法与作用分类法的同一，认为我国共犯立法是形式与实质的结合，我国的主犯即正犯、帮助犯等同于从犯。[②] 上述三种研究进路虽各自有别，但有其共性：在共犯与正犯界分标准上一致反对形式客观说、赞成实质说，继而构建实质的正犯论；狭义的共犯被进一步边缘化，在填补处罚漏洞的意义上真正沦落为正犯的“替补者”。

二、我国共犯立法语境下正犯概念实质化检讨

共犯论以处理犯罪参与现象为使命。中外刑法学者虽面临共同的问题，但解决问题的方法通常大相径庭。作为域外正犯理论的主流学说，实质的正犯概念未必一定是我国正犯论的发展方向；二元犯罪参与体系下，若继续坚持限制的正犯概念，提倡犯罪事实支配理论亦未必妥当；正犯概念的主犯化、帮助犯等同从犯这样的逻辑假设也恐怕与我国共犯立法抵牾。

首先，在共犯论中贯彻实质的犯罪论，继而主张正犯概念实质化，在论理上具有一贯性。实质正犯论主要着眼于刑罚裁量，即出于罪刑相当原则的考虑，为了正确评价和处理共同犯罪的参

---

① 廖北海：《间接正犯犯成立范围的扩张——以犯罪事实支配理论为视角》，载《江苏警官学院学报》2010 年第 5 期。

② 杨金彪：《分工分类与作用分类的同一——重新划分共犯类型的尝试》，载《环球法律评论》2010 年第 4 期。

与者，理论上不得不摆脱单纯的形式束缚。[①]在实质正犯论视野下，正犯是犯罪过程的核心人物，是支配导致犯罪实现的人，或者是在犯罪过程中起重要作用的参与者；共犯则系边缘角色，虽在共同犯罪中产生影响，但并未起决定性作用，或者只起次要作用。但上述理解与区分正犯和共犯的初衷相去甚远：在二元犯罪参与体系下，区分正犯与共犯的首要价值应当是坚持罪刑法定原则、限制处罚范围；易言之，刑法以处罚亲自实施构成要件者为原则，例外地将处罚范围扩张到非构成要件行为之教唆行为、帮助行为。[②]很明显，正犯与共犯概念原本只是构建在物理的考察上，并不具有价值评判的意义。尤为危险的是，正犯概念的实质化在扩张正犯范畴的同时基本上否定了限制的正犯概念，从根本上瓦解了二元犯罪参与体系，最终不自觉地走向扩张的正犯概念，继而靠近了统一正犯体系。毕竟不论是“共谋共同正犯”还是“正犯后正犯”最终都极度拓展了正犯的外延。如果说日本的刑法理论与司法实务尚不遗余力地论证“共谋者”的正犯性，多少还是考虑到其二元参与体系的共犯立法体例，那么在以犯罪事实支配理论为基础、通过扩张间接正犯而广泛承认“正犯后正犯”概念的德国，已然从根本上否定了限制的正犯概念而趋向扩张的正犯概念，最终确立了统一的正犯体系。因为一旦承认了正犯后的（间接）正犯，结果是只要透过他人之手实现犯罪，就是间接正犯。就正犯的构成而言，

① 童德华:《正犯的基本问题》，载《中国法学》2004年第4期。

② 陈子平:《刑法总论》，中国人民大学出版社2008年版，第313页。

是否亲自为法定构成要件之行为已不再是重点，关键只在于有没有对构成要件的实现具有支配关系。[①]这与扩张的正犯概念、统一正犯体系暗相吻合，但与德国二元区分的共犯立法完全相悖。

其次，在共犯分类标准上，德、日两国刑法学的确实现了分工分类法与作用分类法的统一。但这种融合主要是因德、日两国共犯立法以正犯之刑为标准来确定教唆犯与帮助犯的刑罚，考虑到严格依据形式客观说，有可能将在犯罪中起主要作用但并不符合正犯形式要件的行为排除在正犯之外而处以较轻刑罚。因此，不得不放弃形式客观说，侧重考虑犯罪人在共同犯罪中的作用，将起主要作用者认定为主犯，从而使正犯者中按照分工标准所划分的犯罪类型在事实转化为按照作用分类法所确定的主犯，实质客观说在这一点上是一致的。[②]申言之，上述两种共犯分类标准的融合、统一与其说是基于理论上的自觉展开，倒不如说是理论在立法现实的逼迫下做出的无奈选择。我国共同犯罪立法与德、日刑法明显不同，我国共犯分类以作用分类法为主、兼采分工分类法，正犯与主犯、教唆犯或帮助犯与从犯之间并没有必然的逻辑对应关系，《刑法》第 29 条第 1 款前段的规定是最好的说明。[③]就此而

① 蔡圣伟:《论间接正犯概念内涵的演变》，载陈兴良主编:《刑事法评论》第 21 卷，北京大学出版社 2007 年版，第 73 页。

② 陈家林:《试论正犯的两个问题》，载《现代法学》2005 年第 2 期。

③ 教唆他人犯罪的，应当按照他在共同犯罪中所起的作用处罚。即根据分工分类法所确认之犯罪教唆这一犯罪参与形态与教唆者在共同犯罪中所起作用大小无必然关联性，教唆者可能因起主要作用被认定为主犯，也可能只起次要作用而被认定为从犯。

言，在我国主张两种共犯分类标准的统一，完全没有必要；主张正犯＝主犯、帮助犯＝从犯也缺乏立法依据。事实上，在同一犯罪中，在多个场合帮助正犯或帮助多个正犯者，或者所提供的帮助行为之于犯罪的实现确实发挥重要或关键作用者是完全可能的。[①]

再次，德、日刑法依据分工分类法将参与犯区分为正犯、教唆犯与帮助犯，但上述划分并没有满足形式逻辑分类中的周延性要求，我们熟知的组织犯最起码被遗漏。立法的疏漏必将导致处罚上的间隙，但规制组织、领导或指挥他人实施犯罪这种犯罪参与形态同样需要遵循罪刑法定与罪刑相当原则。单从行为的社会危害性来看，组织犯虽没有亲自实施或分担构成要件行为，但犯罪活动组织者通过组织、领导或者指挥行为掌控或支配着整个犯罪进程，对犯罪事实的实现具有举足轻重的意义，作用也远大于“台前正犯”，这一点在有组织犯罪如暴力团犯罪、恐怖组织犯罪中可见一斑；即使在对等型共谋共同正犯中，共谋者虽未亲自实现构成要件行为，但由于在犯罪预备阶段已经通过物理的或（和）心理的作用严重地影响了构成要件实施者，立足法益侵害的立场，共谋与实行就价值而言完全可能旗鼓相当，从罪刑相当的角度看，理应论以正犯之刑。倘若严格依据德、日共犯立法，拘泥于形式客观说，则无法满足处罚的需要，这是民众的法感情不能接受的。如此一来，必须扩张正犯范畴，承认甚至创造新的正犯概念与类型，于是“共谋共同正犯”“正犯后正犯”应运而生。根据我国《刑

---

① 张伟:《帮助犯概念与范畴的现代展开》，载《现代法学》2012 年第 4 期。

法》第 26 条第 1 款规定，主犯包括两类：一是组织、领导犯罪集团进行犯罪活动的犯罪分子；二是其他在共同犯罪中其主要作用的犯罪分子。前者通常被称为犯罪集团的首要分子，后者则被定位为第二类主犯。据此，对有组织犯罪中的“幕后大人物”完全可以根据我国刑法有关组织犯的规定定罪处罚，对此不存在疑问。稍存异议的是，对一般共同犯罪中仅参与共谋而未分担实行行为者如何定罪处罚。① 学界有主张不成立共同犯罪者，亦有主张成立犯罪预备者。但前者显然不符合我国刑事立法思想和刑法理论及现行刑法的规定，而后者则忽略了共谋行为的多元特征。② 笔者以为，该类情形中共谋者或者实施了教唆并参与制定了犯罪计划，或者从物质与精神等方面为正犯提供了重大帮助（该帮助甚至是完成犯罪必不可少的），虽不像基于组织支配中的幕后者处于绝对的优势或支配地位，但由于在犯罪预备阶段通过共谋对实行犯有重大影响，进而对整个犯罪实现起到了与实行犯相当的作用，直接以第二类主犯定罪处罚即可。

最后，在正犯与共犯界分上坚持实质说，主张实质正犯论，在部分场合会导致正犯与共犯界限的模糊。实质说与形式说不同的是，前者更多立足价值或功能的角度就参与犯在共同犯罪中的作用进行判断，但不论采重要作用说还是犯罪事实支配理论，何

---

① 该种情形仅限于日本司法实务中对等型“共谋共同正犯”的场合，而非泛指一切“共谋”。

② 林亚刚、何荣功：《论“共谋”的法律性质及刑事责任》，载《浙江社会科学》2002 年第 3 期。

为重要作用或某一参与者在共同犯罪中是否处于支配地位往往见仁见智。以“猫王案”为例，虽然联邦法院最终将制造错误并通过陷入禁止性错误者实现犯罪者认定为间接正犯，但法院在判断幕后者是否具有犯罪事实支配时充满了不确定性，折射出了正犯与共犯界分上的随机性：是否具有犯罪事实支配涉及开放的评价问题，在直接实施者限于禁止性错误情况下，幕后者是否成立间接正犯，不是根据僵化的规定而是根据个案中具体的案情才能评价性地确定，这种界分取决于个案中错误的类型与效果，取决于幕后者所施加之影响的程度。而在施朋戴尔与吕德森看来，本案中的幕后者认定为教唆犯或许更妥当。①

另外，赞成客观的实质正犯论者认为形式客观说不能准确地区分正犯与共犯，不能发展出精致的共犯理论。② 在笔者看来，问题恰恰相反，形式客观说作为界分正犯与共犯的标准更为清晰明朗。比较而言，不论是犯罪事实支配理论还是重要作用说，在正犯与共犯的界分标准上既要考虑定罪问题，又要顾及量刑因素，这也决定了区分标准的确立必须综合考虑影响定罪量刑的诸多因素，规范的因素、价值的考量过多，又怎能确保判断标准的准确呢？事实上，正犯与共犯的界分原本是依据参与形态对参与犯的分类，最后却演变成主犯与从犯这一依据作用分类法对参与犯的

---

① ［德］克劳斯·罗克辛：《正犯与犯罪事实支配》，劳东燕译，载陈兴良主编：《刑事法评论》第25卷，北京大学出版社2009年版，第19—20页。

② 刘艳红：《论正犯理论的客观实质化》，载《中国法学》2011年第4期。

分类，导致分类初衷错位，分类标准扭曲。

三、基于通说形成的一种可能的解决方案

（一）双层次共犯评价理论

刑法学界通说认为，我国刑法有关共犯人的分类是以作用分类法为主、兼顾分工分类法。[①]分工分类法与作用分类法各有利弊：前者有助于解决共犯的定罪问题，但难以准确解决量刑问题；后者便于解决共同犯罪人的量刑问题，却不能准确解决共同犯罪人的定罪问题。[②]同时兼采不同分类标准对事物进行分类，有助于揭示事物多方面的属性，我国刑事立法对共犯人的分类实际上既体现了分工分类的类型性要求，又体现了作用分类的实质的规定性。更确切地说，采纳了形式与实质结合的立法模式。[③]在笔者看来，如若坚持通说有关我国共同犯罪立法的理解，在共同犯罪场合对各参与者的刑法评价问题上，我们也不需要走向德、日正犯概念实质化的道路，相反应在坚持形式客观说的基础上，形成“双层次共犯评价理论”。

在双层次共犯评价体系下，在犯罪成立意义上采分工分类法

---

① 高铭暄、马克昌主编：《刑法学》（第五版），北京大学出版社、高等教育出版社 2011 年版，第 172 页。

② 黎宏：《刑法学》，法律出版社 2012 年版，第 289 页。

③ 杨金彪：《分工分类与作用分类的同一——重新划分共犯类型的尝试》，载《环球法律评论》2010 年第 4 期。

探究各参与行为的属性问题，在处罚层面上考虑作用分类法解决各参与者具体的刑事责任问题。详言之，在定罪阶段，根据分工分类法将参与者区分为正犯、组织犯、教唆犯与帮助犯，正犯在物理或事实上是共同犯罪的核心，其他共犯行为均围绕正犯之实行行为展开。正犯通过实行行为直接引起法益侵害，而诸如帮助犯等在与法益侵害相关联的意义上具有间接性，即共犯通过正犯侵害法益。[①] 共犯之成立应以正犯着手实施构成要件之不法行为为必要，即坚持限制从属性形式。在量刑阶段，基于刑事责任的个别化、罪责刑相适应原则以及刑罚目的等考虑，注定影响量刑的因子不可能是单一的。就共同犯罪而言，简单依据参与形态区分主犯与从犯必定是失败的；综合考量参与者在共同犯罪中的角色分工、所处地位及参与程度，将共犯人区分为主犯、从犯与胁从犯，继而确定相应法定刑理论与立法是合理的。在此，参与形态与法定刑之间不存在决定与被决定关系，充其量只作为刑罚裁量的一个参考因素。

其实，在构建我国共犯评价体系过程中，应当避免受德、日共犯论中部分既成观念的影响，诸如正犯是犯罪过程的核心人物、共犯系边缘角色，正犯即属主犯、共犯则为从犯。应当意识到，正犯虽直接侵害或威胁法益，共犯通过正犯间接与法益发生关联，但两者在共同违反法规范、通力合作共同侵害法益这一点上是相同的。若一定要凸显正犯的功能或角色的重要性，充其量只能说

---

① 陈子平:《刑法总论》，中国人民大学出版社 2009 年版，第 340 页。

正犯在物理上直接引起法益侵害，共犯事实上须通过正犯侵害法益。而上述物理的发生、事实的存在并不必然决定规范的理解、价值的判断。申言之，参与形态作为一种存在样态，若一定要进行规范的理解，也只能说该样态有助于揭示参与者是通过何种方式参与了共同犯罪，仅此而已。因此，不应简单地根据参与形态直接得出正犯是核心人物、共犯是边缘角色，正犯是主犯、共犯系从犯这等结论。事实或许恰恰相反，与幕前正犯相比，幕后参与者未参与实行却发挥重要作用甚至支配幕前正犯的实例比比皆是，日本的“共谋共同正犯”、德国的“正犯后正犯”不正是有关该类问题的研究吗？反之，即使分担了构成要件行为也并不必然意味着其在共同犯罪中起到重大作用，我国通说承认次要的实行犯，也再次说明正犯并不一定都是共同犯罪的核心人物，更非主犯。因此，正犯与共犯均为平等的犯罪参与形态，不存在孰优孰劣，不应人为区分主从、核心或非核心。更何况，基于司法裁决的后果主义考量，量刑必须考虑法社会效应、民众的法感情等，这也决定了主、从犯的界分及其标准必须构建在刑事政策基础上，而这一切说明了参与形态与参与者在共同犯罪中作用大小之间不仅没有内在逻辑对应关系，甚至越走越远。

（二）双层次共犯评价理论的优势

笔者也曾提倡双层区分制与双层次共犯评价理论，并认为其具备如下优势：

首先，双层次共犯评价理论坚持贯彻罪刑法定原则，倾向于形式的犯罪论，以构成要件为核心，将形式多样、具有社会危害性、违法性与有责性的行为类型化，在共犯的处罚上实现了处罚的定型性要求，有助于人权保障。这一点恐怕是以往理论研究与司法实践的“软肋”与“盲点”，诸如封闭空间管理者的犯罪阻止义务问题，封闭空间管理者没有阻止他人的犯罪行为导致法益侵害时，需要判断该空间管理者是否需负刑事责任。通常的思考往往越过构成要件符合性，根据行为结果的有害性径直得出行为的可罚性结论。但这种判断方法明显流于感性的情理判断，判断结论具有很大程度的随机（意）性。双层次共犯评价理论坚持以构成要件为核心，在参与者与正犯构成要件行为关联的意义上把握参与行为的构成要件符合性、违法性，为参与行为不法性判断找到了“载体”，确保了参与行为构成要件符合性判断的确定性，从形式的侧面贯彻了罪刑法定原则。

其次，双层次共犯评价理论坚持分阶段评价，即先解决定罪，后考虑量刑，这完全符合刑事审判的基本逻辑。定罪与量刑是刑事审判中两个重要而又紧密关联的活动，量刑以定罪为前提，定罪在很大程度上影响量刑；但两者毕竟分属刑事审判的不同阶段，具有不同的任务，既不能相互决定，更不能相互替代。双层次共犯评价理论首先充分利用分工分类法在定罪方面的优势，继而在刑罚裁量阶段根据作用分类法分别量定刑罚，实现了定罪与量刑层次上的区分；尤为重要者，双层次共犯评价理论并不根据参与形态确定法定刑。申言之，该共犯评价理论淡化了参与形态与刑罚裁量之间的关系，认为正犯与主犯、帮助犯与从犯之间并不存在一一对应关系。[①] 对某一参与犯科处何种刑罚，仍需根据其参与性质、参与程度、在共同犯罪中所处地位和所起作用等因素综合判断，这一点与罪责刑相适应原则的基本精神相吻合。共同犯罪是一个复杂的社会现象，不同参与者在共同犯罪中的参与程度、所处地位、所起作用各不相同，对各参与者判处何种刑罚自应分别判断。不同参与者即使在同一犯罪活动中表现一致，恐怕也很难说两者对犯罪的“贡献”是相同的；直接参与犯罪实行的未必均为主犯，相反，没有直接参与犯罪实行的亦未必都是从犯。因此，在具体量定刑罚时根据上述因素进行实质的、综合性判断是必要的。

最后，双层次共犯评价理论实现了共犯与正犯界分标准的明确性。众所周知，采纳二元犯罪参与体系的德、日等国刑法根据参与形态规定各参与犯的法定刑，正犯的法定刑一般要高于帮助犯等参与犯，参与形态与法定刑之间紧密对应，甚至是决定与被决定关系。正犯与共犯的界分不仅关乎定罪，而且直接决定量刑：正犯是共同犯罪定罪和量刑的中心，其不仅具有定罪的价值，而且具有评判参与人刑罚轻重的功能——正犯是共犯的处刑基准，共犯依照正犯之刑处断或者减等处罚。[②] 德、日刑法区分正犯与共犯会在案件实体适用结果上产生重大影响，该种区分具有我国主犯从犯区分的实际意义。[③] 为了区分正犯与共犯，发展出了很多理论，

---

① 张伟:《帮助犯概念与范畴的现代展开》，载《现代法学》2012 年第 4 期。

② 钱叶六:《双层区分制下正犯与共犯的区分》，载《法学研究》2012 年第 1 期。

③ 任海涛:《大陆法系正犯与正犯区分理论评述——兼谈对我国共犯形式客观说之反思》，载《中国刑事法杂志》2006 年第 3 期。

但这些理论最终使得正犯概念越来越脱离其基本内涵，结果并不令人满意。[①]双层次共犯评价体系的一大特色即在于弱化参与形态与法定刑之间的关系，因参与形态并不直接决定刑罚裁量，故参与形态不会出现“超负荷运作”的被动局面，正犯与共犯区分标准的确定自然无须考虑量刑因素，简单明了的形式客观说已然满足定性需要，实现了正犯概念的简单化、功能单一化与形态确定化，在不同参与形态入罪层面也贯彻了罪刑法定原则。[②]

（三）双层次共犯评价理论的“软肋”

现在看来，我们也不得不看到，“双层次共犯评价理论”只是在坚持通说有关我国共同犯罪立法基本特点基础上，为避免限制的正犯概念过分偏离其初衷而构思的一种可能且相对合理的解决方案，其并非解决犯罪参与现象终局性的最佳方案，其存在是脆弱的，其隐患也是明显的：其一，如否认通说观点，即我国刑法有关共同犯罪人的分类是以作用分类法为主、兼顾分工分类法，则前述共犯评价理论即丧失了展开的前提与基础；比如，认为我国刑法有关教唆犯的规定其旨趣在于区别不同情形的犯罪教唆继而确定教唆者刑事责任的轻重程度，就此而言，有关教唆犯的规定本质上依旧是有关作用的参与者在共同犯罪中作用的厘清，《刑法》

---

① 江溯：《单一正犯体系研究》，载陈兴良主编：《刑事法评论》第24卷，北京大学出版社2009年版，第402页。

② 陈家林：《共同正犯研究》，武汉大学出版社2004年版，第33页。

第 29 条的相关规定最终也可以被理解为有关共同犯罪的刑罚裁量规则。其二，该理论同样面临是否承认“间接正犯”以及如何说明间接正犯之正犯性的问题。如承认间接正犯，则意味着形式客观说在一定程度上被放弃，这变相承认了形式客观说的缺陷，也使得该说的贯彻明显打了折扣；不仅如此，间接正犯所涵摄的犯罪参与情形在犯罪教唆、犯罪帮助、犯罪组织这三类有限的犯罪参与形式下能否得到妥善的处理而不致出现处罚空隙，仍存在商榷空间，比如后续要展开的“多纳事例”；依旧棘手的是，如何区分间接正犯与共犯，即教唆犯与间接正犯、帮助犯与间接正犯的界分问题仍是困扰双层次共犯评价理论的难题。其三，该理论对部分犯罪参与现象无能为力，诸如参与自杀场合参与者的责任问题。因提倡双层次共犯评价理论者中，部分学者依旧主张共犯之于正犯的从属性，并不承认“没有正犯的共犯”，既然如此，教唆或帮助他人自杀的行为就很难通过犯罪参与理论解决，甚至不得不求助特别立法。犯罪参与理论不能妥善地解决典型的犯罪参与现象而诉诸立法的修订，这本身也说明相关理论有其固有缺陷。因此，有必要以德、日实质的正犯理论尤其是在此过程中衍生的各类非典型正犯类型为检讨的切入点，继续寻求终局性的解决方案。

02

第二章
“正犯后间接正犯”与犯罪参与理论

CHAPTER

在实质正犯理论视域下，“正犯后间接正犯”逐渐得到普遍认可。作为共动形态的“正犯后间接正犯”，明确肯认了幕后参与者的犯罪支配及优越的犯罪支配，再次印证了共同犯罪仅系实现不法的方法类型，揭示了共动现象中各参与犯的不法判断应当个别且独立进行。“正犯后正犯”在间接正犯的延长线上极度拓展了正犯的外延，从根本上正重塑着正犯的内涵与形象，也实质性地影响着犯罪参与理论的重构。“正犯后间接正犯”虽衍生于正犯·共犯区分制的立法，却与限制的正犯概念及二元犯罪参与体系彻底相悖，实质上已经走向了扩张的正犯概念与统一正犯体系。

第一节 “多纳事例”与“正犯后间接正犯”概念的确立

一、“多纳事例”及其问题

著名的“多纳事例”系格拉夫·Z.多纳专为处理“利用已经决意实施犯罪活动者进行犯罪的人的罪责问题”而设计的。具体事例如下：A得知B计划在傍晚时刻在某处从背后开枪打死自己。A巧妙地制造假象，把自己的敌人C引诱到了该行为地点，致使早已埋伏在那里的B误将C当作A开枪射杀。

在“多纳事例”中，躲在背后的A利用信息与认知方面的优势，制造假象，使原本即已产生谋杀决议的B陷入法律上并不重要的认识错误，并假借B之手杀死自己的仇敌C。在上述这一犯罪参与现象中，B构成故意杀人罪的正犯不存在疑问。无论是出于民众朴素的法感情还是基于犯罪参与的规范评价立场，在A利用资讯与认知优势制造假象致C死亡的情况下，A的利用行为与由此产生的致C死亡的后果均具有非价性（不法性），且A的利用行为与C的死亡结果之间存在因果关系，幕后者A应当负故意杀人罪的责任，这一点大致亦无异议。另，幕后者A并未唤起B的杀人故意，自不成立教唆犯。问题在于A的行为符合哪种犯罪参与形态？

是以正犯还是以共犯的构成要件为标准判断并诠释A的罪责，这是问题的关键。

二、可能的解决方案与“正犯后间接正犯”之提出

理论上有关“多纳事例”中幕后利用者罪责的意见争议较大，有从限制间接正犯的立场出发，否定“正犯后间接正犯”概念的同时，在肯认片面共犯的基础上，主张此类情形应以片面共同正犯或片面帮助犯论处的意见。详言之，持此观点的学者认为，行为支配论是包括间接正犯在内的正犯的共同属性，间接正犯必须具备行为支配的特征，其先决条件是，整个事件表现为幕后操纵者操纵意志的“杰作”，幕后操纵者通过其影响力将行为媒介控制在自己手里。但是在被作为犯罪工具的行为人本身是负完全责任的正犯的情况下，间接正犯的可能性消失。因为直接行为人在此情况下应当作为正犯身份对行为承担后果，他不可能同时成为他人手中的犯罪工具，对其他共同参与者而言，只可能成立共同正犯、教唆犯或者帮助犯。[①] 我国学者童德华亦持此观点，认为有三种原因说明故意的工具是不能利用的：利用者和被利用者之间的独立意思难以保证行为的结合；从因果论看，对支配行为或者诱致该后果实现者处以正犯的刑罚，必须考虑利用行为与危害后果之间的因果关系，即危害结果的发生是不是利用行为的结果。

① ［德］汉斯·海因里希·耶塞克、托马斯·魏根特：《德国刑法教科书》（总论），中国法制出版社2001年版，第801页。

在故意的场合，被利用者基于自己的意思遂行犯罪，其行为并不会因为利用者的不存在而消失，即缺乏利用者的行为照样发生后果，利用行为就不能构成条件；由于利用者和被利用者之间没有意思联络，也不能形成因果关联，被利用者基于自己的意思实行犯罪，其行为的方向、手段、性质是根据自己的表象做出的，利用者对此不能施加影响，故应否定背后利用者的正犯性。[①]否定幕后者的间接正犯性，并不意味着否认上述场合幕后利用者的当罚性。在此，有学者主张应以片面共同正犯或片面帮助犯来规制幕后的利用者。[②]对此，基于实质性的分析与批评，日本的通说认为，刑法把共同者的行为作为共同正犯来特别对待的意旨在于，当各共同者相互利用、互相补充其行为而实现了犯罪时，使其承担共同的责任。因此，共同实行的意思必须是共同者相互利用、互

① 童德华:《正犯的基本问题》，载《中国法学》2004 年第 4 期。

② 陈家林:《共同正犯研究》，武汉大学出版社 2004 年版，第 170 页；田鹏辉:《片面共犯的理论与实践》，科学出版社 2013 年版，第 79 页以下。即使在肯认片面共犯的前提下，不同学者在片面共犯的范围方面仍存在较大差异，继而影响最终的定性：全面肯定片面共犯者认为此等场合幕后者应以片面共同正犯论处；反之，否认片面共同正犯而肯认片面帮助犯者则认为上述场合应成立片面帮助犯。比如，陈家林教授就此指出，不应承认片面的共同正犯，而将所谓的片面的共同正犯的事例作为片面的帮助犯（从犯）处理，在德、日等国，有可能在处罚上失于妥当，因为德、日等国刑法规定，从犯比照正犯之刑减轻，而事实上行为人的行为可能在犯罪中起了主要作用，这就会造成处理上的不合理。这也是单纯采分工分类法的弊端所在。但在我国并不存在这个问题，因为我国采用双重分类法，定罪与量刑按照不同的分类形态进行处理。片面的帮助犯的认定并不妨碍对其在犯罪中的作用做进一步的考量，其完全有可能作为主犯进行处理，不会轻纵犯罪分子。

相补充其他共同者的行为的意思，不应承认片面的共同正犯。[①]虽然有成立片面帮助犯的空间，但使幕后的利用者A符合帮助犯这种被减轻的共犯类型是否妥当，尚存疑问。毕竟A在答责性与当罚性方面，不能说比B轻。[②]在我国，通说在形式的考察之后批评指出，片面共犯与我国刑法规定的共同犯罪概念不符合，且于法无据。[③]

与此同时，有主张幕后利用者应成立同时正犯或平行正犯者。认为数人相互间无依赖关系（即不存在有意识的和所意愿的共同作用）地造成了构成要件上的结果的，是单纯的同时正犯。每个同时正犯人只应为他所参与的行为部分承担责任，如同一个独自的正犯人。[④]易言之，对于引起构成要件该当结果的发生，并无共同行为决议的两个以上行为人，于同时同地以各自独立的行为，侵害同一个行为客体，实现同一个不法构成要件者，为平行正犯。[⑤]但诚如批评意见指出，在扩张性正犯概念不被采用的情况下，将幕后利用者A理解为正犯的积极根据并不明确；另，透过

---

① ［日］大塚仁：《刑法概说（总论）》，冯军译，中国人民大学出版社2003年版，第288页。

② ［日］高桥则夫：《共犯体系和共犯理论》（第三版），冯军、毛乃纯译，中国人民大学出版社2010年版，第65页。

③ 何秉松：《刑法教科书》，中国法制出版社1997年版，第373—374页；赵秉志：《“片面共犯”不能构成共同犯罪》，载《检察日报》2004年8月7日，第3版。

④ ［德］约翰内斯·韦塞尔斯：《德国刑法总论》，李昌珂译，法律出版社2008年版，第293页；林山田：《刑法通论》（下册），元照出版公司2008年版，第62页。

⑤ 林山田：《刑法通论》（下册），元照出版公司2008年版，第62页。

对犯罪未遂的检视得以发现，A是以某种形式依存于B的实行行为，并非相互无关系的同时正犯，“多纳事例”正是纵向共动的问题。[①]

德国刑法学的通说最终选择了在间接正犯的延长线上来论证幕后参与者的正犯性，即以犯罪支配理论为基础，在错误的意志支配的范围（属于被害人身份之欺诈）内，肯认具有完全责任之正犯背后者的正犯性。详言之，因为A引起了对受保护人的人身对象的认识错误，由此应当对这名具体被杀的个人的死亡结果负责，A与C的死亡相联系，在这个案件中，是把B当作一种盲目的工具来使用的。其间接正犯的依据是，实行人的行为由针对A而转向针对C，也就是转向新的被害人，使这个构成行为变成另一个不同的构成行为。[②]

三、“正犯后间接正犯”概念的确立

从犯罪概念的多面向角度看，“正犯后正犯”包括两种类型：“有责的正犯后正犯”与“无责的正犯后正犯”。比较而言，最易引发争议的恰是前者的场合，即是否或在何种条件下成立“具有完全责任之正犯背后的间接正犯”。本章正是以此种间接正犯类型为蓝本展开的。

---

① ［日］高桥则夫：《共犯体系和共犯理论》，冯军、毛乃纯译，中国人民大学出版社2010年版，第67页。

② ［德］克劳斯·罗克辛：《德国刑法学总论》（第2卷），法律出版社2013年版，第36—37页。

从学术史的角度考察，“正犯背后间接正犯”是一个纯正的德国刑事司法与理论上的问题。如果说在富有启发的“猫王案”[①]中，德国联邦最高法院通过确认“利用处于禁止性错误中的直接行为

① 本案基本案情如下：被告人R与被告人H和P生活在一种受“神秘主义、虚幻认知和妄想”（Mystizismus，Scheinerkenntnis und Irrglauben）影响的“神经质的关系网”（neurotischen Beziehungsgeflecht）中。被告人H在P有意识的共同作用下，一起成功地使容易受影响的被告人R相信了：首先，H瞎编自己受到皮条客和恶棍的威胁，R应当扮演保护者的角色来保护H；二人再通过一些表演性的伎俩，使得R相信了“猫王”的存在——它数千年以来都是邪恶的化身，并威胁着世界。R由于受到其判断能力的限制，同时也为了争取到H的爱情，终于说服自己与H和P共同投入反抗猫王的战斗中。但是，他首先应当通过一些勇气的测试，受洗成为天主教徒，宣誓效忠于H；这样他将甘愿成为供H和P娱乐的工具。1986年，当H得知自己前男友Udo N.结婚的消息时，出于仇恨与嫉妒，她决定利用被告人R的迷信，由其杀死前男友的妻子Annemarie N.女士（以下简称N女士）。在P的默认下，为了除掉她的情敌，被告人H在被告人R面前表演道：由于R犯了很多错误，“猫王”要求将N女士作为人祭（Menschenopfer）献给他；如果R不在短时限内完成这个献祭行为，他就必须离开H，并且整个人类或者数以百万计的人将会被“猫王”灭绝。R意识到这是谋杀，并徒劳地向摩西十诫中的第五条诫命（das fünfte Gebote）寻找出路。H和P则不断地指出，杀人的诫命对他无效，“因为这是神的旨意，命他拯救人类”。在他对着H必须“以耶稣的名义”宣誓杀人之后，H又指出如果R违反了誓言，他“不朽的灵魂，将受到永恒的诅咒”。R决定实施犯罪行为。R饱受良心的折磨，但是衡量到“通过牺牲N女士”可以拯救“数以百万计的人于危险之中”，决定实施犯罪。在1986年7月30日深夜，R以买玫瑰为名义，来到N女士工作的花店中。按照P的建议，同时也在H的同意之下，R利用P留下的匕首，从后面刺向了毫无准备、没有防范的N女士的脖子、脸上和身体多处，以达到将其杀死的目的。由于看到多位旁人听到呼救赶来，R为了不被人认出，放弃继续行刺，逃离现场。但是他预计该被害人会死亡。实际上，N女士并未死亡。申柳华：《间接正犯与教唆犯的界分》，载陈兴良主编：《刑事法判解》第13卷，人民法院出版社2013年版，第199页。

人实施杀人者”成立间接正犯的实践，只是在争议中尝试着肯认有责意义上的“正犯后间接正犯”。[①] 此后，判例不遗余力地扩张适用着“正犯后正犯”，联邦法院在承认组织支配成立间接正犯的情况下，还通过一些新的判例将组织支配扩大到经济性的企业活动以及用于承认领导机关的间接正犯性。[②] 在教义学上，虽仍有部分学者以负责原则作为间接正犯的法理基础，坚持被利用人不能成立犯罪。但在普遍承认共同正犯、教唆以及确认故意利用他人的过失犯罪行为亦构成间接正犯的背景下，坚持负责原则的学者不得不对其进行一连串的修正，这也折射出该原则在内涵方面太过粗糙、在前提设定上漏洞百出，负责原则可谓是被迫全

① 法院判决认定，幕后利用者“在由其有意识地引起的错误之协助下，希望发生事件，并且控制了事件，以至于——虽然（还）是有责的行为的——错误者在评价性考察中被视为工具的人，无论如何都是杀人罪或者力图的杀人罪之间接正犯”。最终，联邦最高法院通过附带意见明显倾向于承认“正犯后正犯”概念。[德]克劳斯·罗克辛:《德国最高法院判例：刑法总论》，何庆仁、蔡桂生译，中国人民大学出版社2012年版，第215页及以下。

② 陈毅坚:《作为组织支配的正犯后正犯》，载《北方法学》2010年第4期。但是这一趋势也受到部分学者的批评，罗克辛对此即持保留态度，他认为，在有组织的权力机构中，要求该组织鉴于其所实施的构成要件实现的行为是法所排除的，具有法的排除性，这主要存在于侵犯国家的重罪、恐怖主义犯罪和有组织的犯罪等。企业缺乏上述组织中所要求的实行者的可替换性，企业在法秩序的范围内参与经济的往来，当部门领导要求其职员伪造证书时，因为可以期待后者根据公务员法不履行违法的指令，所以领导者只能是职员所事实上实行的犯罪行为的教唆犯。

面弃守。[①] 如今，“正犯后正犯”概念在德国理论与实务中基本确立了坚不可摧的地位。

日本的判例与学说立足严格的限制性正犯的立场，努力限制间接正犯的范围，故尚未一般性地肯认“正犯后间接正犯”概念。但与此同时，共谋共同正犯的概念不论在理论抑或实践中被绝对地贯彻着，许多在德国以“正犯后间接正犯”处理的情形在日本则通过“共谋共同正犯”予以解决。实属“关了前门又开了后门”，可以说实质上部分肯认了“正犯背后的正犯”概念。在我国台湾地区，犯罪支配理论已然深入人心，在犯罪支配的理论框架内解决间接正犯的正犯性已成主流趋势，“正犯后间接正犯”概念被广泛地承认。[②] 在我国大陆地区，一方面，反对片面共犯概念的论者通常倾向于承认“正犯后正犯”，我国通说基本持此立场，[③] 但在笔者看来，与德国内发性形成不同，我国通说承认“正犯后间接正犯”实在是出于处罚的需要而迫不得已采取的一种技术上的处理，更有将间接正犯作为一个“虚怀若谷”的“口袋”对待的嫌疑；另一方面，伴随着犯罪支配理论的兴起，部分青年学者开始正面论证

---

① 蔡圣伟:《论间接正犯概念内涵的演变》，载陈兴良主编:《刑事法评论》第21卷，北京大学出版社2007年版，第67—69页。

② 林山田:《刑法通论》(下册)，元照出版公司2008年版，第62页；林钰雄:《新刑法总则》，元照出版公司2006年版，第406页；许玉秀:《被利用人之禁止错误与堕胎加重结果罪》，载《台湾本土法学》2010年第27期。

③ 张明楷:《犯罪学原理》，武汉大学出版社1991年版，第535页；肖中华:《片面共犯与间接正犯观念之破与立》，载《云南法学》2000年第3期。

并肯认“正犯后间接正犯”概念。[①]

四、“正犯后间接正犯”之类型化展开

在二元犯罪参与体系下，以犯罪事实支配理论为指导，犯罪支配成为正犯这一犯罪行为实施过程中核心人物的观念形象，支配犯亦成为正犯的标志与代名词。结合德国刑法有关正犯的立法规定，支配犯区分为：作为行为支配的直接正犯、作为意志支配的间接正犯以及作为功能性行为控制的共同正犯。故意且有责的“正犯后正犯”基本存在于上述第二种情形下。在作为意志支配的间接正犯内，又分为凭借强制的意志控制、凭借认识错误的意志控制与通过有组织的权力机构的意志控制三类。[②] 在凭借强制的意志控制场合，因坚持负责原则，故只承认“一个被免责的实行人背后的实行人”，并不存在本章研究的故意有责的“正犯后正犯”。[③] 就此而言，“正犯后正犯”的类型基本存在于凭借认识

① 尹子文、徐久生：《行为控制理论下“正犯后正犯”的边界归属》，载《政治与法律》2014 年第 6 期；陈毅坚：《作为组织支配的正犯后正犯》，载《北方法学》2010 年第 4 期。

② ［德］克劳斯·罗克辛：《德国刑法学总论》，王世洲等译，法律出版社 2013 年版，第 19—37 页。

③ 罗克辛在此主张责任原则的适用，认为幕后人施加的压力必须发挥基础性控制作用，从而使得被强制的利用者免除刑法上责任，借此幕后利用者的间接正犯性方能导出。但在笔者看来，如前所述，责任原则的真实内涵及其价值到底何在，不无疑问；责任原则为何并未适用于后续的两种意志控制的场合；退一步讲，即使被利用者并未达到刑法免责的程度，或许仍然存在肯认幕后利用者间接正犯的空间。

错误的意志控制与凭借有组织的国家机器的意志控制的场合。其中，在凭借认识错误的意志控制的场合，故意有责的“正犯后正犯”具体存在于三类案件中：对不法程度的欺骗、对加重情节的欺骗、对被害人身份的欺骗。因此，综合凭借有组织的国家机器的意志控制的场合，故意且有责的“正犯后正犯”共存在下述四种基本类型。

1. 欺骗被利用者，使其误以为其损害行为只会造成轻微的损害，事实上却如同欺骗者预期的那样导致很大程度的损害，这种情形属于针对不法程度的欺骗。对此，虽然也有学者主张幕后利用者系教唆犯，但主流观点认为，“在以欺骗为条件的构成行为转向另一种对象时，甚至在同时存在不法程度与罪责程度时，也能够成为由此作用的对其他构成行为的控制的基础”。“在不同的行为构成的情况下，在一个同样的行为中，成立教唆人和间接实行人是可能的。”①

2. 作为对加重情节的欺骗，最典型者莫过于如下事例：行为人认定进驻的美国士兵将会在不详细审核指控且无视程序的情况下射杀L先生，出于卑劣的动机向美国士兵故意违背事实说L先生杀害了多名外籍工人，美国士兵果真无视程序杀死了L先生。在此，美国士兵构成普通的杀人罪，而幕后的行为人则作为谋杀的间接

---

① ［德］克劳斯·罗克辛：《正犯与犯罪事实支配理论》，劳东燕译，载陈兴良主编：《刑事法评论》第25卷，北京大学出版社2009年版，第25页。

正犯。在此之所以能够肯定幕后者的间接正犯性，是因为是否出于“卑劣的动机”这种认识错误与构成行为相关，即从这种由幕后行为人所意图实施的谋杀出发，直接行为人实施了一个单纯的杀人，而幕后者却由此遂行了另一种构成行为。

3. 在通过对被害人身份的欺骗而形成的“正犯后正犯”事例中，诸如“多纳事例”，幕后者的间接正犯性存在于，其引起了对受保护人的人身对象的认识错误，由此应当对具体被杀的个人的死亡结果负责，幕后者的利用行为与被害人的死亡相联系，在此，幕后者是将幕前的行为人作为一种盲目的工具加以利用。①

4. 在通过有组织的权力机构的意志支配的场合，即确认即使在一个完全有责的、有正犯资格的行为的行为媒介那里，间接正犯也是可以考虑的。②其正犯性根据在于幕后者控制了事件流程，保有一种可以使他有能力将直接行为人作为纯粹的工具加以利用的后备力量，③或者说，决定性的是命令发布人作为幕后人利用他们的组织支配，可以把整个发生无条件地操纵进

---

① [德]克劳斯·罗克辛:《德国刑法学总论》(第2卷)，王世洲等译，法律出版社2013年版，第36页。

② [德]《联邦最高法院刑事判例集》第39卷，第1页、第31—32页。转引自[德]克劳斯·罗克辛:《德国最高法院判例：刑法总论》，何庆仁、蔡桂生译，中国人民大学出版社2012年版，第219页。

③ [德]毛拉赫、格赛尔、齐普夫:《刑法总论》(第2卷)(第七版)，第260页。转引自[德]克劳斯·罗克辛:《德国最高法院判例：刑法总论》，何庆仁、蔡桂生译，中国人民大学出版社2012年版，第219页。

他们所希望的方向。[1]

第二节 “正犯后间接正犯”中的共动及犯罪支配关系

一、“正犯后间接正犯”中的共动关系

在成立“正犯背后间接正犯”的前述诸场合，德国刑法学通说基于犯罪支配理论，立足不同构成要件评价同一犯罪参与行为，继而论证幕后利用者的间接正犯性。但是，确认直接正犯背后利用者的间接正犯性，并不必然否定上述场合直接正犯与间接正犯之间存在共犯关系。因为所存在的欺诈行为，虽然并不涉及直接行为者的法律责任，也不涉及其动机，但他们涉及构成要件行为本身，并使之成为另一种能归责于幕后者的构成要件行为。此类情形包括对不法程度的欺诈、对加重事由情状的欺诈以及对被害人的身份的欺诈。以对不法程度的欺诈为例，部分学者虽否定在这种情形中成立间接正犯，而以教唆犯对之施以刑罚，并在量刑过程中考虑幕后者的进一步的故意。但这种意见并不值得提倡。因为间接正犯并不要求实施者完全丧失抑制动机；像在不法程度的认识错误中一样，实质性的抑制因素为幕后者的控制所排除，或

---

① [德] 约翰内斯·韦塞尔斯:《德国刑法总论》，李昌珂译，法律出版社 2008 年版，第 305 页。

者实质性抑制因素的缺乏为幕后者所利用就足够了。甚至在不法程度与责任程度保持相同的情况下，基于欺诈而使构成要件行为转而对准另一对象，也能够成立对由此导致的另一构成要件行为的支配。在对不法程度实施欺诈的场合，以下情形成立间接正犯会好一些，在这种情形中，绝对占主流的意见认为，在构成要件不同的情况下，就某一行为或同样的行为而言成立教唆犯或间接正犯都是可能的。比如，伤害罪的教唆犯可能同时成立谋杀罪的间接正犯。[①] 据此，在同一构成要件范围内或者不同构成要件重合的范围内，仍然可以确认直接正犯与幕后利用者即间接正犯间的共同犯罪关系。在“就被害人身份之欺诈”的场合，直接正犯与幕后的间接正犯在一般的构成要件意义上成立共同犯罪自无疑问。作为深入检讨之契机，在“多纳事例”中，隐藏于幕后的 A 与直接行为人 B 之间是否存在共犯关系，值得进一步研究。虽然有学者如施朋德尔主张 A 与 B 是同时正犯，但“多纳事例”中的 A 与 B 并非通常所认知的同时正犯那样仅系时空上的耦合。事实上，A 在实现自己的不法目的上确实依存于 B 的实行行为，并且 A 对此是存在明确的认识与意欲的，两者之间确实存在共动关系。从法益侵害的因果性上分析可知，作为被害人死亡的原因行为，除却直接正犯 B 的实行行为，隐藏于幕后的 A 利用机会制造错误的行为也具有决定性的意义，即 A 与 B 客观上共同合力引致被害人 C

---

① ［德］克劳斯·罗克辛：《正犯与犯罪事实支配理论》，劳东燕译，载陈兴良主编：《刑事法评论》第 25 卷，北京大学出版社 2009 年版，第 24—25 页。

的死亡。倘若在客观不法意义上厘定共同犯罪关系或现象，则上述共动亦可认定为共同犯罪关系。在基于组织支配的场合，命令的发布者与执行者处于一个结构严密、组织有序的犯罪组织中，犯罪组织的属性与参与者角色的定位决定了共同导致某一法益侵害的数个犯罪参与者之间客观上存在行为分担与配合；就共同犯罪的决议而言，或者在加入该犯罪组织之初即已概括性形成，或者在组织运行过程中借助发布与执行犯罪命令的方式形成。因此，或许不能认定直接正犯与幕后的命令发布者构成共同正犯关系，但存在一般意义上的共同犯罪关系，当无问题。综上，“正犯后间接正犯”情形下的利用者与被利用者也绝非单向度的利用关系可以概括，毋宁说单方面的利用关系以事实上的共动关系为基础。申言之，在上述成立“正犯后间接正犯”的场合，均可认定直接正犯与其背后间接正犯存在广义或一般意义上的共同犯罪关系。

二、“共犯”缺乏犯罪支配？

“正犯背后的正犯”以犯罪支配理论为理论基础，而后者本质系二元犯罪参与体系下有关正犯与共犯界分标准的学说。二元参与体系以限制的正犯概念为逻辑预设，不仅就犯罪之成立在概念上区分正犯与共犯，而且在刑罚评价上也截然有别。在该犯罪参与体系下，首当其冲者即如何区分正犯与共犯。作为当今德国刑法学的通说，犯罪支配理论不仅是犯罪参与之核心人物——正犯的观念形象，而且基本支撑并指导着整个犯罪参与理论的形成与展开。正犯与共犯的界分标准不论采取何种区分理论，二元参与体系自始存在一个基本的理论预设：正犯是犯罪实施过程中的核心人物，与此相对，共犯则是犯罪参与的边缘角色；前者支配犯罪的流程，在犯罪参与中发挥重要作用，与此相反，后者并不操控犯罪过程，对共同犯罪的实现并不产生重要作用；正犯具有独立的犯罪性，而共犯则在某种程度上从属于正犯。二元参与体系及其内所有问题的解决也正是以上述不证自明的“教义”为指导。犯罪支配理论及以此为基础之“正犯后正犯”亦不例外。值得思考的是，当区分理论发展至一般性地承认“正犯后正犯”概念时，我们不得不重新审视并检讨“正犯后正犯”这一研究成果与其赖以存在的理论基础——二元区分体系这一土壤是否仍旧保持逻辑上的自洽？

从客观归责的角度看，在对犯罪参与这一集体现象进行客观归责过程中，秉承个人责任的理念，不得不承认因果关系的重要地位。易言之，如果说参与行为与法益侵害结果之间存在因果关系，基本可以将该法益侵害结果客观归责于相应的犯罪参与行为；反之，若确认某一参与行为与法益侵害之间根本不存在引起与被引起的关系，则无论如何也不应当将其作为不法行为展开审查。就此而言，因果关系是包括正犯在内的一切参与犯客观归责的前提。问题是，因果关系与犯罪支配又具有怎样的关联性呢？在笔者看来，犯罪支配毋宁是一个观念上的指导形象或原则。因为是否具有犯罪支配并没有具体明确的界限，这是与价值评判相关联的，只有在相关事实中根据行为人的真实情况方能进行具体的判断。[①] 正因如此，几乎所有相关的著述都同意犯罪事实支配说，但围绕如何确定犯罪支配却也众说纷纭，比如，主观理论主张考虑到所有条件对于结果的造成具有同等的价值，只有主观面的界分才有指望成功；整体理论则主张，对于界分正犯与共犯而言，单个要素独自从来不起决定作用，而只有在整体关系的内部每一单个要素材才起着决定性作用。此外，还有根据行为规范的紧迫性进行区分的主张，即根据遭到违反的不同的行为规范来区分正犯与共犯，行为规范具有不同的紧迫性。对共犯的行为规范在紧迫性上比对正犯的行为规范要低，因为施加于正犯的避免法益侵害的义务，为法益客体构建起一堵保护墙。正如对教唆犯的处刑与正犯相同所表明的，像正犯的行为规范一样，教唆犯的行为规范具备同等的紧迫性。[②] 立足客观归责角度，可以肯定的是，是否存在犯罪支配涵括了参与行为与法益侵害之间因果关系的判断。诚如学者所指出的，实现不法事实的支配者应该为不法事实所包含的利益侵害或利益侵害的危险负责，这符合刑法归责的基本理念：能够改变利益侵害结果的人就是实现不法事实的支配者，因此如果不处罚这一些人，或是所处罚的不是这一些人，对于利益侵害的预防，不是有所不足，就是没有意义。问题是，所谓对于犯罪的支配，如果不是从既有的因果关系概念来做理解，其判断的标准

---

① ［德］克劳斯·罗克辛：《德国刑法学总论》（第2卷），王世洲等译，法律出版社2013年版，第11页。

② ［德］克劳斯·罗克辛：《正犯与犯罪事实支配理论》，劳东燕译，载陈兴良主编：《刑事法评论》第25卷，北京大学出版社2009年版，第24—25页。

是什么？其实，对于犯罪的构成，不管是单独正犯，或是所谓共同正犯、间接正犯、教唆犯与帮助犯，也不管对于犯罪支配是居于所谓关键性地位或边缘地位，其成为犯罪参与类型之前提无不以因果关系为核心。[①] 就此而言，不仅正犯的构成以因果关系为必要，教唆犯与帮助犯等共犯构成犯罪亦须以因果关系存在为前提，否则即无法解释为何将对法益侵害没有任何影响的参与行为评价为不法。申言之，说某人的参与行为与法益侵害之间具有因果关系，即是说其参与行为影响了犯罪的流程、支配了法益侵害的过程。就犯罪的因果关系而言，只存在有或无的问题，并无强弱之说。在犯罪参与的场合，可以说一切参与犯的参与行为与法益侵害之间都有因果关系，都存在支配力。诚如批评行为支配论的学者所指出的，其意义不仅不一致，而且，具体地看，必须说很不明确。在犯罪教唆或帮助的场合，也并非不能说教唆者、帮助者就没有行为支配。[②] 这也表明，企图从因果关系（量的程度）角度界分正犯与共犯的努力将以失败而告终。

具体到“正犯后间接正犯”场合，之所以能够对隐藏于幕后的行为人进行客观归责，无非因其制造错误或发布命令的行为与法益侵害结果之间存在刑法上的因果关系。具体来说，幕后行为人通过制造错误或有组织的权力机构发布命令，假借直接正犯之

① 黄荣坚:《基础刑法学》(下)，中国人民大学出版社 2009 年版，第 515 页。

② ［日］大塚仁:《刑法概说（总论）》，冯军译，中国人民大学出版社 2003 年版，第 239 页。

手实现了自己的犯罪，其参与行为影响了犯罪流程，支配了法益侵害的结果，故而可以将其参与行为评价为不法，要求其就该法益侵害结果负责。因此，幕后者的犯罪参与行为对法益侵害存在支配力。对成立“正犯后正犯”的情形进一步分析可知，在诸如对不法程度进行欺诈的场合以及在通过有组织的犯罪支配的场合，制造错误者或发布命令者事实上扮演着教唆犯罪的角色。毕竟在认定进驻的美国士兵将在不详细审核指控且无视程序的情况下射杀 L 先生的背景下，基于卑劣的动机向美国士兵故意违背事实说 L 先生杀害了多名外籍工人，这无论如何都应当评价为制造犯意的行为；在通过有组织的权力机构的意志支配的场合，幕后者的犯罪教唆属性更是明显，因为通过命令要求下属实施犯罪构成教唆犯，这完全符合通说一贯有关教唆犯的厘定与认知。就此而言，反对幕后者成立间接正犯、主张构成教唆犯的意见，不能不说有其合理之处。综上表明，即使在教唆犯等狭义共犯的场合，不得不承认所谓的共犯的参与行为也是能够影响犯罪流程的，其参与行为对法益侵害具有支配力，这也是对其进行客观归责的前提与基础。

三、“共犯”缺乏优越的犯罪支配?

在确认参与行为与法益侵害的因果关联性基础上，立足不法评价之程度（量）这一视角考察犯罪支配，不得不承认，在所有支配犯罪流程并造成法益侵害的参与犯之间，仍存在支配力的高低之分。在此，区分理论的基本主张之一认为，正犯具有优越的犯罪支配，在犯罪过程中发挥重要作用，而共犯并不支配犯罪事实，在犯罪过程中仅起次要或辅助作用。承认支配力存在强弱之别，是否意味着通说的定式及其思维是合理的呢？即正犯具有优越的犯罪支配、共犯则等同于弱势的犯罪支配？

在笔者看来，上述整理实在是将复杂问题简单化。参与犯的不法评价原本是异常复杂的问题，不仅涉及不法的有无，而且关涉不法的程度。就不法程度的考察依据而言，不仅应考虑犯罪参与的方式、方法，参与行为之于犯罪流程的影响、参与行为之于法益侵害的促进程度，而且应就各参与者的主观的认知程度进行比较，乃至分析各参与者在共同犯罪这一集体现象中所处的位置、所扮演的角色，甚至就各参与者在整个社会关系网络中的社会角色展开研究，在此基础上综合确定参与犯各自的不法程度。事实上，不论是德国的犯罪支配理论抑或是日本的重要作用说，其本质均系参与犯之不法程度的评价理论。概其共性，莫过于在不法程度的评价方面，均遵从了结合主客观两方面因素进行综合判断这一基本规律。详言之，依据犯罪支配理论，对于正犯的确定，决定性的是每个参加人根据他对行为客观上贡献的种类和大小，以及基于他的意志上参加，对构成要件是否和如何实现的问题以及在何种程度上以这样方式进行了支配，以至于结果显得是他的目的明确地操纵或者共同安排行为的意志的所为。相反地，缺乏上述特征者，是参与。[1] 根据重要作用说，对犯罪的实现起了重要作用

---

① ［德］约翰内斯·韦塞尔斯：《德国刑法总论》，李昌珂译，法律出版社2008年版，第292页。

的是正犯，仅起到从属作用的是从犯。所谓重要的作用，是指既然将共同正犯作为正犯来处罚，那么必须能够将之评价为与单独正犯实行行为具有相同的价值，是否起重要作用，需要综合考虑共同者内部所处地位、对实行行为加工的有无、样态、程度以及行为人的主观意欲等所有要素的基础上形成。[①]易言之，参与形式并不能单独决定参与犯的不法程度或作为是否存在优越的犯罪支配的依据。事实上，即使分担了构成要件行为，并不意味着其具有优越的犯罪支配或者说在共同犯罪中发挥了主要作用；相反，即使分担了非构成要件行为，诸如作为典型的犯罪帮助的“望风行为”，也会被认为在共同犯罪中起到了主要作用或处于支配性地位。实践中，日本的判例自古以来就习惯性地将望风者作为共同正犯予以对待，且该种看法延续至今，就是最有力的说明。此外，作为苏联与中国刑法中比较独特的一类共犯形态，我们能说组织犯缺乏优势的犯罪支配吗？因此，与其指鹿为马，将原本的共犯类型认定为正犯，倒不如认真考虑定性与定量、定罪与量刑的适度分离。

通说有关共犯的认知与客观事实不符，其悖谬在“正犯后正犯”中完全暴露无遗。台前的正犯事实上操纵着犯罪行为的发生与发展，也正是其通过身体的动作亲自实现了构成要件行为，直接引致了不法结果的发生，将其评价为支配犯罪流程并发挥重要

---

① ［日］西原春夫：《犯罪实行行为论》，戴波、江溯译，北京大学出版社2006年版，第276页。

作用者自无疑问；诚如上述，就“正犯后正犯”场合幕后参与者的行为属性而言，实为教唆犯。但在通说看来，幕后者虽未亲自实现构成要件行为，但其通过制造（利用）错误或者通过组织支配实现了意志支配，与直接正犯相比，幕后的操纵者更全面地认识到了损害的性质与范围，或者即使在没有强制与欺骗的情况下，相关组织也可以通过发布命令的形式确保其指令得到执行，在此，直接实施者的个体性反而显得无足轻重。申言之，幕后操纵者因为主观上的认知优势或者社会关系上的优势而处于支配地位，这也是其获得正犯性的根据；比较而言，活跃在台前的直接正犯要么因认知上的瑕疵被认定为“盲目”的工具，要么因可替代性与执行命令的自动性而处于相对无足轻重的地位。也就是说，真正的正犯沦落为盲动或者无足轻重的工具（甚至存在被认定为帮助犯或从犯的可能与现象），而原本的教唆犯因其优势地位而“喧宾夺主”，成为支配正犯的正犯。至此，包括犯罪支配说在内的区分理论（通说）有关正犯与共犯区别及其意义的说法，可以说是陷入了全面性的自我矛盾。[①] 如果说笔者此前一贯主张的帮助犯并不必然等同于从犯、正犯亦未必都属于主犯这一研究结论[②] 系二元参与体系下对妥善解决相关问题进行的修正性尝试与努力的话，那么以犯罪支配理论为基础的“正犯后正犯”概念的出现，不仅彻底否定了通说历来的理论预设——共犯在共同犯罪中缺乏优越的犯

① 黄荣坚：《基础刑法学》（下），中国人民大学出版社 2009 年版，第 516 页。
② 张伟：《帮助犯概念与范畴的现代展开》，载《现代法学》2012 年第 4 期。

罪支配、不可能起主要作用，而且从二元犯罪参与体系内对该体系予以毁灭性打击，这可谓犯罪支配理论之于二元犯罪参与体系的自反性。

四、“正犯后间接正犯”视域下犯罪参与之本质：实现犯罪的一种方法类型

承上所析，在成立“正犯后间接正犯”的场合，直接正犯与其背后的间接正犯系共同犯罪关系，而单就所谓的“正犯后间接正犯”的参与属性而言，一方面，存在共犯类型正犯化的现象，如原本的教唆犯被评价为正犯；另一方面，不能完全类型化的犯罪参与行为被纳入间接正犯的范畴，而此类犯罪参与行为在限制的正犯概念与二元参与体系下原本属于共犯类型。对此，有必要从更为深入的层面探讨其形成的逻辑根基。笔者以为，其根本原因系罪刑相当原则的考虑。众所周知，德、日刑法有关共同犯罪皆采限制的正犯概念，与正犯相对者为共犯，包括教唆犯与帮助犯，而立法明文规定共犯之刑或比照正犯或减轻处罚。在“正犯后正犯”的场合，虽能肯定直接正犯与幕后利用者构成共同犯罪，亦能肯认幕后利用者的“共犯性”，但根据幕后利用者在整个共动现象中所处的地位、参与的行为以及所起的作用，却很难说幕后利用者在该等场合处于犯罪的边缘角色，亦不能言其在共同引致法益侵害中没有发挥关键或重大作用。事实上，在部分情形下，如基于有组织的犯罪支配场合，幕后利用者才是犯罪流程的真正操控者，直接正犯则是可以随时被替代的角色，综合评价其在整个

共动现象中的作用，毋宁说幕后利用者才是整个犯罪现象的核心角色、起到主要作用，直接正犯已然边缘化。一方面囿于立法的规定，另一方面考虑到罪刑相当原则的实现，折射到解释论上就不得不将原本的共犯评价为正犯。诚如大塚仁教授所指出的，对于通过教唆、帮助或其他支配形式利用他人犯罪的情况却不能够仅仅根据教唆犯或者帮助犯的处罚原则处理，因为将他人作为犯罪工具使用时，与直接侵害法益的单独正犯没有区别，为了避免处罚上的不适当，间接正犯的概念才有了存在的意义。①

与此相关的一个值得反思性的问题是，既然成立共同犯罪，亦存在共犯关系，却并不认定为共犯，那么“共犯关系”之本质及其在整个共犯体系中的理论价值何在？在限制的正犯概念与二元区分制的犯罪参与体系下，共犯关系的存在成为对与直接正犯及其不法结果有因果关联的其他犯罪参与者进行归责的法定事由与思考路径，即虽非直接正犯却与直接正犯存在共犯关系，以某种参与方式协力与促进了直接正犯，继而引致了法益侵害时，当然可以“共犯”论处。就此而言，共犯关系在此具有归责事由的体系地位与理论价值。在此基础上，围绕其本质即“共犯”②以什么

① ［日］大塚仁:《刑法概说（总论）》（第三版），冯军译，中国人民大学出版社 2003 年版，第 142 页。

② 在日本，有关“共犯”本质的探讨是仅适用于共同正犯抑或包括共同正犯在内的广义的共犯，存在争议，部分学者如木村龟二、香川达夫、福田平、藤木英雄等主张，犯罪共同说与行为共同说的对立系共同正犯特有的问题，但日本刑法理论的通说则认为，广义的共犯也涉及这一问题。在我国，通说认为，犯罪共同说与行为共同说的对立系围绕广义共犯本质的探究。

为其“共同”这个问题，理论上基本形成了犯罪共同说与行为共同说的对立。犯罪共同说认为，数人共同进行特定的犯罪是共犯，客观地预想了构成要件上特定的犯罪，由数人共同实行它时是共犯。[①]根据数人实施的犯罪存在些许差别时处理原则的不同，该说内部复分为严格的完全犯罪共同说、完全犯罪共同说与部分犯罪共同说（日本刑法学界的通说）。[②]简言之，犯罪共同说在共犯本质的把握上倾向于认为共犯系“数人一罪”。与犯罪共同说相对的是行为共同说，该说主张，共犯的共同指的是行为的共同。易言之，只要行为人实施了共同的行为，即成立共犯，不要求必须是特定或同一的犯罪。[③]根据在何种层面把握“行为”的意义，该说复分为自然的行为共同说与构成要件的行为共同说，前者认为共同的行为是指与构成要件无关的前法律的自然行为，后者则主张共同的行为系符合构成要件的实行行为。简言之，行为共同说主张共犯系“数人数罪”。行为共同说在日本虽非通说，但也被有力地主张着。我国的通说历来主张（严格的）犯罪共同说，但部分犯罪共同说与行为共同说近年来也逐渐变得强劲。通过对“正犯后正犯”的研究可知，共犯关系是否存在丝毫不影响对参与犯的不法

---

① [日]大塚仁：《刑法概说（总论）》（第三版），冯军译，中国人民大学出版社2003年版，第277页。

② 陈家林：《外国刑法通论》，中国人民大学出版社2009年版，第504—505页。

③ [日]大谷实：《刑法讲义总论》，黎宏译，中国人民大学出版社2008年版，第366页。

及其责任的判断。申言之，虽然在成立“正犯后正犯”的诸场合，能够肯定直接正犯与间接正犯的共同犯罪关系，但各参与犯最终的不法及其责任的评价并不是沿着共同犯罪这一归责路径导出的。甚至可以说，直接正犯与其背后的利用者是否存在共犯关系，对认定各参与者是否构成犯罪、构成何种犯罪没有任何意义。就此而言，笔者以为，学界有关犯罪共同说与行为共同说的争论完全没有意义，认为共犯的成立一定要存在共同的犯罪故意也是没有必要的。因为共同犯罪是不法形态，认定共同犯罪，实际上解决的只是不法问题，即哪些参与人的行为与结果之间具有因果性，并据此应当将结果归属于其行为。[①] 申言之，在数人参与犯罪的情况下，各参与行为是否构成犯罪、构成何罪的判断亦须遵循犯罪判断的一般规律，即坚持从不法与责任两个层面予以认定，所谓的共同犯罪、共犯关系充其量只是行为人实现犯罪的多种方法类型中的一种而已。诚如黄荣坚教授所言，刑法上并没有对犯罪参与或共犯概念本身赋予任何法律效果，犯罪参与概念的界定，目的在于大致了解所要处理的问题范围而已。至于一个人的行为会不会构成犯罪，以及会构成什么类型的犯罪，并不是用犯罪参与概念的本身来做界定，而是依赖具体的犯罪类型的构成要件的检验。[②] 相反，过分强调“共犯关系”，为其人为注入过多规范评价性内容，会导致共犯体系的二分化，诸如过失共同犯罪的场合，因缺乏构

---

① 张明楷:《共同犯罪的认定方法》，载《法学研究》2014 年第 3 期。

② 黄荣坚:《基础刑法学》(下)，中国人民大学出版社 2009 年版，第 488 页。

成“共犯关系”之“共同犯罪的故意与联络”，其共犯性被否定后，直接依据刑法分则相关犯罪定罪处罚，实际上确认了诸参与犯的正犯性，实属统一正犯体系之体现。不仅如此，强调“共犯关系”还会导致犯罪参与理论规制实像的窄化：片面的犯罪参与被从犯罪参与理论剔除，参与自杀、自伤行为的犯罪性仍需专门研究等。为了弥补因强调“共犯关系”所产生的“定罪荒”，又不得不扩张间接正犯的外延，而间接正犯外延毫无节制的拓展不仅有混淆正犯与共犯之嫌，而且终局性地滑向了统一正犯体系，导致二元参与体系的异化。如此看来，下述结论是值得肯定的：刑法理论与司法实践完全可以淡化“共同犯罪”概念……在对参与犯定罪量刑的过程中，没有必要提出和回答“谁和谁成立共同犯罪”“共同犯罪犯的是什么罪”这样的问题。即使不使用“共同犯罪”概念，也完全可以处理数人共同参与犯罪的现象。[①]

五、“正犯后间接正犯”视阈下参与犯之不法评价及其向度

在犯罪参与现象的不法评价方面，德、日刑法通说在狭义共犯即教唆犯与帮助犯的属性问题上坚持共犯从属性理论，认为狭义共犯之成立以从属于正犯之不法为必要。[②] 限制从属性说近年来

---

① 张明楷：《共同犯罪的认定方法》，载《法学研究》2014年第3期。

② ［日］山口厚：《刑法总论》，付立庆译，中国人民大学出版社2011年版，第295页；［德］约翰内斯·韦塞尔斯：《德国刑法总论》，李昌珂译，法律出版社2008年版，第311页。

在我国刑法学界逐渐变得有力。[①]但在笔者看来，上述论断即共犯不法从属于正犯的观点有待商榷。以“正犯后正犯”为契机，有必要就共动现象尤其是通过直接正犯并与直接正犯共同引致法益侵害的幕后参与者的不法评价及其思考向度展开研究。

首先，作为限制从属性基础的违法连带性说是不可靠的。违法性的判断对象虽限于与法益发生关联之行为，但对行为属性之评判却离不开行为主体。换言之，同样的行为因主体身份的差异，在违法性的评价上可能迥然不同。即使共同实施同一行为，因主体身份差异也会导致各参与行为之违法性评判上的差异。例如，教唆他人实施正当防卫以杀死其情敌的场合，被教唆者构成正当防卫，而教唆者的教唆行为则属剥夺他人生命的不法行为。因此，必须从一般意义上确立违法的相对性。也就是说，即使在对共同犯罪这一集体现象进行规范评价时，也必须个别地对牵涉其中的每个参与者行为的不法性独立地作出评价。其次，在上述教唆他人实施正当防卫的场合，通说在肯认防卫者的正当性的同时，认定了教唆者构成故意杀人罪（间接正犯），这就意味着对教唆者的不法性的判断实际上秉承了个别、独立性立场。最后，通说一方面主张共犯对正犯不法的从属性，另一方面又认为，当被利用者缺乏构成要件该当性或违法性时构成间接正犯，即背后利用者不法的独立性，这本身就是前后不一的矛盾论断。从存在论上看，

---

① 张明楷：《刑法学》（第四版），法律出版社 2011 年版，第 92 页；黎宏：《我国犯罪构成体系不必重构》，载《法学研究》2006 年第 1 期。

不论是教唆犯、帮助犯抑或是间接正犯，在通过利用他人的行为侵害或威胁法益这一点上是完全一致的，缘何前者不法的评判就要遵守从属性原则，而后者则不必要？因此，定义为教唆犯、帮助犯或间接正犯只是转换了一个名称，而此一形式上的转化并没有实质解决理论上的矛盾，一个实质上的问题是，并不会因为换了一个名称，因此就算是把问题解决了。[①]

如果说上述批判只是立足幕后参与者是否应从属于直接正犯这一不法从属之有无的视角所展开的反思，那么在“正犯后正犯”场合，幕后利用者的不法评价则是从不法的程度这一量的角度再次证明幕后利用者的不法不仅无须从属于直接正犯，事实上，部分场合幕后利用者的不法还远甚于直接正犯。详言之，在成立“正犯后正犯”的场合，在直接正犯构成犯罪的情况下，之所以还要将幕后利用者确认为间接正犯，就不法评价方面而言，关键原因在于幕后利用者虽然也是通过直接正犯并与之共同导致法益侵害，但根据幕后参与者对直接正犯相关构成要件行为的客观利用情况，其不法内容往往比直接正犯更丰富，其不法程度甚至重于直接正犯。正是基于此等情状之考虑，幕后的犯罪参与者方具从重评价、从严惩治之必要。例如，在教唆直接正犯伤害他人但教唆者明知直接正犯遵循其犯罪手段必将导致他人死亡的场合，单就构成要件的不法而言，用故意伤害罪（致死）完全可以全面评价直接正犯的犯罪行为，但完全不足以完整评价幕后利用者的利用行为。

① 黄荣坚:《基础刑法学》(下)，中国人民大学出版社 2009 年版，第 520 页。

就此而言，犯罪参与中各参与犯的不法评价不仅要个别地判断，而且可能需要沿着相互关联却并不相同的不同犯罪构成要件的方向上独立地考察。综上，“正犯后正犯”再一次说明，直接正犯背后的犯罪参与者的不法及其程度无须也无法从属于直接正犯，其不法性的判断必须在直接正犯之外独立地进行。

第三节 围绕“正犯后间接正犯”的体系性自省

如前所述，“正犯后间接正犯”以二元犯罪参与体系为背景、以限制的正犯概念为逻辑起点、以行为支配说为指导。就二元犯罪参与体系而言，其基本特色有三：其一，将犯罪参与人区分为正犯和共犯，主张限制的正犯概念；其二，正犯与共犯的不法程度在规范评价上呈现由多到少的层次关系；其三，对正犯与共犯规定轻重不同的处罚原则。[①] 申言之，二元区分制的核心问题是确定正犯，或者说区分正犯与共犯的理论，也是确定正犯概念的理论。[②] 易言之，该体系重在主张限制的正犯概念，严格界分正犯与共犯，并赋予其不同的价值内涵。但在笔者看来，行为支配论作为评价共动现象的理论学说有其合理性，作为判断的结果，

① 钱叶六：《共犯论的基础及其展开》，中国政法大学出版社 2012 年版，第 9 页。

② 许玉秀：《当代刑法思潮》，中国民主法制出版社 2005 年版，第 549 页。

“正犯后正犯”也完全符合行为支配论的基本精神，在这个意义上，可以说二元区分制犯罪参与体系孕育并塑造了行为支配论。但行为支配论及以其为基础的“正犯后间接正犯”与二元犯罪参与体系的理论初衷相去甚远，实际上完全背离了二元区分制立法的基本精神。

一、基于形式侧面的分析

从形式的侧面考察，通说一旦承认正犯后的间接正犯，实质上就已完全偏离了二元区分制之首要特征——限制的正犯概念，而终局性地滑向了扩张的正犯概念。承认“正犯后间接正犯”即意味着利用他人不构成犯罪的行为来实现犯罪，是间接正犯；利用他人构成犯罪的行为来实现犯罪，也是间接正犯。因此，被利用人的他人行为是否构成犯罪，就间接正犯而言，已经没有任何意义，结果是只要透过他人之手实现犯罪，就是间接正犯。[①] 深入分析成立“正犯后间接正犯”的场合，部分幕后正犯在共动现象中呈现的参与形式并非构成要件行为而系犯罪教唆行为，有些甚至既非教唆行为也非帮助行为。将犯罪教唆行为评价为正犯，这不仅与限制的正犯概念形成之基础——形式的构成要件概念完全相悖，事实上也混淆了正犯与共犯的界限，有“指鹿为马”之嫌；不仅如此，有相当一部分对共动现象具有支配力甚至较高程度支配力的犯罪参与形式在二元犯罪参与体系下存在入罪上的困难与障碍，比如，

① 黄荣坚:《基础刑法学》(下)，中国人民大学出版社 2009 年版，第 519 页。

基于有组织的犯罪支配场合中的组织者、领导者，其既没有分担构成要件行为，也绝非纯粹的教唆犯、帮助犯，却在共动现象中发挥了举足轻重的作用，又不能评价为边缘角色的共犯。这不仅折射出二元区分制在犯罪参与形态设置上“理论不符合实际”，而且反映出该共犯参与体系之基本理论预设——正犯与共犯在各自的严重程度上呈现由多到少的落差是不成立的。[①] 或许，随着刑事司法与犯罪参与理论的发展，新的共动现象与新的犯罪支配形式将不断被发现，其犯罪支配程度或许高低有别，但参与类型则完全无法用简单的限制正犯概念与共犯能够予以概括，这也注定了“正犯后间接正犯”的外延还将继续泛化。

二、基于实质侧面的检讨

从实质层面分析，作为“正犯后正犯”形成的理论基础，行为支配论与限制的正犯概念赖以形成之基础——形式的构成要件论存在内在性冲突。行为支配论不仅从参与类型这一角度为共动现象的刑法规制厘定外延，更重要者，它还从参与程度角度确定不同参与者在共动过程中所发挥之作用，借此为刑罚裁量提供依据。即行为支配论是一个集形式与实质于一体且更侧重于后者的范畴。但限制的正犯概念仅立足形式的构成要件把握犯罪参与形体，并

---

① 这正是推动正犯概念实质化的基本驱动力，以此为契机，在德国形成了“正犯后间接正犯”概念。无独有偶，日本学界虽未一般性地肯认“正犯后正犯”，却别具风格地形成了共谋共同正犯概念，即通过扩张性地把握共同正犯借此将未分担构成要件行为却在共同犯罪中发挥重要作用的参与者确认为正犯。

不及于其在共动现象中之实质作用。这注定了衍生于两种不同理论基础上的刑法范畴将存在严重偏差。从不法评价方法上看，“正犯后间接正犯”场合，直接正犯背后的犯罪参与者（将其称为间接正犯抑或共犯这都不重要）行为的不法及其程度的判断实际遵从了个别、独立的判断思路，这在参与犯不法评价的向度上与二元犯罪参与体系所主张的共犯不法的从属性原理明显相悖，即认为共犯的不法从属并亚于正犯。在成立“正犯后间接正犯”的场合，虽能肯定直接正犯与幕后参与者构成共犯关系，却不能对幕后参与者评价为共犯，根本原因是幕后利用者的不法程度远甚于直接正犯，不能也无法遵从从属性原理。易言之，透过直接正犯并与之共同引起法益侵害的幕后参与者，即使与直接正犯构成所谓的共同犯罪关系，也不意味着幕后参与者的不法及其程度与直接正犯绑定甚至从属于后者。共动现象中不法评价方法的转化不仅是对二元犯罪参与体系有关共犯从属性理论的背离，更为重要的是，它在思考的向度上实际遵从了统一正犯体系有关共动现象中各参与犯不法的思考方法。从参与形式、共动现象中所发挥之作用及不法程度之内在关系上看，“正犯后间接正犯”强有力地说明，是否发挥了关键甚或决定性作用与参与形式之间并不具有决定与被决定的关系，更没有内在的逻辑对应关系，甚至是压根儿就没有关系。但犯罪参与者在共动现象中发挥了何种作用却与对不同参与者的不法评价相关，而后者直接与刑罚裁量密切相连。诚如前述所言，参与形式仅为区分正犯与共犯或于单一制中区分不同行为人行为不法的前提，并非区分不法之本体，参与形式与行为不法可谓前提与本体之关系。向来在参与论中，所有理论均系为界定参与形式而存在，对于不同参与者行为不法的认定，则仍应回归至行为评价架构的价值判断。[①] 综上，“正犯后正犯”概念及其理论根基——行为支配论——虽形成于二元犯罪参与体系，却全然背离了二元犯罪参与体系的基本主张与信条。因此，与其说“正犯后正犯”是对二元区分制与限制的正犯概念的贯彻，不如说它已然自觉地走向了扩张的正犯概念与统一正犯体系。在这个意义上，我们从“正犯后正犯”概念与行为支配论看到的不是对二元区分制的坚持，而恰恰体现了其之于二元犯罪参与体系的内在自反。

三、“正犯后间接正犯”：走向单一正犯体系的标志

如果说作为最初填补处罚漏洞的间接正犯是对限制的正犯概念与二元犯罪参与体系一个不算成功的挑战的话，[②] 那么它也为后来彻底否定乃至推翻二元区分制犯罪参与体系埋下了伏笔并明确了努力的方向。时至今日，间接正犯的成立与被利用者的行为是否构成犯罪已没有任何必然的关联性，只要透过他人之手实现犯罪，就构成间接正犯。就正犯的构成而言，自己有没有亲自为法定构成要件之行为已经不重要了，重点只在于有没有对构成要件

---

① 柯耀程:《变动中的刑法思想》，瑞兴图书股份有限公司 1999 年版，第 231 页。

② 事实上，在限制的正犯概念下，所谓的“间接”正犯概念本身在逻辑上就是自相矛盾的。陈友峰:《刑法上行为概念与行为之探索》，台湾辅仁大学法律系 2002 年博士学位论文。

的实现具有支配关系。[①] 在此形势下，间接正犯的外延已然呈现不可避免的泛化之势。[②] 因此，即使继续遵从二元犯罪参与体系，也不得不承认该种共犯体系明显出现二分化倾向，即在严格的共犯体系之外，出现了更加缓和的共犯体系。诚如高桥则夫教授所言，现行的共犯规定在形式上虽属于共犯体系，但近来的倾向实质上在统一性正犯体系的解释论方向上发展了。[③]

在笔者看来，当间接正犯的内涵与外延发展至“正犯后间接正犯”时，间接正犯已不再是共犯从属性理论所产生的无父之子，更不是所谓的没有祖国的永远的犹太人。[④] 因为间接正犯概念发展至此，从实质层面看，其实已然完全趋向于扩张的正犯概念，遵循了统一正犯体系的基本精神。在此意义上，毋宁说在亦步亦趋艰难的努力中，通过不断丰富间接正犯的内涵、拓宽间接正犯的外延，间接正犯这种二元犯罪参与体系及限制的正犯概念视阈中的“异己分子”终于创建并回归了真正属于自己的“家园”——

① 蔡圣伟:《论间接正犯概念内涵的演变》，载陈兴良主编:《刑事法评论》第21卷，北京大学出版社2007年版，第74页。

② 王志远:《我国现行共犯制度下间接正犯的泛化及其反思》，载《河南师范大学学报(哲学社会科学版)》2007年第5期。

③ [日]高桥则夫:《共犯体系和共犯理论》，冯军、毛乃纯译，中国人民大学出版社2010年版，第72页。

④ 日本学者木村龟二有关间接正犯评论道:“间接正犯概念是共犯从属性理论产生的无父之子，是没有祖国的永远的犹太人，其正犯的论证是不可能的，具有与共犯从属性原则共存亡的命运。”[日]木村龟二:《刑法总论》，有斐阁1984年版，第388页。

统一正犯体系。在此，间接正犯属于当然的正犯，其正犯性不用特别论证，更不容置疑。

在此基础上，笔者以为，是时候放弃限制的正犯概念与二元犯罪参与体系了。诚如批评者所言，在二元犯罪参与体系下由于必须区分正犯与共犯，在法理上探讨各种区分标准极端抽象，使得正犯等概念，像被磨光的法理概念水晶球，他们被架构成一个法理阶层共犯体系，而这种法理的阶层共犯体系完全无法解决一些非典型的正犯、教唆犯和帮助犯形态。[①] 此外，这种区分的实质意义到底有多大，将大量的学术努力花费在这些区分学说上是否必要，非常值得怀疑。[②] 为了获得可欲的司法裁决，二元区分制费尽周折、想方设法将限制正犯概念下原本的“共犯”证成为“正犯”，可是实质的刑法解释思路与正犯概念上形式的厘定方法内在的冲突注定了正犯概念必将土崩瓦解，而二元区分的犯罪参与体系也是面目全非。戏剧性的结局是，二元区分制努力的归宿竟然是统一正犯体系：是否亲自实施构成要件行为之于正犯并非决定性因素，重要的是其是否支配了构成要件的实现，而支配构成要件的方法并不局限于亲自实现实行行为，通过他人间接实现构成要件者亦可。申言之，从法益侵害这一犯罪本质角度看，支配构成要件实现的方式、方法之于其不法评价或许并非决定性的。这种

---

① Kienapfel，Der Einheitstater im Strafrecht，1971，S.26f.34. 转引自许玉秀：《刑法的问题与对策》，成阳印刷股份有限公司 1999 年版，第 11 页。

② 江溯：《犯罪参与体系研究——以单一正犯体系为视角》，中国人民公安大学出版社 2010 年版，第 73 页。

转向一定程度上折射出刑法学研究方法的变迁，即由自然主义的考察方法向价值的、规范的考察方法的嬗变，刑法解释方法由形式的刑法解释向实质的刑法解释的演进。

在我国犯罪参与体系的归属问题上，通说认为其应属于二元犯罪参与体系，[①]但统一正犯体系的主张者也不乏其人[②]。客观地讲，我国犯罪参与体系介于一元与二元之间，既不能说是纯粹的二元区分制犯罪参与体系，也不能说是典型的统一正犯体系，这或许正是引发争论的原因，也为在这种比较“独特”的共同犯罪立法模式中导入统一正犯体系的思维提供了契机。在笔者看来，我国的共同犯罪立法确实存在诸多缺陷与弊端，立足统一正犯体系，重构我国共同犯罪立法，或许是真正应当努力的方向。

---

① 张明楷:《刑法学》(第四版)，法律出版社 2011 年版，第 355 页。

② 刘明祥:《主犯正犯化质疑》，载《法学研究》2013 年第 5 期。

03

第三章
“共谋共同正犯”与犯罪参与理论

CHAPTER

伴随着实质犯罪论的兴起与正犯概念的实质化，共谋共同正犯这一经由日本刑事司法判例形成的正犯类型不仅确立了其刑法理论上的通说地位，而且正深刻影响着包括我国在内的周边国家刑法学之共同犯罪理论研究。透过对共谋共同正犯理论的深入分析，反思性检讨其与两种不同犯罪参与体系的内在关系，对于构建科学合理的共同犯罪立法模式意义深远。以我国共同犯罪立法为叙事背景，研究共谋共同正犯所涉犯罪参与形态应然的处置方案，不仅对相关案件的妥善处理具有重要实践价值，而且对构建中国特色犯罪参与理论意义重大。

第一节 “共谋共同正犯”的缘起与演进

一、逻辑困境与应对方案:“共谋共同正犯”的缘起

在限制正犯概念及由此确立的正犯·共犯二元犯罪参与体系下，正犯被视为共同犯罪的核心，并以此为基础构建整个共犯论。限制正犯概念与形式客观说天然具有亲近性，这也使得限制正犯概念一开始具备无可争辩的明确性。在形式正犯论下，正犯通常被厘定为亲自实现法定构成要件者，正犯与实行行为之间具有内在逻辑上的对应关系；形式正犯论具有无可争辩的明确性，但机械地把握正犯这一规范论的范畴，无疑会弊病迭出。其中，最为棘手者莫过于按照这种形式上的区分，很难根据犯罪参与人的当罚性给予相应的处罚。[①] 例如，客观上分担了实行行为但整体上对犯罪的实现却贡献较小，以正犯论处明显有失公正；相反，客观上自始至终未分担实行行为者却可能支配犯罪流程、对犯罪的实现发挥了举足轻重的作用，在此以共犯论处也严重有悖民众的法感情。为应对形式正犯论的上述缺陷，实质正犯论应运而生，并成为当

---

① ［日］西田典之:《日本刑法中的共犯规定》，载［日］西原春夫主编:《日本刑事法的重要问题》，金光旭等译，法律出版社、成文堂联合出版2000年版，第128页。

今德、日刑法犯罪参与理论的发展趋势。[①] 在德国，正犯通常被理解为在实现符合行为构成的行为实施过程中的核心人物，是控制犯罪并导致犯罪实现的人，“支配犯”成为正犯的代名词；[②] 在日本，在正犯与共犯的界分中，正犯通常被理解为对犯罪的实现起重要作用者。[③]

伴随着实质正犯论的展开，衍生出一系列非典型正犯。其中，最典型者莫过于日本司法判例创造性提出的共谋共同正犯，概指二人以上共谋实施一定的犯罪，其中一部分人做出了实行时，包括未参与实行行为的人，共谋者的全体成员都直接成立共同正犯。[④] 诸如犯罪集团的领导者，以及复杂共同犯罪中根据事先分工负责望风与掩护职责的部分参与者，其自始至终虽未分担实行行为，甚至其参与活动压根儿不属于犯罪的实行、教唆与帮助行为，但综观其在整个犯罪过程中所处的地位与发挥的作用，不可谓不重要，使其不负刑责或仅负较轻的刑责均有失公允。在此，不仅要惩罚“幕后大人物”，而且要罚当其罪。故必须在实定法的框架内寻求案件裁决的可欲后果，共谋共同正犯遂被创造性提出。

---

① 刘艳红:《论正犯概念的客观实质化》，载《中国法学》2011 年第 4 期。

② [德]克劳斯·罗克辛:《德国刑法学总论》(第 2 卷)，王世洲等译，法律出版社 2013 年版，第 11 页。

③ [日]西田典之:《日本刑法总论》，刘明祥、王昭武译，中国人民大学出版社 2007 年版，第 288—289 页。

④ [日]大塚仁:《刑法概说(总论)》(第三版)，冯军译，中国人民大学出版社 2003 年版，第 297 页。

二、实践需要与理论自洽之间：“共谋共同正犯”的演进

从学术史的角度考察，有关共谋共同正犯的判例最早可追溯到日本大审院时代，[①] 大审院最初在敲诈勒索罪以及恐吓取财等智能犯中认可了这种观念。概因在此类犯罪中，对赋予其心理上动力的人，应当比实行行为人予以更重的处罚。因为刑法典规定对教唆犯要和正犯同样处罚，教唆犯在其法定刑范围内，应该是可以比实行犯处罚得更重。但法院认为，不挂上正犯的名头的话，难以对幕后操纵者科处比实行犯更重的处罚。[②] 稍后的判例旋即扩张其适用范围，共谋共同正犯不仅适用于智能犯的场合，而且在诸如放火、杀人等实力与暴力犯罪中也广泛适用。[③]1936 年 5 月 28 日，在由草野豹一郎担任法官的大审院判决中首次运用“共同意思主体说”作为共谋共同正犯的法理根据。判决认为共同正犯的本质在于，二人以上者犹如同心一体，相倚相援，共同实现各自的犯意，以实行特定的犯罪。这就是共同者都对既成的事实负担全部责任的理由。其共同实现的手段未必一律，或者一起动手实现犯意，或者在共同谋议后由一部分人实现之，参与样态虽然不同，但都是协心协力的作用、价值无异。因而，不论属于哪种

---

① 如 1896 年 3 月 3 日大审院的判例中认为：“数人既有共谋的事实，其共谋者中不论何人实行之，均为共谋者全体的行为。”大审院 1896 年 3 月 3 日《刑录》第 2 卷第 3 号，第 10 页。

② 大判 1922 年 4 月 18 日《刑集》第 1 卷，第 233、235 页。转引自［日］平野龙一：《刑法的基础》，黎宏译，中国政法大学出版社 2016 年版，第 114 页。

③ 黎宏：《日本刑法精义》(第二版)，法律出版社 2008 年版，第 281 页。

情形，原则上都应该认为是共同正犯的关系。[①] 该判决随之也成为共谋共同正犯演进中一个里程碑式的判例。时至1958年，在著名的“练马案”[②] 中，判例秉承先例——承认共谋共同正犯，但出现了两点变化：其一，在共谋共同正犯的法理根据上否定共同意思主体说，转而提倡间接正犯类似说；[③] 其二，有鉴于实践中共谋共同正犯呈蔓延态势，判例开始严格厘定共谋的内容，并借此限定共谋共同正犯的成立。

与实务部门不同，日本刑法理论对共谋共同正犯历来持否定意见，这种状况一直持续到1982年的“大麻案”方出现历史性转折。时任最高裁判所法官的团藤重光教授在该案判决所附意见中指出：“考虑到社会生活的现实，司法部门执着于承认共谋共同正犯，

---

① ［日］大塚仁：《犯罪论的基本问题》，冯军译，中国人民公安大学出版社1992年版，第272页。

② 该案基本案情如下：东京练马区有一造纸公司，某政党负责人A与基层负责人B共谋对处理冲突的警察Y实施暴力，B其后又与C、D、X等人商量具体暴力细节，之后由C等将Y骗往某处，用铁管、棍棒等殴打Y致脑部损伤而亡。该判决认定，A与B虽然未直接对Y进行殴打，但成立伤害致死罪的共同正犯。

③ 共谋共同正犯之成立必须十二人以上之人，为实行特定之犯罪，谋议在共同意思下形成一体、相互利用他人之行为，而转变为实行各自之意思，从而所实行犯罪之事实能加以确认。因此，于上述关系中，参加共谋之事实既得以确认，则纵未直接参与实行行为之人，在其以他人之行为当作自己之手段而进行了犯罪之意义上，其间刑责之成立并无发生差异之道理。故认为于此关系中，是否直接参与实行行为、其分担或其任务如何，并非左右上述共犯之刑责本身成立之事项，乃属妥当也。日本最高裁判所大法庭1958年5月28日《刑集》第12卷第8号，第1718页。

至少在一定限度内，是有其理由的。”“我们的选择应当是在正当的限度内承认共谋共同正犯，并防止其过度使用。”团藤法官立足行为支配论分析了共谋者的正犯性根据，他认为，共同正犯的情况，存在即使不实施实行行为，也可以认为是实现了构成要件该当实施的情形。也即在使他人按照本人意思实施行为而本人也可以被认为是实现犯罪的人的场合，被利用的共同者固然构成正犯，让他人实施实行行为的本人，无疑也是共同实现基本构成要件该当事实的人，同为共同正犯。我所说的“对基本的构成要件该当事实具有支配者——主导构成要件该当事实实现的人——是正犯”正是在此意义上使用的。[①] 作为日本刑法学界的权威人物，团藤教授学术思想的上述转变对刑法学界的影响无疑是巨大的。时至今日，共谋共同正犯肯定论不论在日本司法实务中还是在刑法理论上已然处于通说地位。稍存争议的是共谋共同正犯的法理根据及由此决定的共谋共同正犯的适用范围问题。在前述共同意思主体说、间接正犯类似说以及行为支配论外，学理上还有从重要作用论出发探究共谋共同正犯的法理根据者，如前田雅英教授主张的修正实行行为的形式性、统一性说认为，存在充足的共谋时，共谋者内部只要有一人实施了实行行为，即可将该实行行为归责于其他共谋者，而共谋是否充足关键在于共谋者是否发挥了重要作

---

① 日本最高裁判所 1982 年 7 月 16 日《刑集》第 36 卷第 6 号。

用。[①] 西田典之提倡准实行共同正犯论，认为从共谋者与实行分担者的支配关系、作用分担关系等共谋者通过对实行者施加强烈的心理支配力，发挥相当于实行的重要作用时，可以肯定共谋者的正犯性。[②] 其共性在于从共谋行为的社会意义角度论证共谋者的正犯性，即共谋者对犯罪的实现发挥了与实行行为相当的重要作用，理应承担较重的罪责。

日本共谋共同正犯的理论与实践也影响到周边国家和地区。例如，韩国大法院曾于判决中指出："共谋犯罪行为之后，尽管没有直接参与其实行行为，但将他人的行为作为自己意思的手段实施犯罪时，不能免除共同正犯的罪责。"[③] 早在 1935 年，中华民国最高法院刑庭总会决议有关正犯与从犯的区分标准中即指出："……（四）以自己犯罪之意思而参与，其所参与之行为，为犯罪构成要件以外之行为者，为正犯。"我国台湾地区司法实务部门在共谋共同正犯问题上历来持肯定立场。例如，其"最高法院"1965 年释字第 109 号中即规定："以自己共同犯罪之意思，参与实施犯罪构成要件以外之行为，或以自己共同犯罪之意思，事先通谋，而由其中一部分人实施犯罪之行为者，均为

---

① 陈家林：《共谋共同正犯研究》，载高铭暄、赵秉志主编：《刑法论丛》第 9 卷，法律出版社 2005 年版，第 220 页。

② ［日］西田典之：《日本刑法总论》，刘明祥、王昭武译，中国人民大学出版社 2007 年版，第 287 页。

③ ［韩］金日秀、徐辅鹤：《韩国刑法总论》，郑军男译，武汉大学出版社 2008 年版，第 579 页。韩国大法院在其判决中不仅曾援引共同意思主体说来说明共谋共同正犯，而且曾援引间接正犯类似说作为肯认共谋共同正犯的根据。

共同正犯。”与实务部门不同，学界在是否承认共谋共同正犯问题上，争论目前仍异常激烈。[①]

第二节 “共谋者”的“正犯性”

一、共同正犯的构造与归责原理：相互的间接正犯

在正犯概念实质化过程中，在共同正犯的方向上考虑共谋者的正犯性，确实达到了从重处罚“幕后大人物”这一目的。但值得警惕的是，即便在实质正犯论的背景下，也有必要特别就共谋者的正犯性进行反思性检讨。虽不同于实行共同正犯，但共谋共同正犯也属于共同正犯之范畴。因此，共谋共同正犯的处罚根据及归责原理与实行共同正犯理应相通。因此，拟论证共谋者的正犯性，当以明确共同正犯的构造与归责原理为前提。

共同正犯在客观归责方面较为特殊者莫过于其归责的“交互性”，即对各个共同者而言，其他共同者的活动贡献要作为自己的行为来归属，因此，要对他人的行为、结果进行答责。[②]这种归责的交互性决定了共同正犯在法律效果上呈“部分行为、全

---

① 台湾地区刑法学界肯认共谋共同正犯论者如蔡墩铭、林山田、甘添贵等学者，持否定论者如黄常仁、张丽卿、陈志辉等学者。

② ［日］高桥则夫：《共犯体系和共犯理论》，冯军、毛乃纯译，中国人民大学出版社 2010 年版，第 274—275 页。

部责任”[①] 的现象。在笔者看来，对共同正犯客观归责交互性的理解应以对共同正犯行为构造的规范把握为基础。结果的交互归属以行为的相互归属为前提，而行为的相互归属性决定了共同正犯中参与者行为构造的特殊性。申言之，在共同正犯场合，参与者基于行为分担的意思联络，彼此将对方视为自己的合作伙伴，客观上分工协作，相互促进，并将对方之行为视为自己行为之延伸与补充。在此，是否分担或是否实施了全部构成要件行为无关紧要。换句话说，即便未分担构成要件行为者，其通过利用实行行为者也在一定程度上支配着犯罪流程，继而与法益侵害结果之间具有刑法上的因果关系。既然共同正犯的各参与者彼此将他人的行为视为自己行为之延伸，即实现个人不法目的之“工具”，那么立足个体角度考虑共同正犯场合各参与者的行为构造时，完全可以说，共同正犯是“相互间的间接正犯”。[②] 在此，从规范意义上看，参与犯的行为构造完全可以理解为“利用行为＋被利用行为”的有机结合，如此把握参与犯的构成要件行为既能很好地诠释共同正犯“部分行为、全部结果”这一归责现象，也完全符合个人责任的基本精神。表面看来，共同正犯中部分参与者似乎要为别

---

① 通说为“部分实行、全部责任”，但事实上即使压根儿未分担实行性行为，或者仅分担了犯罪预备行为，亦有可能被作为共同正犯看待，诸如共谋共同正犯，故使用“部分行为、全部责任”或许更为准确一些。

② küper，VersuchsbeginnunnMitt ā terschaft，a.a.O.，S.56f. 转引自［日］高桥则夫：《共犯体系和共犯理论》，冯军、毛乃纯译，中国人民大学出版社 2010 年版，第 273 页。

人的行为及其不法结果负责，甚至存在仅实施了犯罪预备行为却要对整个犯罪活动负责的现象，但从共同正犯行为分担角度看，由于彼此将他人之行为作为自己行为之补充与延伸，并将其他人的参与行为纳入并整合进自己实现不法的有机活动整体中，故而行为人不仅需要对自己所分担的行为负责，更要对自己行为之延伸部分——被利用的他人的行为负责，继而对整个不法事态负责，这并不违背个人责任原则。就此来看，共同正犯在客观归责方面，“部分行为、全部责任”只是表面假象，真正的归责原理实为“全部行为、全部责任”。

二、“共谋”的意义及其类型

在进一步分析共谋者的正犯性之前，有必要首先明确共谋的意义。对此，学说与判例基本在“客观共谋说”的意义上理解并把握共谋的事实。“两个以上的人进行了如下内容的谋划，即为了实行特定的犯罪而在共同意思之下结成一体，相互间利用他人的行为，将各自的意思转化为实行，据此而实行了犯罪，欲成立共谋共同正犯，就必须能够肯定这样的事实”，“既然能够肯定参加了共谋的事实，则即便并未直接参与实行行为的人，在将他人的行为作为所谓自己的手段而实施了犯罪的意义上，就应该没有理由认为这些人之间在刑事责任问题上存在差异”。[①] 不仅如此，为了

① 最高裁判所 1958 年 5 月 28 日《刑事判例集》第 12 卷第 8 号，第 1718 页；转引自［日］山口厚：《刑法总论》，付立庆译，中国人民大学出版社 2011 年版，第 324—325 页。

成立共谋事实，还要求通过谋议，形成和实行人的行为有同样重要作用的对等关系，以及将实行人作为自己的代行者，让他完成自己的实行行为，并据此而实现犯罪的支配关系。[①] 据此，单纯的意思联络或者一般性参与谋议均不构成犯罪共谋。也就是说，为了成立共谋共同正犯，必须通过赋予犯罪共谋以丰富的内涵与实质性意义，使得其在规范层面可以被评价为支配了构成要件的实现，在价值层面要求其在共同犯罪中发挥了重要作用，或至少起到与实行行为分担者相当的作用。据此，理论上通常将犯罪共谋区分为两种：支配型与对等型。[②] 前者是指共谋者对于其他的参与者在隶属上具有主从与制约关系，并对参与者的犯行具有明显的、压倒性的支配力的情形，典型者莫过于犯罪集团的组织者、领导者、指挥者；后者是指共谋者与其他参与者处于对等地位，在整个共同犯罪的过程中彼此间高度依赖、相互利用的情形，参与共谋并于犯罪实行阶段分担“望风”行为者即为其适例。

三、“共谋者”的间接正犯性

从论理上讲，既然共谋共同正犯属于共同正犯，那么有关共同正犯行为构造的分析当然也适用于共谋共同正犯，但鉴于犯罪共谋的特殊性，有必要以上述两种犯罪共谋为例特别就共谋者的

---

① ［日］大谷实：《刑法讲义总论》，黎宏译，中国人民大学出版社2008年版，第392页。

② 刘艳红：《共谋共同正犯论》，载《中国法学》2012年第6期；陈毅坚：《共谋共同正犯》，载《北大法律评论》2010年第1期。

间接正犯性展开分析。

事实上，不论是支配型共谋共同正犯还是对等型共谋共同正犯，无论是犯罪集团的领导者抑或是在共同犯罪中基于事先计划负责“望风”者，其共同的行为特征是积极参与犯罪谋议、拟定犯罪计划，并基于行动计划分工负责、各司其职，彼此协作、相互补充。立足行动共同体角度，通过犯罪谋议在各参与主体间最大限度地取得了“共识”、汇集并凝聚了“智识”、增强了行为共同体的“向心力”、形成了统一的“指导思想”。易言之，通过犯罪共谋达至的高度整合程度使得每个犯罪参与者的活动不论是谋议行为抑或是实行行为，均成为行动共同体必不可少的一部分。就此来看，“共同意思主体说”虽有违个人责任原理，但在社会心理现象的意义上把握犯罪参与问题，有其合理性。

立足主体间的关系角度，基于犯罪共谋而达成的行动计划以顺利实现犯罪为目标，根据各参与者的“资格与能力”确立角色担当、分配相应职责，各参与者分工虽有区别，但均为行为共同体有机组成部分，相倚相援。各参与者基于分工负责而形成彼此协作、相互补充的关系，完全可以说是将他人的行为视为自己行为的延伸。对犯罪集团的领导者或负责“望风”者而言，直接实施构成要件行为者如同其手足，后者的身体活动亦可谓前者行为之延展与续造。在这个意义上，不能不说“间接正犯类似说”为犯罪共谋者的正犯性论证指明了方向，而如果将间接正犯概念构筑在行为支配论基础上，不仅能更好地说明利用者的正犯性，而且使得间接正犯具有更广泛的适用空间。事实上，完全可以援引间接正犯的法理来说明共谋者的正犯性。间接正犯的特性在于，其实行行为是把他人当作自己犯罪的工具来使用，以遂行自己的故意犯行。立足犯罪支配说，在间接正犯场合，幕后行为人对幕前的行为人具有优越的意思支配关系。[①]日本通说虽以重要作用说为基础论证共谋者的正犯性，认为行为支配理论即便有可能肯定支配型的共谋共同正犯，却难以为对等型共谋共同正犯提供理论根据。[②]但在笔者看来，对支配程度的过分要求必然会限制行为支配说的适用，影响对参与者正犯性的认定。因此，完全没有必要在“压倒性优势”这样的意义上理解行为的支配性，如此，行为支配理论同样可以适用于对等型共谋场合共谋者正犯性的说明，罗克辛的多元犯罪支配理论不也是在较为宽泛的意义理解犯罪支配的吗？[③]

在此，不得不涉及的是前述在德国刑法理论与司法实践中基于犯罪支配理论而形成且得到广泛承认的“正犯后正犯”。[④]极具

---

① 林钰雄:《新刑法总则》，中国人民大学出版社2009年版，第319页。

② [日]西田典之:《日本刑法总论》，刘明祥、王昭武译，中国人民大学出版社2007年版，第287页。

③ [德]克劳斯·罗克辛:《德国刑法学总论》(第2卷)，王世洲等译，法律出版社2013年版，第21页。

④ 概指幕前人对整个事件并非一无所知，也并非纯粹的“工具”，对于整个犯罪而言，幕前人同样成立正犯；但与幕前人相比，幕后人或者基于胁迫、错误或组织性国家机器而形成对幕前人的意志支配、掌控整个犯罪的流程，故成立幕前人背后的间接正犯。[德]克劳斯·罗克辛:《正犯与犯罪事实支配理论》，劳东燕译，载陈兴良主编:《刑事法评论》第25卷，北京大学出版社2009年版，第11、28页。

代表性的"正犯后正犯"莫过于"基于组织性国家机器"[①]而形成的意志支配。通过比较分析不难发现，德国基于"组织支配"形成的"有责的正犯后间接正犯"与日本"支配型共谋共同正犯"在规制实像方面基本一致；从其终极效果来看，两者虽均将未分担构成要件行为的共谋者评价为正犯，但在论证方法上却大相径庭：前者在间接正犯的延长线上进行，后者则沿着共同正犯的思路展开。究其原因，笔者以为，恐与德、日刑法有关正犯之立法规定有关。《德国刑法典》第25条有关正犯的规定不仅涵摄了直接正犯、共同正犯，而且特别规定了间接正犯；[②]《日本刑法典》第60条仅规定了共同正犯。[③]从刑法适用角度看，为将参与共谋却未分担构成要件行为者以正犯论处，为其提供实定法上的依据就显得尤为重要。在此，德国选择以其刑法第25条第1款后段有关间接正犯之规定为根据，而日本除却其刑法第60条共同正犯之规定外，根本无其他选择之空间。就两种论证思路比较而言，笔者认为，构

---

① 名虽谓之"基于组织性国家机器的意志支配"，但事实上该种类型的意志支配毋宁应被概括为"基于特定组织关系的意志支配"。对此德国联邦最高法院指出，一种如此理解的间接正犯不仅存在于滥用国家权力机构之场合，而且在类似黑手党地被组织的犯罪之场合，也是可以考虑的，其中为命令负责的组织头目与直接行为人之间在时间、空间和等级上的距离反对了分工性共同正犯的成立。该答责性问题在经济企业的运营中也会发生。[德]克劳斯·罗克辛：《德国最高法院判例：刑法总论》，何庆仁、蔡桂生译，中国人民大学出版社2012年版，第221页。

② 《德国刑法典》第25条（正犯）："（1）自己实施犯罪，或通过他人实施犯罪的，依正犯论处。（2）数人共同实施犯罪的，依以正犯论处（共同正犯）。"

③ 《日本刑法典》第60条（共同正犯）："二人以上共同实行犯罪的，都是正犯。"

建在犯罪支配理论基础上的“正犯后间接正犯”更具合理性，其适用空间也更为广阔。[①] 其实，当今为共谋共同正犯奠定法理根据的有力学说如间接正犯类似说、行为支配论等，无不是沿着间接正犯的思路与方向展开。申言之，参与共谋者之所以取得正犯地位，无非源于其支配了犯罪流程，而其支配犯罪流程的方式正是通过影响并利用亲自分担构成要件行为者。在此，利用他人实现自己的犯罪只是行为人实施犯罪一种手段，对利用者而言，被利用者充其量是一个“能动的工具”，其是否有责、是否构成犯罪以及构成何罪、刑责轻重，均无关紧要；从刑法评价的角度看，个体的行为是否违法并有责，当然应个别且独立地分析，与他人无涉，更不可能因为被利用者构成犯罪而否定或减弱幕后利用者的罪责。所谓的“负责原则”[②] 在“正犯后正犯”那里早已被证伪并抛弃。[③]

第三节　围绕“共谋共同正犯”的体系性自省

如前所述，共谋共同正犯是在以限制正犯概念为基础构建的

---

① 有关正犯后间接正犯与共谋共同正犯的比较研究，参见张伟：《我国犯罪参与体系下正犯概念不宜实质化》，载《中国刑事法杂志》2013 年第 10 期。

② 负责原则概指在一定条件下，行为人的刑事责任会因为他人就同一事件担负刑责而被阻却。

③ 蔡圣伟：《论间接正犯概念内涵的演变》，载陈兴良主编：《刑事法评论》第 21 卷，北京大学出版社 2007 年版，第 74 页。

二元犯罪参与体系下伴随着正犯概念实质化而确立的非典型正犯类型。但在笔者看来，二元犯罪参与体系虽孕育了共谋共同正犯，为妥善处理相关具体问题提供了合理的方案，并获得了实质上正当而合理的结果，但共谋共同正犯之于限制的正犯概念与二元犯罪参与体系而言，恐怕不是福音而是灾难：承认共谋共同正犯与限制的正犯概念初衷相悖，共谋共同正犯的确立也折射出二元体系的固有缺陷。

一、基于形式侧面的反思

从形式侧面看，二元参与体系将共同犯罪区分为正犯与共犯（包括教唆犯与帮助犯），认为直接实施或分担实行行为、亲自满足法定构成要件者为正犯，围绕实行行为进行教唆或帮助、满足修正构成要件者为共犯。这一命题存在诸多逻辑上的弊病。首先，将共犯人区分为正犯、教唆犯与帮助犯，存在逻辑上的不周延性。在有组织犯罪这样的支配型共谋共同正犯中，作为犯罪集团的组织者、领导者，其围绕犯罪活动进行的组织、协调与指挥通常不属于法定构成要件行为即实行行为，也不能简单地认定为教唆或帮助行为。这实为苏联以及俄罗斯等国刑法规定并为我国刑法学界所熟知的“组织犯”，即指组织犯罪的实施或领导犯罪实行的人，以及成立有组织团伙或犯罪团体或领导这些团伙或团体的人。[①] 组

① 参见《俄罗斯联邦刑法典》第33条第3款。

织犯也是按照分工对共犯人进行具体分类的结果。[①] 在依法规制此类犯罪参与形态过程中，为弥补刑事立法有关共犯人分类上的缺陷，司法实务不得不在实定法之外通过刑法解释应急性地制造新的正犯类型，刑法理论也须大费周折地为其寻找法理根据：德国刑法理论与实务发展出“正犯后间接正犯”概念，日本则提出“共谋共同正犯”概念。这种“应急性创造”本身就说明二元参与体系逻辑设定上的缺陷，而这种论理上的大费周折自然是以牺牲体系的自洽性为代价的。其次，在与法定构成要件相关联的意义上，限制正犯概念将正犯界定为亲自实现法定构成要件的人，但不论是间接正犯的确立还是共谋共同正犯的肯认，充其量仅能说明正犯是“实现”法定构成要件的人，而非“亲自”实现法定构成要件的人。[②] 因此，间接正犯与共谋共同正犯虽源生于二元犯罪参与体系，却与该体系的基本逻辑设定完全相悖，而承认上述非典型正犯概念也一再说明限制的正犯概念对正犯观念的认知从一开始就存在偏差。最后，在与实行行为相关的意义上，限制的正犯概念将正犯厘定为实施实行行为者，将共犯厘定为实施教唆或帮助行为者。但犯罪行为表现形式也多种多样，并不限于实行、教唆与帮助行为。从自然样态上可将参与形式区分为犯罪的分担、犯罪的并行、犯罪教唆、犯罪帮助、利用、共谋以及组织、策划和

---

① 王昭振、赵薇：《组织犯：诠释基础、类型与处罚》，载《河北法学》2008年第10期。

② 蔡圣伟：《刑法问题研究（一）》，元照出版公司2008年版，第156页。

指挥。[①] 如果按照二元犯罪参与体系的上述逻辑，大量的犯罪参与行为将不能入罪，极易形成处罚上的漏洞；而共谋共同正犯与间接正犯的实践表明，即便未曾分担实行行为也可以成立正犯；相反，即便分担了实行行为也有可能被认定为从犯。“是否直接参与了实行行为，其行为分担以及角色如何并不左右以上共犯的刑事责任本身的成立。”[②] 这也说明限制的正犯概念有关参与行为与不法形态的基本关系在逻辑设定上存在缺陷。

二、基于实质侧面的检讨

从实质层面看，驱使二元犯罪参与体系下正犯概念实质化的内在动力是其所谓的“规范上的阶层关系”以及因此在立法上为正犯与共犯设置不同法定刑的立法实践。这成为二元参与体系深层次矛盾形成的源头。

首先，二元犯罪参与体系的基本逻辑是正犯与共犯适用不同的刑法规范。以故意杀人罪为例，正犯违反的是“不得杀人”的行为规范，共犯违反的则是“不得教唆或帮助他人杀人”的行为规范。由此，决定了两者具有不同的构成要件：正犯符合法定或基本的构成要件，共犯按照刑法总则有关共犯的规定符合所谓的“修正的构成要件”；在此，正犯的处罚根据固然是明确的，但必须特

---

① 王志远：《共犯的根基与拓展》，法律出版社 2011 年版，第 2—3 页。

② ［日］山口厚：《刑法总论》，付立庆译，中国人民大学出版社 2011 年版，第 324 页。

别探讨共犯的处罚根据问题。但在笔者看来，二元犯罪参与体系的这种基本立场是站不住脚的。刑法规范既是裁判规范，也是行为规范，但本质是法益保护规范与人权保障规范。[①] 刑法规范由刑法条文承载，故意杀人罪的法文既承载了针对法官的裁判规范也承载了针对一般人的行为规范。但从行为规范角度看，我们也只能从我国《刑法》第 232 条推导出“不得非法剥夺他人生命”的行为诫命，而非“不得亲自杀人”的戒条；从裁判规范角度讲，但凡行为人有责地杀害了他人，法官通常就必须依法确定其有罪，而无须特别考虑其是否亲自实施了杀人行为以及杀人的方式问题；立足犯罪之本质系法益侵害这一立场，只要行为客观上侵害了法益，就可以确认其不法，而无须考虑其使用什么手段实现。[②] 也就是说，在侵害法益这一点上，应该说正犯与共犯是没有区别的，也不应当有所区别。因此，从刑法规范层面分析，正犯与共犯在本质上应是一致的，原本即应适用同一个犯罪构成要件；不仅如此，一切犯罪参与行为与法定构成要件之间均是“直接适用关系”，历来为国内外刑法学通说所主张的共犯“修正的构成要件”恐怕是一个认识上的误区；处罚“共犯”的唯一根据，无非其行为实现了构成要件。

其次，二元参与体系将共犯人区分为正犯、教唆犯与帮助犯，

---

① 张明楷:《刑法学》(第五版)，法律出版社 2016 年版，第 26—27 页。

② 黄荣坚:《共犯与身份》，载《刑法思潮之奔腾：韩忠谟教授纪念论文集》，财团法人韩忠谟教授法学基金会 2000 年，第 209 页。

并赋予其差异化的价值评判。在此，严格界分正犯与共犯显得尤为重要，但回顾正犯与共犯界分的学说史，很难说这种努力是成功的。界分正犯与共犯的标准一直处于流变中：从主观说到客观说、从形式客观说到实质客观说。时至今日，虽说重要作用说与行为支配论分别在日本与德国处于通说地位，但其本身又是一个开放性概念范畴，充满了不确定性。所谓开放性概念，就是无法定义、只能描述的概念，将这种概念的必要要素完全厘定出来是不可能的，只能就各种可能的情况做相应的描述。开放性概念既然只能描述，无法定义，就不可能产生一个普遍适用的原则，只可能有弹性的规则，这些规则只是一些方向。[①] 标准的模糊性增加了界分的困难与不确定性，这一点不论是在以行为支配论为基础的“正犯后间接正犯，”抑或是以重要作用说为基础的共谋共同正犯的认定中均可窥见一斑。[②] 不仅如此，这种区分的真实意义是非常有限的，诚如有学者分析指出的，由上述区分理论而厘定的正犯与共犯概念像“被磨光的法理概念水晶球”，他们被架构成一个法理的阶层共犯体系，而该体系完全无法解决一些非典型正犯和共犯形态。[③]

---

① 江溯：《犯罪参与体系研究——以单一正犯体系为视角》，中国人民公安大学出版社 2010 年版，第 69 页。

② ［德］克劳斯·罗克辛：《德国刑法学总论》（第 2 卷），王世洲等译，法律出版社 2013 年版，第 40—43 页；［日］大塚仁：《刑法概说（总论）》（第三版），冯军译，中国人民大学出版社 2003 年版，第 260—261 页。

③ 许玉秀：《当代刑法思潮》，中国民主法制出版社 2005 年版，第 554 页。

再次，囿于二元参与体系赋予不同参与形态差异化的价值评判，继而设定轻重有别的法定刑，实质性解释正犯与共犯自然难免，与此同时，也出现了“指鹿为马”的现象。在支配型共谋共同正犯中，存在将犯罪教唆这样的共犯行为正犯化的可能；而在对等型共谋共同正犯中，则有将望风这样的帮助行为正犯化的现象。也就是说，在正犯概念实质化的道路上，二元参与体系实际上通过挤压共犯的成立范围来极度扩张正犯的外延，即“共犯的正犯化”。统计数据显示，日本从1952年至1998年，在共同犯罪的案件中，最终被认定为正犯者占97.9%，而教唆犯与帮助犯仅分别占0.2%与1.9%。[①]并且教唆犯多集中于藏匿犯人之罪、隐灭证据之罪，从犯多集中于开设赌场之罪、伪造货币之罪，绝大多数的参与者都是作为共谋共同正犯来处理，即司法实务的现实比较接近于扩张的正犯概念。[②]在此，与其说这仍是限制的正犯概念，毋宁说这是以限制的正犯概念之名行扩张的正犯概念之实。

最后，德、日等大陆法系国家和地区刑法有关犯罪参与人分类的意义集定罪、量刑于一体，这种“一揽子”解决方法存在诸多弊端。定罪与量刑虽然关系密切，但毕竟相互有别，它们分属司法审判的不同阶段，有其不同的任务，本不应混同。二元参与体系将定罪与量刑问题一体解决，最终出现了以量刑为主导的定

---

① ［日］龟井源太郎：《正犯と共犯を区别するということ》，弘文堂2005年版，第6页。

② ［日］松原芳博：《刑法总论重要问题》，王昭武译，中国政法大学出版社2014年版，第296—297页。

罪局面，即以牺牲定罪为代价获致量刑的合理性。申言之，为了追求实质合理性与裁判可欲的后果，二元参与体系将相当一部分“共犯”升格为共谋共同正犯。这是基于后果主义的一种法律论证形式。后果主义论证是实现合理的司法裁判和证成裁决结论的重要因素。从法律论证层级上说，后果论证是二次证明或外部证成中所需的论证形式，是相对于演绎性证明而言的次级整理过程中的构成要素。[①] 换句话说，以三段论为形式的演绎性证明在司法裁决证成中处于核心地位，它从国家有效法律规则处罚进行法律论证，其基本精神是规则之治。而后者要求司法活动必须遵循预先设定的一般性规则，并且以内在于规则体系的准则来审理案件，而非游走于个案之间进行就事论事。[②] 在运用刑法规制犯罪参与现象时，即便运用后果主义论证方法，也必须遵循体系预先设定的规则，更不能纯粹为了达至司法裁判可欲的后果而无视甚或背离预先设定的逻辑与规则。而共谋共同正犯的确立无疑是对二元犯罪参与体系预设逻辑与规则的极度突破甚至公然违背。这一点从判例承认共谋共同正犯的背景方面可见一斑：一方面，承认共谋共同正犯原本的企图是，在所谓共谋者中，可能存在与实际上担当了实行行为的人相比却潜在于其背后的更大人物，要对其赋予作

① 杨知文:《司法裁决的后果主义论证》，载《法律科学》2009 年第 4 期。

② 陈林林:《司法裁判中的演绎论证》，载《浙江大学学报（哲学社会科学版）》2007 年第 1 期。

为正犯者的可罚性。[①] 另一方面，共犯相互之间在彼此交流过程中逐渐形成犯意的这种案件，很难为传统的教唆犯、从犯所评价。[②]

三、“共谋共同正犯”：以限制正犯之名行扩张正犯之实

与限制的正犯概念相对的是扩张的正犯概念，并以其为基础形成了统一正犯体系，概指将所有共同加工于加工犯罪实行之人，皆理解为正犯，对于各个参与者，以其加工之程度及其性质而量刑，或者形式上虽承认共同正犯、教唆犯、从犯之区别，但其区别作用仅止于量刑之体系。该体系具有如下基本特征：其一，对犯罪之成立赋予条件者，皆为正犯；其二，不重视行为形态之区别；其三，就犯罪之成立，依各个正犯之行为而个别论究之；其四，对各个正犯适用同一法定刑；其五，依各个正犯之加工程度、性质而量刑。[③] 在笔者看来，为有效且依法规制复杂的犯罪参与现象，二元参与体系力图通过正犯概念实质化实现自身的救赎，但这种救赎最终是以牺牲二元体系本身为代价，即在二元参与体系的形式下实质上以统一正犯体系为指导展开刑法解释。共谋共同正犯的确立与广泛适用，毋宁说是在限制正犯的名义下行扩张正犯之实。

首先，不再重视参与行为形式上的区别，转而在与构成要件

---

① ［日］大塚仁：《刑法概说（总论）》（第三版），冯军译，中国人民大学出版社2003年版，第302页。

② ［日］松原芳博：《刑法总论重要问题》，王昭武译，中国政法大学出版社2014年版，第296页。

③ 陈子平：《刑法总论》，中国人民大学出版社2009年版，第309页。

的支配关系上厘定正犯，这种实质解释实际上已经趋于扩张的正犯概念。众所周知，构成要件是侵害法益行为的类型化，在与法益侵害相关联的意义上，不仅正犯支配了构成要件的实现，而且可以说共犯同样支配了构成要件的实现。否则，还能为处罚犯罪参与行为找到实质性的根据吗？实现不法事实的支配者应该为该不法事实所包含的利益侵害或利益侵害的危险负责，这符合刑法归责的基本理念：能够改变利益侵害结果的人就是实现不法实施的支配者，不处罚这些人或者处罚的不是这些人，对于法益侵害的预防，不是有所不足，就是没有意义。因此就犯罪的构成而言，全部犯罪类型的支配力关系都是一样的：都是有因果关系，也都是支配力关系。[①] 申言之，之所以处罚共犯谋者，无外乎因共谋者支配了构成要件的实现，共谋行为与法益侵害结果之间存在因果关系。

其次，不断弱化甚至有意规避参与者对实行者的从属性，强调依各参与者之行为个别讨论犯罪成立与否，这明显符合统一正犯体系的基本特征。在正犯与共犯的本质关系问题上，历来存在从属性与独立性的对立。一般认为，限制的正犯概念和二元参与体系与共犯从属性天然亲近，而统一正犯体系和扩张正犯概念在解释论上主张各共动者只对其固有的不法答责，故倾向于否定共犯从属性。[②] 纵观从属性理论的演进过程发现，伴随着犯罪参与论

---

① 黄荣坚：《基础刑法学》（下），中国人民大学出版社2009年版，第515页。

② 张开骏：《共犯从属性理论的体系建构》，载《清华法学》2013年第6期。

的深入研究，共犯之于正犯的从属性正逐渐弱化，早期的夸张从属性与极端从属性已然被否定，虽然限制从属性是目前德国、日本刑法理论的通说，不过最近几十年，从共犯关系中的违法相对性角度支持最小从属性说者不断增加。①这说明二元参与体系论者业已意识到，即便在犯罪参与场合，参与行为的构成要件符合性与违法性理应个别且独立分析与评价，与他人的行为是否违法无关，更无须从属于他人的不法。就此而言，在二元参与体系下，赋予共谋者以何种名号——组织犯、共同正犯抑或正犯后间接正犯皆无关紧要，这均不能掩盖限制的正犯概念论者遵循了如下逻辑：参与行为是否不法及其程度与包括直接分担构成要件行为者的他人无丝毫关系。这种在犯罪成立上个别论究的思路不也正是统一正犯体系的基本特征吗？

最后，在二元参与体系下，限制的正犯论者之所以确认了共谋者的正犯性，概因共谋者通过利用或支配他人的犯罪活动实现了构成要件。在此，若从规范论的角度实质性解释共谋者的构成要件行为，无疑与间接正犯的行为构造具有一致性：犯罪共谋等利用行为＋被利用行为这样一个有机统一的行为链，但这已经与扩张正犯概念有关参与犯构成要件行为的理解殊途同归。二元参与体系虽仍执拗地区分正犯与共犯，但在笔者看来，这种区分的意义已经不在于定罪而是量刑。易言之，其有关正犯与共犯界分的学说主要内容围绕行为的不法程度展开，而这正是刑罚裁量中最

① 陈家林：《外国刑法通论》，中国人民公安大学出版社2009年版，第510页。

为核心的内容。作为日本刑法理论通说，“重要作用说”有力地说明了这一点，而判断是否起重要作用，则需要以共同者内部的地位、对实行行为加工的有无、样态、程度等为标准。[①] 只有做上述解释，方不难理解为何日本学者做如下概括：“中国刑法也将作用的大小作为区别主犯与从犯的标准，在此意义上，我认为完全与可能把中国的‘主犯’和日本的‘共同正犯’放在同一个平台上加以探讨。”[②] 如果说正犯与共犯界分的实质意义已不在定罪层面而转向刑罚裁量方面，那么这种二元参与体系与统一正犯体系还有实质区别吗？

第四节 我国刑法语境下“共谋共同正犯”的应然走向

近年来受日本刑法理论影响，我国刑法学界部分学者主张引进共谋共同正犯概念。[③] 与此同时，也有个别学者持反对意见，认为我国刑法以作用分类法为标准将共犯人划分为主犯和从犯，在

---

① 陈家林：《共同正犯论》，武汉大学出版社2004年版，第13页。

② ［日］金光旭：《日本刑法中的实行行为》，载《中外法学》2008年第2期。

③ 林亚刚：《共谋共同正犯研究》，载《法学评论》2001年第4期；童德华：《正犯的基本问题》，载《中国法学》2004年第4期；王志祥、韩雪：《论共谋共同正犯在我国刑法中的确立》，载《中南民族大学学报（人文社会科学版）》2013年第2期；刘艳红：《共谋共同正犯论》，载《中国法学》2012年第6期。

此，起重大作用的“幕后大人物”可直接认定为主犯，用不着使用共谋共同正犯理论；[①] 笔者以为，共谋共同正犯这一非典型正犯概念有其独特的形成背景，二元犯罪参与体系孕育并生成了共谋共同正犯概念。因此，我国是否有必要承认并引进共谋共同正犯概念，妥善的思考进路应当是，准确定位我国共同犯罪立法模式的理论归属，并以此为前提展开相关探讨。

一、我国共同犯罪立法模式理论归属

（一）一种体系性误读——评苏联与俄罗斯共犯立法体系归属

我国刑事法律制定受苏联影响较深，共犯立法亦不例外。了解苏联与现行俄罗斯刑法有关共犯规定，有助于明确我国与苏、俄在共犯立法上的异同；在与德、日共犯立法比较中，凸显苏联与俄罗斯现行共犯立法之独特，对正确厘定我国犯罪参与体系归属，具有重要参考价值。

1960 年《苏俄刑法典》第 17 条规定了共同犯罪的概念，根据参与形态将共犯区分为实行犯、组织犯、教唆犯与帮助犯；对共同犯罪人的处罚，依照共犯参加犯罪的程度和性质来决定。现行《俄

① 李洁：《中日共犯问题比较研究概说》，载《现代法学》2005 年第 3 期；阎二鹏：《共谋共同正犯理论中国化的障碍》，载《中外法学》2014 年第 4 期；陈毅坚：《共谋共同正犯——一个多余的法范畴》，载《北大法律评论》2010 年第 1 期。陈洪兵：《共犯论思考》，人民法院出版社 2009 年版，第 248—252 页。

罗斯联邦刑法典》秉承前例，在第32条规定了共同犯罪的概念，第33条第2—5款分别规定了实行犯、组织犯、教唆犯和帮助犯，第34条规定参与犯的处罚：由其中每一个人实际参与实施犯罪的性质和程度决定。①

有学者将苏联与俄罗斯的犯罪参与体系视为包括性正犯体系，但该体系与单一正犯体系是何关系，尚存争议：有观点认为该体系虽然在名称上是包括性共犯概念，但实质上却与包括性正犯概念相同。②在我国，有学者亦赞成将苏联的共犯立法体例纳入功能的统一正犯体系。③反对意见则认为，上述立法仍然重视实行犯与非实行犯的区别，只不过它在如何对共犯进行刑罚裁量的问题上与德日等国不一样，但这种认识上的差异不应当成为将其归于统一正犯体系的理由。④

上述共犯规定与形式的统一正犯体系区别较为明显，关键在于与功能的统一正犯体系是否存在差异。对此，笔者持肯定意见。处罚共犯不仅在于参与者通过协力或加工正犯行为对法益造成侵害，更因与单独犯罪相比，共同犯罪的社会危害性更严重，此严重之程度一方面体现于客观行为上的配合与协作，另一方面在于

---

① ［俄］Н. Ф. 库兹涅佐娃、И. М. 佳日科娃：《俄罗斯刑法教程》，黄道秀译，中国法制出版社2002年版，第426页。

② ［日］高桥则夫：《共犯体系和共犯理论》，冯军译，中国人民大学出版社2010年版，第33—34页。

③ 江溯：《犯罪参与体系研究——以单一正犯体系为视角》，中国人民公安大学出版社2010年版，第126页。

④ 陈家林：《正犯体系与正犯概念研究》，载《中国刑事法杂志》2005年第1期。

参与者在精神上的相互激励。申言之，共同犯罪之本质在于通过主体间的意思交流与沟通，安排、协调各参与者，继而将原本分散、独立的个体整合为一个行动共同体，其破坏力则远非单独犯所能比拟。统一正犯体系在立法形式与思考向度上强调单向度性，单独就各参与者的行为及可罚性分别考量，即强调参与者的独立性，放弃共犯对正犯的任何从属性，由此：（1）对于“诱发正犯”和“援助正犯”而言，与其他参与者是故意实施了行为还是过失实施了行为，均无关系；（2）与其他参与者是否违法地实施了行为、是否符合构成要件地实施了行为、是否压根儿实施了行为，均无关系。① 比较而言，二元犯罪参与体系运用“主体间”思维方式，在相互关联中确定共同犯罪的成立范围与处罚，即注重“共同犯罪关系”。②《苏俄刑法典》第 17 条在共同犯罪概念中采用了“某项犯罪”，没有明确罪过类型，但《俄罗斯刑法典》第 32 条规定得则极为明确，不仅将过失参与行为排除在共同参与之外，而且将参与过失犯罪也从共犯中排除。就此而言，将苏联与俄罗斯刑法中的共犯立法纳入统一正犯体系恐与事实不符；《苏俄刑法典》第 17 条、《俄罗斯刑法典》第 32 条分别规定了共同犯罪的概念，有其共性：在相互关联的意义上界定共同犯罪，强调共同关系之于犯罪参与的实质意义，共同关系之存在不仅是表现为行为客观上的

① ［日］高桥则夫：《共犯体系和共犯理论》，冯军译，中国人民大学出版社 2010 年版，第 25—26 页。

② 王志远：《共犯制度的根基与拓展》，法律出版社 2011 年版，第 2 页。

相互协力，而且要求上述协作需基于共同犯罪的意思，即主体间同心一体，这与统一正犯体系下单向度的考察方式明显不同。目前，俄罗斯主流的刑法思想明确反对扩张的正犯概念，多数学者认为总则中共犯规定的功能在于论证并不直接实施犯罪行为，但以各种形式协助犯罪的人的刑事责任。① 综上，苏联与俄罗斯刑法共犯立法与典型的统一正犯体系明显有别，将其纳入统一正犯体系显然不妥。

将上述共犯立法纳入二元犯罪参与体系，恐也不当。与德国、日本刑法中典型的二元犯罪参与体系相比，苏联与俄罗斯共犯立法有其特色：（1）苏联与俄罗斯联邦刑法典在共犯部分首先明确规定共同犯罪的概念与成立范围，而德国与日本刑法典中则无此规定。（2）在犯罪参与类型与相应刑事责任（或刑罚）的关联性方面，苏联与俄罗斯刑法规定，一切参与者的处罚均依照实际参与犯罪的性质与程度决定，参与形态与刑罚处罚之间几乎不存在关联性；而德国与日本刑法典则根据参与形态规定相应法定刑，两者紧密关联且相互对应。（3）上述诸国共犯立法虽均根据参与形态将参与犯区分为正犯（实行犯）、教唆犯与帮助犯（苏联与俄罗斯刑法还规定了组织犯），但界分的立法意图与功能恐亦有别。笔者以为，苏联与俄罗斯刑法根据分工分类法对参与犯区别规定，其目的主要在于厘定参与犯的成立范围，明确参与者构成犯罪的具体过程

① ［俄］Н. Ф. 库兹涅佐娃、И. М. 佳日科娃：《俄罗斯刑法教程》，黄道秀译，中国法制出版社 2002 年版，第 379 页。

与表现形式。比较而言，德、日共犯立法在厘定共犯处罚范围的同时，还依据参与类型分别规定法定刑，即致力于定罪与量刑的一体化、一致化考量，在立法上努力追求定罪与量刑的统一。综上，笔者以为，苏联与俄罗斯刑法中的共犯制度既非统一正犯体系，也非二元犯罪参与体系，而是介于一元与二元犯罪参与体系之间的一类较为独特的共同犯罪立法。

（二）我国共同犯罪立法模式解读

围绕我国共同犯罪立法，学界历来争议的焦点是我国刑法有关共同犯罪人的分类是采取了分工分类法还是作用分类法，抑或是兼采分工分类法与作用分类法，并据此作为识别我国共同犯罪立法模式理论归属的根据。一般来看，认为我国刑法有关共同犯罪人分类采取分工分类法或兼采分工分类法的学者倾向于主张我国刑法有关共同犯罪的立法模式属于正犯·共犯二元参与体系。其至为重要的理由便是，我国刑法专门规定了教唆犯，这为正犯与教唆犯的区分提供了实定法上的依据。[①] 上述意见也是我国通说的立场。在通说之外，少数学者则认为，我国并未区分不同的参与形式，更未对不同的参与形式配置轻重有别的法定刑，故我国

---

① 陈兴良：《共犯论：二元制与单一制的比较》，载中国人民大学刑事法律科学研究中心编：《刑事法热点问题的国际视野》，北京大学出版社 2010 年版，第 155 页；陈家林：《共同正犯研究》，武汉大学出版社 2004 年版，第 5 页。

共同犯罪立法应属统一正犯体系。[①]

在笔者看来，统一正犯体系与二元参与体系本质区别体现在下述三个方面：其一，在数人参与犯罪的场合，如何理解各参与者与法定构成要件之间的关系，即如何理解刑法上的行为人概念。申言之，是否所有的犯罪参与者均系直接满足法定构成要件的人。对此，二元参与体系以限制正犯概念为基础，持否定态度；统一正犯体系以扩张的正犯概念为基础，持肯定态度。其二，数人参与犯罪的场合，如何看待各参与者之间的法律关系，尤其是直接实施法定构成要件行为的人与未分担法定构成要件行为的人之间的关系。对此，二元参与体系通常主张未（完全）分担法定构成要件行为的人对直接实施法定构成要件行为的人一定程度上的从属性或依附性，统一正犯体系则主张各参与者包括所谓的“共犯”之于直接实行犯的独立性。其三，实定法是否根据参与形态为不同犯罪参与者配置轻重有别的法定刑。由于二元参与体系视正犯为共同犯罪的核心人物或起重要作用者，而共犯往往处于共同犯罪的边缘角色或仅起次要作用者，故正犯与共犯在法定刑配置上明显有别；相反，统一正犯体系视一切犯罪参与者均为正犯，并为其配置统一的法定刑。就此而言，实定法上是否采纳正犯、教唆犯或帮助犯等概念，对厘清共同犯罪立法模式到底属于统一正犯

---

① 江溯：《犯罪参与体系研究——以单一正犯体系为视角》，中国人民大学出版社 2010 年版，第 242 页；刘明祥：《论中国特色的犯罪参与体系》，载《中国法学》2013 年第 6 期。

体系还是二元参与体系并无实质意义。如所周知，在共同犯罪立法系统一正犯体系的国家，也不排除实定法在形式上将参与者区分为直接正犯、诱发正犯与援助正犯。[①] 因此，以我国《刑法》第29条专门规定了教唆犯，并据此认为我国共同犯罪立法属于二元参与体系的观点受限于表象，并没有触及两种犯罪参与体系比较的实质，其说理自然也是乏力的。

我国现行刑法有关共同犯罪的立法是在继承传统刑事立法有关共同犯罪立法传统基础上，根据现代刑法一般理念进行了合时代的发展与完善，继而形成颇具中国特色的共同犯罪立法体例。申言之，我国古代刑事法典有关共同犯罪的立法重在区分主、从，旨在刑罚裁量，特别重视对造意犯的刑法规制，同时兼顾参与犯罪的特殊情形——随从者、受胁迫者等。“我国现行刑法延续的是以《唐律》为代表的传统共同犯罪立法模式和革命根据地时代以来的共同犯罪立法模式，其核心在于共犯罪分首从。”[②] 现代刑法学研究一再表明，刑法应重视行为而不应越过行为关注人的思想，犯罪之本质当在于法益侵害，而非行为人的危险性格或人身危险性；共同犯罪的情形异常复杂，应当注意区别对待：“造意”并不必然为“首”、“余并”不当然为“从”。就此而言，很难说我国刑法有关

① 参见［日］高桥则夫：《共犯体系和共犯理论》，冯军、毛乃纯译，中国人民大学出版社2010年版，第23页。

② 江溯：《犯罪参与体系研究——以单一正犯体系为视角》，中国人民公安大学出版社2010年版，第243页。

共同犯罪的立法自觉遵循了统一正犯的立法体例。当然，如若按照前述有关两种犯罪参与体系的深入比较，并据此审视我国刑法有关共同犯罪的立法规定，说其更亲近统一正犯体系，或许未尝不可。

首先，我国刑法有关共同犯罪的规定从整体框架上看，更侧重于不同犯罪参与者的刑罚裁量，以其在共同犯罪中所起作用大小为标准，将共同犯罪人区分为主犯与从犯。专门规定胁从犯与教唆犯，也主要是考虑到该类行为人参与犯罪的特殊性，有必要就其刑罚裁量问题特别予以规定，但该规定整体上也是遵从了有关主犯与从犯相区别的一般精神。在此，根据我国刑法有关共同犯罪人采取主、从二分法的思想，折射出立法有关共同犯罪规定的价值旨趣：科学合理地裁量不同犯罪参与者的刑罚。与此紧密相关的一个前置性命题自当是各犯罪参与者均直接该当了法定构成要件。其次，与德、日等国刑法有关共同犯罪的立法规定不同，我国刑法不仅在形式上未区分正犯与共犯，也未曾明文规定共犯之于正犯的从属性。相反，《刑法》第 29 条第 2 款有关教唆未遂的规定，毫无疑义地显示了教唆行为独立的不法与可罚性。这意味着在犯罪参与场合，各参与者的不法及其责任问题必须个别且独立地分析与判断，与他人行为是否违法、有责均无关系。最后，我国刑法确实为不同的犯罪参与者设定了不同的刑罚裁量规则，但与德、日等采二元参与体系国家的立法不同，我国刑法有关共同犯罪人的刑罚裁量规则的设定基准并非参与形态，而是不同行为人在共同犯罪中所起的作用。易言之，在共同犯罪中起主要作用者为主犯，起次要作用者为从犯，而主、从犯界分决定因素无疑是综合性的，绝对不限于参与形态。比较而言，这一区分标准不仅是合理的，而且具有实质意义。

二、我国刑法语境下“共谋共同正犯”的消解及其路径

在明确我国共同犯罪立法模式理论归属——扩张的正犯概念与统一正犯体系基础上，笔者以为，共谋共同正犯概念在我国刑法理论上完全是一个多余的刑法学范畴。从共谋共同正犯的缘起可知，共谋共同正犯概念是二元参与体系为克服其致命缺陷迫不得已制造并承认的非典型正犯类型，即在共谋者中，可能存在与实际上担当了实行行为的人相比却潜在于其背后的更大人物，要对其赋予作为正犯者的可罚性。[①] 但是这种顾虑在统一正犯体系下根本就不存在。具体到我国，我国刑法根据作用分类法将共同犯罪人区分为主犯与从犯，有关胁从犯与教唆犯的规定其基本旨趣也主要在于针对不同犯罪参与情形应如何裁量刑罚。

首先，这意味着在共同犯罪领域，我国刑法是在统一意义上把握行为人概念的，即“实现法定构成要件者”，至于其实现构成要件的方式则在所不问。事实上，这一点本来也无关紧要，就如同我们从来没有怀疑过利用毒蛇杀人的行为是否符合故意杀人罪的构成要件一样。据此，不仅直接分担构成要件行为者实现了法

---

① ［日］大塚仁：《刑法概说（总论）》（第三版），冯军译，中国人民大学出版社2003年版，第302页。

定构成要件，而且诸如共谋者、教唆者等犯罪参与者通过利用他人的行为也同样能实现法定构成要件。很明显，我国共同犯罪立法并不特别重视行为形态的区别，更未根据参与形态将共同犯罪人区分为正犯、教唆犯与帮助犯，这很好地避免了这种区分容易形成处罚漏洞的缺陷。申言之，在实现法定构成要件这一意义上，不论是直接实现还是间接实现，也不论是通过实行行为实现还是以共谋或教唆等所谓的共犯行为实现，所有犯罪参与者均应是一致的。在此，犯罪共谋与法益侵害结果之间存在因果关系，共谋者因为支配了构成要件的实现，其当然是正犯。

其次，我国刑法虽针对不同共犯人在刑罚裁量方面区别对待，但这种区别建立在行为人对共同犯罪贡献大小这一实质性评价基础上，参与形式虽然也是实质评价中重要的参考因素，但绝非决定性或唯一指标，这就避免了根据参与形态设置法定刑造成的僵化与实质不公正。比较而言，根据各行为人在共同犯罪中所起作用大小为标准设置并裁量刑罚，在犯罪参与领域无疑更容易坚持并实现罪刑相当原则。在此，针对支配型犯罪共谋如犯罪集团的组织者、领导者，我国《刑法》第 26 条第 1 款、第 3 款明确规定此类行为人既是主犯也是首要分子，对其应按照犯罪集团所犯的全部罪行处罚。针对对等型犯罪共谋如事前参与共谋、事中承担望风且发挥重要作用者，同样可依《刑法》第 26 条第 1 款认定为主犯，并依第 4 款要求其对所参与的全部犯罪负责。

综上，共谋共同正犯实为克服二元犯罪参与体系致命缺陷的产物。[①]在我国共同犯罪立法背景下，理论与实践层面均无承认共谋共同正犯的必要，统一正犯体系的特色决定了包括共谋者在内的一切犯罪参与者均是正犯，对在共同犯罪中起重要作用的共谋者以主犯论处实质上具有合理性，形式上亦于法有据。

三、对“共谋共同正犯”肯定论的批判

在此，有必要对肯定共谋共同正犯的理由做适当回应。有学者基于下述两方面考虑主张我国应承认共谋共同正犯：其一，我国司法实践中存在仅参与共谋而未参与实行的情形，而我国刑法也并没有将共谋共同正犯排除出共同犯罪的范围；其二，为在定罪层面实现对共谋者的准确定性，有必要承认共谋共同正犯。[②]

不可否认，我国刑法司法实践中存在犯罪共谋这种现象，我国刑法有关首要分子的规定中也确实涵括了犯罪共谋这种情形，但这在逻辑上明显不能作为承认共谋共同正犯的理由；不仅如此，如依论者所言，既然刑法总则第26条或刑法分则相关条文有关首要分子的规定涵括了共谋共同正犯这种情形，则在刑法适用过程中完全可以直接据此将共谋者定罪量刑，承认共谋共同正犯岂不是多此一举吗？在犯罪参与领域，定罪入刑自然要准确，但这也不是必须承认共谋共同正犯的理由。行为是否构成犯罪，其唯一

---

① 陈洪兵：《共犯论思考》，人民法院出版社2009年版，第248—252页。

② 王志祥、韩雪：《论共谋共同正犯概念在我国刑法中的确立》，载《中南民族大学学报》2013年第2期。

判断标准是构成要件，在这一点上共同犯罪与单独犯罪是一致的。在统一正犯体系下，一切对犯罪之成立赋予条件者均为正犯，正犯毫无疑问也都实现了法定构成要件，压根儿就没有承认共同正犯的必要，遑论共谋共同正犯。

有学者基于下述理由主张应承认共谋共同正犯：有利于明确单纯共谋者的法律性质与责任，并发展出精细化的正犯、共犯区别理论；有利于通过共谋共同正犯之问题点实现对主犯核心共犯体系整体合理性探讨；有利于进一步推动我国以构成要件为核心的成立条件的阶层化犯罪论体系之探讨。[①] 在笔者看来，上述论者明显是以限制的正犯概念与二元犯罪参与体系为前提进行分析论证，但已如前述，我国共同犯罪立法模式明显不同于德国与日本，从本质上看，我国共同犯罪立法更倾向于统一正犯体系。在此，认定共谋者的法律性质与罪责程度根本不存在障碍。很明显，论者忽略了中外共同犯罪立法差异，缺乏对二元参与体系的深刻省思，更没有看到二元参与体系不断发展区分理论的无奈以及该理论之于实践的微薄意义。诚如论者所言，正犯以构成要件为基点，主犯以作用大小为核心。但是，不能就此说正犯概念有助于充分实现罪刑法定原则的人权保障机能，而主犯概念主观抽象流于随性，不利于定罪。[②] 如前所析，正犯概念实质化的最终结果，在很大程

① 刘艳红：《共谋共同正犯论》，载《中国法学》2012 年第 6 期。

② 刘艳红：《共谋共同正犯论》，载《中国法学》2012 年第 6 期。

度上重塑了正犯与构成要件的关系，这种关系已非初始那般清晰明了；不仅如此，实质化的正犯概念也早已失去其原本具有的明确性，存在很大程度的不确定性与模糊性。相反，在统一正犯体系下认识我国刑法中的主犯并不存在任何障碍，在入罪层面，我国刑法中的主犯当然也必须以构成要件为基点，因为主犯也是支配了构成要件实现的人，其构成要件符合性的判断无疑也是客观的、相对明确的。

四、对“共谋共同正犯”消解论的其他观点的检讨

在共谋共同正犯否定论者中，按照共谋共同正犯消解路径的差异，主要有两种较为有力的主张：其一，仅立足刑罚裁量角度，认为我国刑法主要是以共同犯罪人在共同犯罪中所起作用为标准划分主犯和从犯，因此，对起重大作用的幕后参与者可直接认定为主犯。据此，共谋共同正犯并无存在必要。[①] 其二，认为我国刑法对参与人同时采用了分工和作用两种并存不悖、功能各异的分类标准，与此相应，可采用双层次共犯评价方法：参与类型与分工分类法对应，其功能在于定罪；参与程度与作用分类法对应，其功能在于量刑。据此，在定罪层面，单纯参与谋议者仅成立教唆犯与帮助犯；而在量刑层面，依据其对共同犯罪的作用大小而认定为

---

① 朴宗根：《正犯论》，法律出版社 2009 年版，第 307 页；陈家林：《析共同正犯的几个问题》，载《法律科学》2006 年第 1 期。

主犯或从犯。[①]

上述两说均以我国共同犯罪立法为背景，主张共谋共同正犯否定论，这一点虽为笔者所认同，但就共谋共同正犯具体的消解路径仍有待商榷。首先，就第一种观点而言，在刑罚裁量层面，依据我国刑法确实能有效实现对“幕后大人物”的规制，但将共谋共同正犯问题仅限于刑罚裁量层面，而没有通过共谋共同正犯看到二元参与体系在定罪层面的弊病，明显有失偏颇。事实上，承认共谋共同正犯也存在定罪方面的考虑。共犯相互之间在彼此交流过程中逐渐形成犯意的这种案件，很难为传统的教唆犯、从犯所评价。[②]不仅如此，在犯罪参与领域，这种解决方法难免招致缺乏对定罪应有的谨慎态度与规范方法之批评，“由是否在共同犯罪中起重要作用这一实质性要素所引导出的中国刑法中的主犯，在犯罪成立方面并不重要”，在行为入罪时没有“以罪刑法定主义的构成要件观念为基础”。[③]其次，就上述第二种方案而言，通过将定罪与量刑问题适度分离，借此缓和参与形态与刑罚裁量之间的紧张关系，固然比较合理。但是，持这种观点的论者并没有认识到犯罪共谋作为一种参与类型的独立地位，部分犯罪共谋固然可

① 钱叶六：《双层区分制下正犯与共犯的区分》，载《法学研究》2012年第1期；阎二鹏：《共谋共同正犯中国化的障碍及其解释对策》，载《中外法学》2014年第4期。

② ［日］松原芳博：《刑法总论重要问题》，王昭武译，中国政法大学出版社2014年版，第296页。

③ ［日］大谷实：《日本刑法中正犯与共犯的区别———与中国刑法中的“共同犯罪”相比照》，王昭武译，载《法学评论》2002年第6期。

归纳为教唆犯或帮助犯，但仍旧有相当一部分共谋行为既不能评价为实行行为也不能概括为教唆或帮助行为。此外，在立法严格区分正犯与共犯且并未据此配置法定刑的背景下，上述做法或许不失为一种可行的方案，但在我国刑法并未明确区分正犯与共犯的情形下，上述方案似有“自设困局、自我超越”之嫌。

五、小　结

原本的限制的正犯概念因与形式客观说天然亲近而拥有无可争辩的明确性优势，并因此备受青睐，以限制的正犯概念为基础建构的与二元参与体系随之也成为德、日刑法理论的通说。限制的正犯概念基础命题上的致命弊病——或者极易形成处罚漏洞或者明显导致罪刑失衡——决定了二元犯罪参与体系下正犯概念必须沿着实质化的方向不断重塑，继而形成若干非典型正犯概念，如共谋共同正犯。正犯概念实质化的动因印证并进一步揭示了限制的正犯概念与二元犯罪参与体系的缺陷，其过程实质上是在二元参与体系的名义下以统一正犯体系为指导展开犯罪参与理论的重构，最终结果将一发不可收拾地滑向扩张的正犯概念。在扩张的正犯概念与统一正犯体系下，包括犯罪共谋在内的参与行为只要与法益侵害结果之间存在刑法上的因果关系，都可以说行为人实现了法定的构成要件，而实现法定构成要件的人无疑均是正犯。在此，共谋共同正犯实无存在之必要。

我国现行共犯立法是在继承传统刑事立法有关共同犯罪的基础上，根据现代刑法理念进行了合时代的发展与完善，继而形成的颇具中国特色的共同犯罪立法体例，就其理论归属而言，更亲近统一正犯体系。在我国共犯立法语境下，如果能确定犯罪共谋行为与法益侵害之间刑法上的因果关系，自然可以说共谋者实现了法定构成要件；在行为构成犯罪的基础上，其刑罚裁量当以其在共同犯罪中发挥作用的大小为标准，分别以主犯或从犯论处。据此，在我国现行共犯立法语境下，共谋共同正犯无存在价值。

04

第四章　间接正犯的泛化与统一正犯体系的确立

CHAPTER

间接正犯是大陆法系国家犯罪参与理论中一个基础性范畴。伴随着犯罪支配理论的兴起，间接正犯的内涵发生了重大变化，其外延也呈现泛化趋势。间接正犯的泛化不仅使正犯与共犯的界限越显模糊，而且侵蚀并瓦解了限制的正犯概念及以此为基础建构起来的二元犯罪参与体系，最终滑向了扩张的正犯概念与统一正犯体系。通过对间接正犯泛化现象的深刻检讨，发掘并梳理参与犯刑法评价的基本向度与合理方法，反向推演刑法上科学的行为人概念，是一种方法论上的新尝试，对我国犯罪参与体系的准确定位乃至重构亦极具导向意义。我国现行刑法有关共同犯罪的规定，其基本精神、价值旨趣与扩张的正犯概念、统一正犯立法不谋而合。在以统一正犯为视点的我国刑法语境下，间接正犯概念应予消解。

第一节 间接正犯的扩张与泛化

在数人参与犯罪的场合，围绕如何厘定各行为人与法定构成要件尤其是构成要件行为之间的关系，学说上形成了限制的正犯概念与扩张的正犯概念两种截然对立的观念与立场。[①]根据限制的正犯概念，以自己身体活动直接实现法定构成要件行为的人是正犯，透过他人该当法定构成要件的行为引起构成要件实现者，均为共犯。据此，狭义共犯中不论是教唆行为抑或是帮助行为均非该当法定构成要件行为者，亦非法定的构成要件直接规制之对象，故宜将实定法有关共犯之规定视为“刑罚扩张事由”。与限制的正犯概念相对，扩张的正犯概念最早以因果关系理论中的条件说为基础，认为凡通过因果关系支配不法构成要件实现的人，皆为正犯。据此，不仅亲自实现法定构成要件者为正犯，而且包括教唆者、帮助者在内透过他人身体活动支配不法构成要件实现者，皆为正犯。一般认为，以限制的正犯概念为基础，形成了正

① 有学者从学术史的角度考证并指出，限制正犯概念和单一正犯概念都是立法例上有被采用的正犯概念，是立法政策上的概念。反之，扩张正犯概念和二元论则是法理上、体系上的概念。单一正犯概念其实和扩张正犯概念是相同的概念。许玉秀：《刑法的问题与对策》，作者自版1999年版，第7页。本书在同一意义上使用单一正犯概念与扩张正犯概念，在此特别予以说明。

犯·共犯二元体系；而以扩张的正犯概念为基础，形成了统一正犯体系。[①]19世纪末20世纪初期，在自然主义的强势支配下的德国法学界，普遍弥漫着法律实证主义思潮。方法论上的主流是从概念法学出发探寻问题的解决之道。构成要件概念无疑契合了绝对的、机械的罪刑法定原则；刑法学界借助法定构成要件这个概念提出了形式客观理论，通说继而以此作为厘定刑法上行为人的基本原则，并形成了限制的正犯概念，这一观念也为相关立法所采纳。[②]

一、间接正犯概念的生成

在19世纪，起因者的概念涵盖了现在的正犯、共犯与间接正犯概念。但在19世纪初期，间接正犯的概念还没有出现。直到19世纪前叶，间接正犯的概念方从精神的起因者概念演变出来，但是因为因果等价的理论背景，间接正犯与教唆犯无法区分，当中包括了现在所说的间接正犯与教唆犯。19世纪中叶，起因者概念分化为间接正犯、教唆犯，我们现今所说的间接正犯理论真正出现。19世纪末，间接正犯开始成为独立的概念，并在20世纪得以

---

① 需要指出的是，立足于扩张正犯概念，在解释论上也不是没有采纳二元体系的可能。在此，立法有关教唆犯与帮助犯的规定被视为“刑罚限缩事由”。即便如此，由于立足于扩张正犯概念，仍会认为共犯在本质上是与正犯相同的行为类型。

② 蔡圣伟：《论间接正犯概念内涵的演变》，载陈兴良主编：《刑事法评论》第21卷，北京大学出版社2007年版，第53—55页。

普遍发展。[①]

从表象上看，不论是在以限制的正犯概念为基础的二元犯罪参与体系下，还是在以扩张的正犯概念为依托的统一正犯体系内，似均无间接正犯概念存在的必要与空间。实际上，间接正犯概念正是形成于以限制的正犯概念为基础的正犯·共犯二元犯罪参与体系下，而其“横空出世”也绝非偶然。一方面，在二元犯罪参与体系下，因坚持认为正犯与共犯的构成要件截然不同，故在犯罪参与场合当然应严格区分正犯与共犯；另一方面，根据限制的正犯概念与二元参与体系的基本理念，共犯的成立须在某种程度上依附于正犯，此即“共犯从属性理论”。按照共犯成立对其从属之正犯的“品格”要求的高低，遂形成最小从属性说、限制从属性说、严格从属性说与夸张从属性说。[②] 根据 1871 年《德国刑法典》第 48 条之规定，[③] 教唆犯的成立以正犯具备“可罚性”为必要。如此，在处理犯罪参与问题时，极易形成处罚漏洞。例如，有刑事责任能力者唆使无刑事责任能力者实施犯罪的场合，即便被教唆者的行为满足了构成要件符合性与违法性要求，但因其没有责任能力而否定了有责性，继而缺乏可罚性。在此，教唆者既不构成教唆犯，

---

① 韩其珍：《间接正犯的光与影》，载陈兴良主编：《刑事法评论》第 32 卷，北京大学出版社 2013 年版，第 45 页。

② 柯耀程：《变动中的刑法思想》，台湾瑞兴图书股份有限公司 2001 年版，第 235—236 页。

③ 该法第 48 条规定：“对于他人以馈赠、期约，或以威胁、滥用其威望、暴力，或者蓄意地造成、促成一个错误，或以其他方法故意地令其实行可罚行为者，以教唆犯罚之。”

也不属于正犯，由此形成刑法规制上的空隙，明显不利于法益保护，严重有违民众的法感情。正是为填补刑罚处罚的这一漏洞，“间接正犯”作为一个应急性概念被“虚构出来”。[①]由此可见，间接正犯最初适用类型也主要限于利用他人缺乏责任能力实现构成要件的情形。

二、基于弥补处罚漏洞的再扩张

如坚持正犯与共犯二元区分，认为共犯本质上异于正犯，主张共犯之于正犯的从属性，就不得不肯认间接正犯存在的必要性。事实上，在古典犯罪论体系与责任共犯论的背景下，间接正犯的类型并不仅限于利用缺乏责任能力者实现构成要件这一种情形。利用他人缺乏犯罪故意的行为，同样有必要以间接正犯的形式追究幕后利用者的刑事责任。如利用有责任能力但缺乏犯罪故意的人实现构成要件的场合，根据严格从属性说与责任共犯论，被利用者不构成犯罪，利用者因此无成立共犯之可能，这同样会形成处罚的空隙。为此，同样不得不以间接正犯之名追究利用者的刑事责任。

伴随着犯罪论体系的演变，规范责任论取代了心理责任论，对于故意、过失的定位已不再像古典犯罪论体系那样仅将其视为责任要素，在构成要件符合性与违法性阶段均有对其进行审查的

---

① 甘添贵：《刑法之重要理念》，台湾瑞兴图书股份有限公司1996年版，第174页。

可能。在共犯从属性程度方面，提倡限制从属性成为可能。[①]与此同时，经历了1943年与1975年的刑法修订后，德国刑法有关教唆犯与帮助犯的规定，明确采纳了限制从属性说，即共犯的成立以主行为具备“违法性”为已足。在此，间接正犯概念似乎出现了消解的契机，但事实却并非如此。一方面，必须重新认识间接正犯的正犯性并借此彻底否定其之前的“替补性”印象，“以共犯概念为前提来论及关于间接正犯情形中的正犯性的有无，很难说基于适当的思考顺序。在逻辑上，正犯概念应当优先于共犯概念”[②]。另一方面，在通说由严格从属性说转变为限制从属性说之后，刑罚处罚漏洞的问题依旧会存在。根据限制从属性说，共犯的成立以正犯行为违法为必要。如果坚持主观的不法论，则诸如利用他人缺乏故意的行为实现构成要件者，同样不能被认定为共犯；不仅如此，当正犯行为缺乏违法性甚或缺乏构成要件符合性时，针对正犯行为进行加工的犯罪参与者同样也不成立共犯，依旧会形成处罚漏洞。以非法剥夺他人生命为例：其一，利用他人的正当防卫实施杀人的场合。例如，甲唆使乙杀害丙，与此同时又将此一消息告诉丙，提前做好防范准备的丙在乙对其实施杀害行为之际防卫反击，杀死了乙。其二，利用有故意但无身份的“工具”实施特定犯罪的场合。例如，国家工作人员为掩人耳目，

---

① 阎二鹏：《论间接正犯概念的消解》，载《法学论坛》2011年第4期。

② [日]大塚仁：《刑法概说（总论）》（第三版），冯军译，中国人民大学出版社2003年版，第142页。

与其妻子（非国家工作人员）商议，由后者代为收受请托人交付的贿赂。其三，利用被害人自身的行为实施杀人的场合，典型者莫过于教唆他人自杀的场合。此外，考虑到通说即犯罪共同说要求共犯与正犯必须罪名同一方构成共同犯罪这一要求，在利用他人过失行为实现法定构成要件的场合，还会出现极其不自然的现象：作为共犯的教唆犯被认定为故意犯罪，而正犯却只能构成过失犯罪。[①] 由此可见，即便立法在共犯问题上由严格从属性说转向限制从属性说之后，间接正犯不仅没有就此消解，其外延仍有不断扩张之必要。究其原因，二元犯罪参与体系决定了间接正犯这一范畴因应刑罚处罚的需要，可以多种面相继续发挥其填补处罚漏洞的功能。质言之，基于二元参与体系的结构性矛盾，间接正犯概念不仅有其存在的现实必要性，而且注定其外延将不断扩张。

三、基于满足罪刑均衡功能的泛化

如所周知，德、日等国刑法典通常根据参与形式为不同参与者设定轻重有别的法定刑，正犯的法定刑通常高于共犯。[②] 尽管也

---

① ［日］西田典之:《共犯理论之展开》，成文堂2010年版，第83页。

② 《德国刑法典》第26条规定：“故意教唆他人故意实施违法行为的，是教唆犯。对教唆犯的处罚与正犯相同。”第27条规定：“对他人故意实施的违法行为故意予以帮助的，是帮助犯。对帮助犯的处罚参照正犯的处罚，并依第49条第1款减轻其刑罚。”《日本刑法典》第61条、第63条有关教唆犯与帮助犯的法定刑的规定，与德国刑法上述规定基本一致。

有教唆犯比照正犯处罚的规定，但事实上通常教唆犯的可罚性要低于正犯。[①] 近年来，伴随着正犯概念的实质化，正犯被视为共同犯罪的核心人物，而共犯则系共同犯罪的边缘角色。[②] 易言之，德、日二元参与体系下的正犯相当于我国刑法上的主犯，[③] 而其共犯则近似于我国刑法上的从犯。因此，区别正犯与共犯不仅关乎定罪（定性），而且关涉量刑（定量），这使得在德、日等采取二元参与体系的国家和地区，严格区分正犯与共犯不仅具有重要的理论价值，而且具有重要的实践意义。

在刑法教义学上，有关正犯与共犯的区分标准大致经历了从主观说到客观说的变化，客观说内部复经历了从形式客观说到实质客观说的演进。目前，作为德、日等国界分正犯与共犯的标准，同时也是有关间接正犯之正犯性最有力的学说无疑是犯罪事实支配理论。[④] 依据该理论，正犯是在实现犯罪中作为关键或核心人物并对事件施加决定性影响的人，处于犯罪事实支配者的地

① 陈洪兵：《间接正犯行为媒介论》，载《厦门大学法律评论》第 14 辑，厦门大学出版社 2007 年版，第 124 页。

② 刘艳红：《论正犯理论的客观实质化》，载《中国法学》2011 年第 4 期。

③ ［日］金光旭：《日本刑法中的实行行为》，载《中外法学》2008 年第 2 期。

④ 在正犯与共犯的界分标准上，德国刑法学当今的通说是犯罪事实支配理论，而日本则为重要作用说。在笔者看来，不论是犯罪支配理论还是重要作用说，两者异曲同工，即均强调正犯在共同犯罪中的重要地位，而其重要性正是透过犯罪支配或重要作用这样的开放性、评价性范畴体现出来。易言之，发挥了重要作用者自然处于支配地位，而支配了犯罪事实者，无疑也将起到重要作用。

位。支配犯成为正犯的代名词。其中，间接正犯被厘定为作为意志控制的间接实行人。以意志支配为其特殊标记的间接正犯被类型化为凭借强制的意志支配、凭借认识错误的意志支配以及通过有组织的权力机构的意志支配这三种类型。在此，不仅传统的间接正犯类型继续得以维持，而且蕴含了新的间接正犯类型，即故意且有责的“正犯后间接正犯”。作为间接正犯新的类型与下位概念，故意且有责的“正犯后正犯”主要表现为下述四种情形：其一，通过对不法程度的欺骗。例如，甲意图杀死站在屏风后面的乙，指示不知实情的丙向屏风开枪射击，但丙仅具有毁坏财物的故意而并无杀人的意思。根据主流观点，“在以欺骗为条件的构成行为转向另一种对象时，甚至在同时存在不法程度与罪责程度时，也能够成为由此作用的对其他构成行为的控制的基础”[①]，据此，肯认了欺骗者的间接正犯地位。其二，通过对加重情节的欺骗。例如，行为人认定进驻的美国士兵将会在不详细审核指控且无视程序的情况下射杀L先生，行为人出于卑劣的动机向美国士兵故意违背事实说L先生杀害了多名外籍工人，美国士兵果真无视程序射杀了L先生。在此，美国士兵构成普通杀人罪自无疑问，但根据犯罪事实支配理论，幕后利用者因其“出于卑劣的动机”而构成谋杀罪的间接正犯。其三，通过对被害人身份的欺骗。

① [德] 克劳斯·罗克辛：《正犯与犯罪事实支配理论》，劳东燕译，载陈兴良主编：《刑事法评论》第25卷，北京大学出版社2009年版，第28页。

典型范例莫过于“多纳事例”。在“多纳事例”中，直接实施故意杀人者，构成故意杀人罪自不待言，而隐藏于幕后制造假象并利用台前的杀人者实现自己杀人意图的行为人也被认定构成故意杀人罪的间接正犯。其四，通过有组织的权力机构的意志支配的场合。活跃在台前执行命令者固然可以被评价为完全有责的正犯，但考虑到隐藏于幕后的指令发布者利用其组织支配可以无条件地操纵事件朝着其希望的方向发展，幕后的行为人也有被评价为正犯的必要与实意，而“间接正犯”正好为其提供了形式合理性。上述场合的利用者虽均被“评价为”间接正犯，但从行为分担这一角度分析，在部分“正犯后间接正犯”的场合，与其说隐藏于幕后的利用者是间接正犯，倒不如说其符合教唆犯的构成特征。换句话说，间接正犯的泛化，一方面在很大程度上是通过极力压缩共犯的成立范围来实现的，另一方面间接正犯的泛化则是通过更为规范地理解和把握构成要件行为来实现的。有关这一点，笔者将在下面详细展开。在笔者看来，推动间接正犯泛化的内在动因，却是基于刑罚裁量的考虑。具体来说，客观上虽然没有分担构成要件行为，但幕后利用者对构成要件的实现同样可以产生举足轻重的影响，若对此类犯罪参与者仅认定为共犯，按照德、日等国刑法，远不能满足罪刑相适应这一刑罚裁量的要求。基于公正裁量刑罚的考虑，必须尽可能拓展间接正犯的外延，此可谓间接正犯的“功能性泛化”。至此，间接正犯全面泛化。易言之，在利用者与被利用者之间，被利用者是否实施了构成要件行为、其行为是否具备违法性或有责性以及是否构成犯罪、构成故意犯罪抑或是过失犯罪，均不影响利用者间接正犯的成立；不仅如此，在被利用者构成故意犯罪的情况下，利用者与被利用者罪名是否同一，与间接正犯的成立无涉。

第二节　间接正犯的泛化与二元参与体系的自毁

如前所析，限制正犯概念与共犯从属性理论决定了二元参与体系必须承认间接正犯这一正犯类型；基于弥补体系性漏洞与缓和紧张的罪刑关系这一功能性的内在需要，使得间接正犯的外延极度扩张。但是，不得不指出的是，间接正犯虽衍生于以限制的正犯概念为基础的二元犯罪参与体系下，但随着间接正犯的泛化，其最终不仅彻底否定了限制的正犯概念，而且从二元犯罪参与体系内部给予该体系以毁灭性打击。

在检讨间接正犯的泛化之于二元犯罪参与体系的背叛前，首先有必要就二元参与体系的基本特征再次明确。正犯·共犯二元参与体系，概指在数人故意参与共同犯罪事实的场合，刑法明确区分正犯与共犯，从形式上权衡具体个人行为贡献的强度，并且分别对其适用轻重不同的刑罚幅度。[①] 其基本特征为：其一，从构

① ［德］乌尔斯·金德霍伊泽尔：《刑法总论教科书》，蔡桂生译，北京大学出版社 2015 年版，第 391 页。

成要件行为的实行者与参与者系不同参与类型的立场出发，将各参与者严格区分为正犯和共犯；其二，从各参与者的严重程度上考察，正犯、教唆犯和帮助犯呈现一种由“多”到“少”的落差走向，可谓规范上的层次关系；[①] 其三，立法者对正犯和共犯分别配置了轻重不同的法定刑。

一、间接正犯视阈下二元参与体系的形式逻辑弊病

犯罪参与形式多种多样，根据参与形式界分正犯与共犯难免挂一漏万。在犯罪参与场合，根据参与形式将犯罪参与人区分为正犯、教唆犯与帮助犯，貌似全面，实际上并不周延。诚如有学者分析指出，从自然样态上可将犯罪参与形式区分为犯罪的分担、犯罪的并行、犯罪教唆、犯罪帮助、利用、共谋以及组织、策划和指挥。[②] 其中，间接正犯就是明显的例证。与所谓的“共犯”一样，间接正犯本质上也是利用他人行为遂行自己的犯罪，由于立法明确规定并严格界分正犯与共犯，这使得间接正犯原本并无存在的空间。从这个意义上说，我们长期以来普遍承认并频繁使用的间接正犯仍旧是一个“非法”的范畴（主要指实定法没有明确规定间接正犯的背景下）。不仅如此，由于间接正犯也是正犯，所以，从一开始就必须特别论证其正犯性。但现在看来，作为说

① ［德］约翰内斯·韦塞尔斯：《德国刑法总论》，李昌珂译，法律出版社2008年版，第333页。

② 王志远：《共犯的根基与拓展》，法律出版社2011年版，第2—3页。

明间接正犯之正犯性的理论，无论是工具理论、实行行为性说还是规范障碍说、犯罪支配理论、自律的决定论都存在这样或那样的问题。[①] 尤为重要的是，间接正犯的存在本身即严重背离了二元犯罪参与体系赖以形成的基础——限制的正犯概念。限制的正犯概念严格以法定构成要件对行为的描述为标准，不考虑行为人在整个犯罪过程中的作用，仅将完全实现法定构成要件规定行为的人视为正犯，除此之外对构成要件实现起作用的人只能被视为共犯。[②] 正是因为其完全以法定构成要件为标准，具有形式上的直观性与明确性，契合了早期古典犯罪论体系之形式客观主义的基本理念，限制正犯概念才被奉为圭臬，为实定法所青睐。反观间接正犯，不论基于何种理由而存在，均是对限制正犯概念的否定，也是对形式客观主义精神的背叛。如果坚持认为间接正犯概念在理论和实务中皆是必不可少和迫切需要的，那么也只能说，限制正犯概念和二元参与体系的逻辑设定从一开始就存在严重隐患与弊端。

二、间接正犯泛化趋势下二元参与体系的全面崩溃

借助犯罪支配理论，间接正犯已呈泛化之势。泛化的间接正犯犹如植入二元参与体系内的“特洛伊木马”四面开花，终将彻

① 陈家林:《外国刑法通论》，武汉大学出版社 2009 年版，第 517—519 页。

② ［德］汉斯·海因里希·耶赛克、托马斯·魏根特:《德国刑法教科书（总论）》，徐久生译，中国法制出版社 2001 年版，第 782 页。

底摧毁其寄生的母体。如前所述，间接正犯得以泛化主要通过两种路径展开：一方面，通过不断调整正犯与共犯的界分标准逐步压缩共犯的外延来实现；另一方面，从论理上通过更为规范地理解和把握构成要件行为来进行。在此，主要以前述诸“正犯后间接正犯”类型及其事例为视点进行检讨。

“多纳事例”中的幕后参与者在他人实施杀人行为的过程中，利用自己认知上的优势，单方面蓄意制造错误，假借他人之手实现自己的杀人目的，因其认知上的优势被认为支配了整个犯罪活动的流程，并据此被评价为间接正犯。暂不考虑刑罚裁量的问题，单从行为态样上看，“多纳事例”中幕后参与者的利用行为完全符合片面帮助犯的特征。[①] 由此可见，间接正犯的泛化，在很大程度上是通过压缩共犯的空间来实现的，即将原本属于帮助犯、教唆犯的情形“评价”为（间接）正犯。如此一来，与扩张的正犯概念相比，限制的正犯概念的绝对优势——能够最为有力地维护构成要件的明确性从而使漫无边际的正犯范围大为缩小[②]——似乎荡然无存。事实上，在间接正犯泛化趋势下，与扩张正犯概念相比较，我们丝毫看不出限制正犯概念在维护构成要件明确性方面的任何优势，我们更看不出其具有限定正犯

① 在是否承认片面帮助犯问题上学界虽还存在不同意见，但德、日理论与实务以及我国刑法学通说目前对此均持肯定意见，我国台湾地区“刑法”第30条甚至明确规定：“虽他人不知帮助之情者，亦同。”

② 刘艳红：《论正犯理论的客观实质化》，载《中国法学》2011年第4期。

范围的特殊功效。相反，我们看到的是，正犯与共犯的界分愈加混乱，正犯的边界更显模糊。不仅如此，上述区分还可能导致共犯的严重萎缩与共犯立法的虚置。统计数据显示，日本从1952年至1998年，在共同犯罪的案件中，最终被认定为正犯者占97.9%，而教唆犯与帮助犯仅分别占0.2%与1.9%。[①] 如果说在共同犯罪的场合，几乎所有的犯罪参与者都是正犯的话，试问，如此费尽心思地进行区分，其实际意义到底何在？这一数据似乎也从实践层面向我们反馈了一个重要的信息：二元参与体系在实践中已然演变为统一正犯体系。

“正犯后间接正犯”无疑属于正犯。按照二元参与体系的基本理念，正犯自然该当法定构成要件。从形式上直观地考察，不论是“多纳事例”中的幕后利用者，还是利用优势地位发布杀人指令，隐藏于幕后者或者基于其认知上的优势或者处于优势地位，通过将直接实施法定构成要件行为的人“工具化”继而间接支配整个事件流程的方式，让他人为自己的目标出力，同样也能实现不法构成要件。[②] 无论如何，承认幕后利用者的正犯性，就意味

---

① ［日］亀井源太郎：《正犯と共犯を区别するということ》，弘文堂2005年版，第6页。当然，这一数据中的正犯不仅包括间接正犯也涵括了共同正犯。但不得不说的是，在日本，通过承认共谋共同正犯，共同正犯的外延也得到了极大扩展。而在笔者看来，日本刑法理论上的部分共谋共同正犯如支配型共谋共同正犯，按照犯罪事实支配理论，处于支配地位者，完全可能被评价为（正犯后）间接正犯。

② ［德］克劳斯·罗克辛：《德国刑法学总论》（第2卷），王世洲等译，法律出版社2013年版，第20页。

着诸如利用行为、发布命令这样的行为也是可以直接该当法定构成要件的，即认为此类行为与构成要件所描述的行为本质上是相同的。在此，我们欣喜地看到，通过意思支配广泛地承认间接正犯，继而折射出犯罪支配理论更为规范地理解构成要件、更为实质性地把握构成要件行为，实行行为再也不仅限于人们观念中耳熟能详、经验上直观明了的情形。故意杀人罪的构成要件行为不再局限于观念上直接剥夺他人生命的行为，而是包括一切方式、方法的非法剥夺他人生命的行为；在此，间接利用者的正犯性的认定与被利用者是否构成犯罪、构成何种犯罪（故意犯罪抑或过失犯罪）压根儿没有关系。与早期形式且机械地理解和认定构成要件行为相比，这次蜕变不得不说是一次质的飞跃。与此同时，透过"犯罪支配"这一开放性规范概念，犯罪支配理论也严格地限定了该当法定构成要件行为的范围。详言之，并非所有与结果发生关联的行为都能被认定为该当构成要件行为，有必要将利用行为置于具体的事态中，考察其是否具有通过被利用者的身体活动对法益造成侵害的现实的危险性，即能否在规范评价层面认为幕后利用者的利用行为与直接正犯一样支配了犯罪的流程。这种规范地把握构成要件尤其是实行行为的立场与方法，不正是扩张正犯概念有关构成要件行为的基本理解吗？就此而言，以意思支配为基础的"正犯后正犯"在方法论上已然接纳了扩张的正犯概念的基本立场与认知思路。

第三节　间接正犯的泛化对犯罪参与体系建构的启示

一、参与犯的实行行为性及其确立

在具有刑事责任能力者利用精神病患者实施杀人行为的场合，二元参与体系以间接正犯的形式确认了幕后利用者的正犯性。这意味着，即便客观上没有直接分担构成要件行为，在规范论层面也可以考虑将此类犯罪参与者视为满足或该当了法定构成要件，承认参与行为系该当法定构成要件的行为。在间接正犯泛化趋势下，尤其是在广泛承认“正犯后间接正犯”的背景下，通过价值判断与规范评价，诸如犯罪教唆、犯罪协力等传统的共犯行为也被视为具有实行行为性。建构在限制的正犯概念基础上的二元犯罪参与体系无疑表明，通过利用直接正犯参与法益侵害者也可以直接该当法定构成要件。在此，有必要以参与行为的实行行为性为契机，重新检讨所谓的“共犯”与法定构成要件之间的关联性，即参与犯与直接正犯的构成要件该当性本质是否一致。

不可否认，从存在论的角度看，犯罪参与行为缺乏法益侵害的直接性，不能对法益造成直接且现实的侵害，其必须通过他人的行为与法益侵害之间发生关联性。但作为教义刑法学，规范分析与价值判断对其来说不仅必要而且重要，并体现在刑法思考的诸方面。与单个人直接犯罪不同，在数人参与犯罪的场合，其特殊性在于各参与者通过利用他人的行为遂行自己的犯罪，即相互为用以弥补个人能力之不足（当然也不排除单方利用的可能），各参与者借助团体之力量，以确保犯罪顺利实现。易言之，参与者将他人视为自己手足之延伸，通过利用他人乃至整个活动共同体的活动以实现自己的目的。从规范论的角度考察，在通过利用他人的行为实现法益侵害的场合，参与行为的规范评价呈纵向延伸特点，即教唆或帮助等利用行为＋被利用行为，而整合后的链接行为作为一个有机整体无疑具有法益侵害的直接性与现实性，完全具备法定构成要件行为的品格。隐藏于幕后的命令发布者与错误制造者，其正犯性的取得与确认不正是遵循了这样一个考察逻辑吗？事实上，如前所析，幕后利用者就其参与形态而言，本属犯罪教唆与帮助。至此，完全可以说在一切犯罪参与场合，参与者实质上是利用了一个客观的事态遂行了自己的犯罪。上述事态或者是利用者本人制造的，或者是事先已经存在的，但均无关紧要。易言之，在特定情境下，将对事态的利用这种行为评价为构成要件行为，是完全可能的。譬如，我们毫无疑义地认为，“利用洪水”冲走竞争对手池塘中鱼苗的行为属于破坏生产经营罪的构成要件行为。而在与法益侵害相关联的意义上，我们丝毫看不出针对洪水的利用行为与针对他人身体活动的利用行为在本质上有何差异。同理，既然认为“利用挖掘机”在堤坝上掘缺口的行为系决水罪的实行行为，那我们有什么理由否认“利用他人”进行决水的行为就不是决水罪的实行行为呢？当然，需要特别说明的是，利用行为本身是否具备实行行为性，是一个实质判断的问题，即在特定情景下考虑利用行为是否具备法益侵害的现实危险性的问题。诚如有学者指出的，无论是直接行为人还是间接行为人，其作为未遂处罚的基础均在于其行为具有实行行为性，即具有法益侵害的现实危险性。在犯罪参与的场合，实行行为性的确立，还有赖于行为媒介者的行为。[①] 即参与犯实行行为性的确立与判断在部分场合、在事实上仍需依赖被利用者是否着手实行为必要。

众所周知，刑法规范既是裁判规范，也是行为规范。作为裁判规范，刑法规范指示司法人员如何正确定罪与准确量刑；作为行为规范，刑法规范通过命令或禁止方式避免人们实施不法行为。在与罪刑规范相关联的意义上，应当说不论是直接正犯还是通过直接正犯支配犯罪活动的参与犯，应该是完全一致且同等适用的，即均为罪刑规范直接规制的对象，而不应当存在所谓的直接与间接之分。例如，刑法分则有关故意杀人罪承载的是禁止杀人或保护生命这样的罪刑规范，但从这样的规范中，我们丝毫演绎不出上述规范仅适用于直接杀人的人而不适用于利用他人等其他手段间接实施杀人者。或许正是在这个意义上，我国有学者一针见血地指出，直接—间接模式虽然有一定的合理性基础，但这些合理性仅仅具有极为有限的意义。倘若要对共犯论进行彻底反省，以

① 江溯：《犯罪参与体系研究——以单一正犯体系为视角》，中国人民公安大学出版社 2010 年版，第 81 页。

实现共犯论的规范化，应当从放弃直接—间接模式开始。[①]也就是说，在与罪刑规范相关联的意义上，一切犯罪参与者，都是具体犯罪之罪刑规范直接适用的对象；一切犯罪参与行为，从本质上均直接违反了相关犯罪的罪刑规范。进一步分析可知，刑法条文是罪刑规范的载体，基于罪刑法定主义的要求，刑法必须明文、明确规定各种犯罪的成立条件，于是形成构成要件。根据刑法分则条文有关具体犯罪构成要件的描述，我们同样不能否认犯罪参与行为之于法定构成要件的直接该当性。诚如有学者指出，一个人的行为实现不法构成要件，实际上是一个语言理解的问题，刑法条文对构成要件的描述，其实也没有清楚到哪种程度，说一定要怎么样才算是实现法定构成要件。[②]事实也是如此，各国刑法有关故意杀人罪的描述往往是高度抽象的："故意杀人的，处……"从法文有关构成要件的描述中，我们无论如何也不能导出"该法文仅适用于直接实施杀人行为者而不能直接适用于犯罪参与者"这样的结论。易言之，在通过他人实现杀人意图的场合，一切犯罪参与者均直接满足了故意杀人罪的法定构成要件，根本不需要所谓的共犯"修正的构成要件"。

---

① 何庆仁:《共犯论中的直接—间接模式之批判》，载《法律科学》2014年第5期。

② 黄荣坚:《基础刑法学》(下)，中国人民大学出版社2009年版，第500页。

二、参与犯的违法性评价的基本向度

在明确了参与犯的构成要件符合性之后，其行为违法性的判断及思路也已然明晰：在犯罪参与场合，各参与者行为的不法性同样应为独立之判断。这一点可从“正犯后间接正犯”场合幕后参与者行为不法性的评价过程得到有力说明：幕后利用者或者基于优势认知，或者基于优势地位支配了整个犯罪活动的流程。在此过程中，被利用者的行为是否违法、程度如何、故意抑或过失不法，与幕后利用者行为之不法性及其程度评价无丝毫关系。易言之，幕后参与者支配了结果发生的原因，因此，法益侵害的结果理当归责于原因支配者，[①] 这是显而易见的道理。在此，有必要重新检讨共犯从属性理论这一历来的观念。

众所周知，德、日刑法通说主张共犯限制从属性说，而与该说直接关联的是共犯处罚根据论中的修正引起说与折中引起说。作为德国通说，修正引起说主张共犯之责任在于当正犯违反规范时，其起到了参与作用，共犯的不法性取决于正犯行为的不法性的原因与范围。[②] 与修正引起说不同，折中引起说则认为共犯透过正犯间接侵害构成要件保护的法益，共犯的不法是由侵害法益的独立、固有的要素和从正犯行为不法导致的从属的要素混合地构成。[③] 近

---

① 林东茂：《刑法纵览》（第七版），一品文化出版社 2012 年版，第 250 页。

② ［德］汉斯·海因里希·耶塞克、托马斯·魏根特：《德国刑法教科书（总论）》，徐久生译，中国法制出版社 2001 年版，第 829—830 页。

③ 陈子平：《共同正犯与共犯论——继受日本之轨迹及其变迁》，五南图书出版公司 1999 年版，第 327 页。

年来，我国有学者在共犯本质问题上也主张限制从属性说，[①]在共犯处罚根据方面支持修正引起说[②]或折中引起说[③]，主张共犯的不法从属或取决于正犯。究其原因，是认为共犯并非自身直接违反了法定构成要件所蕴含的刑法规范，共犯缺乏法定构成要件的直接该当性。有关这一基本立场的悖谬，笔者在前文已经进行了较为深刻的剖析，此处不赘。上述学说坚持共犯不法之于正犯的从属性，自然在不同程度上承认违法的连带性。但实践一再表明，同样的行为若由不同主体实施，其法律属性可能大相径庭，这一点就连修正引起论者也不得不承认。其实，各参与者的行为是否具有违法性，应当立足参与者及其行为与法定构成要件之间的关系为独立之判断。在利用他人该当构成要件行为遂行自己的犯罪的场合，利用行为违法与否的评价应仅就各参与者是否违背了相关犯罪的罪刑规范、是否该当法定的构成要件以及是否具有违法阻却事由等为个别且独立之分析。通说有关间接正犯尤其是“正犯后间接正犯”的评价过程不正是坚持这一思路吗？换句话说，利用行为的违法性与被利用行为的不法性没有丝毫关系，各行为人仅为自己的不法行为及结果负责。

---

① 钱叶六：《共犯与正犯关系论》，载《中外法学》2013 年第 4 期；张开骏：《共犯从属性理论的贯彻与应用》，载《中国刑事法杂志》2013 年第 3 期。

② 杨金彪：《共犯的处罚根据》，中国人民公安大学出版社 2008 年版，第 126 页；黎宏：《刑法总论问题思考》，中国人民大学出版社 2007 年版，第 511 页。

③ 张明楷：《刑法学》（第五版），法律出版社 2016 年版，第 407 页；周光权：《刑法总论》，中国人民大学出版社 2011 年版，第 226—227 页；陈洪兵：《共犯论思考》，人民法院出版社 2009 年版，第 21—25 页。

三、参与犯违法程度判断的应然维度

确立了参与犯违法性评价的基本向度后，紧接其后的无疑是如何评价各参与者的不法程度。在此，需要反思性检讨的是，参与形态应否是决定参与犯不法程度的唯一因素。如前所述，在奉行二元犯罪参与体系的国家，刑事立法在共同犯罪方面的显著特点是根据不同的犯罪参与形态为各参与者配置轻重有别的法定刑；与此相应，刑法理论与司法实务中区分正犯与共犯的重要意义即在于刑罚裁量。有鉴于此，德、日等国在正犯与共犯界分标准上由形式客观说转向了实质客观说，其理论也确实达至了分工分类法与作用分类法的同一。大量的教唆犯、帮助犯与组织犯被以间接正犯的形式囊括进正犯家族，导致正犯外延不断泛化，最终形成如下局面：德、日等国刑法上的正犯等同于我国刑法上的主犯，而其共犯则大致相当于我国刑法上的从犯。这一点可以从德、日刑法理论有关正犯与共犯界分标准的通说——犯罪事实支配理论、重要作用说得到有力佐证。根据重要作用说，正犯和共犯的区分标准在于对法益侵害结果之发生是否起重要作用，具体判断需综合考虑犯罪参与者内部地位、对实行行为加工之有无、样态、程度等因素。[①] 根据犯罪事实支配理论，正犯与共犯区分标准在于是否具有犯罪事实支配，即犯罪过程的核心人物是支配导致犯罪实现的人，而共犯对这一事件虽然同样有影响，但其实施并非决定

---

① 黎宏：《日本刑法精义》（第二版），法律出版社 2008 年版，第 255 页。

性的。[①]但不论是犯罪事实支配理论还是重要作用说，其主旨是一致的、意思是相通的：处于犯罪支配地位的人无疑在共同犯罪中起重要作用，游离于共同犯罪边缘的人只能对犯罪的完成起次要作用。换句话说，各参与犯的不法程度轻重有别，而决定或影响其不法程度轻重的因素无疑是多元而非单一的。在此，参与形态或者说在共同犯罪中的分工仅是评价参与犯不法程度诸多因素中的一个而已，其既非决定性的更非唯一的因素。对此进一步推演可知，在一个共同犯罪现象中，依据上述标准所确立的多个正犯（这是完全可能的）中，各正犯的不法程度恐怕也是轻重不等。因此，在共同犯罪场合，影响参与者行为不法程度的因素应当是多元的，这也决定了不法程度的评价是一个综合考量的过程，其不仅要考虑参与形式、参与程度，而且包括行为人所处的地位、共同的行动计划，乃至参与者的主观认知及其程度。此外，对各参与者的不法程度进行比较不仅可能而且必要。

第四节　我国刑法语境下间接正犯概念的消解

德、日刑法理论通说不仅承认间接正犯，而且有不断泛化之势；我国刑法通说也肯认刑法并无明文规定的间接正犯这一概

---

① ［德］克劳斯·罗克辛：《正犯与犯罪事实支配理论》，劳东燕译，载陈兴良主编：《刑事法评论》第25卷，北京大学出版社2009年版，第29页。

念[①]，间接正犯理论业已进入最高法院的视野，并在司法活动中发挥着实际作用[②]。在此基础上，围绕间接正犯的成立范围，学界目前大致形成了扩张论与限定论的基本对立。间接正犯扩张论者认为，德国及其他大陆法系国家关于正犯与狭义共犯的区分值得我们借鉴，而行为控制理论则充分显示了其优势。在行为支配理论视域下，对“正犯后间接正犯”边界归属的认定使间接正犯与教唆犯、帮助犯之间的灰色地带变得更加明朗和清晰，这不仅重新确立和巩固了间接正犯的独立地位，同时也使教唆犯、帮助犯等狭义共犯重回其核心领域，避免对狭义共犯的滥用。[③]与之相对，部分学者则主张应该限定间接正犯的成立范围，避免间接正犯的过度泛化。如有学者主张双层区分制，认为应当在定罪层面将共同犯罪人区分为正犯与共犯，而在量刑层面将其区分为主犯和从犯。据此，在德国成立“正犯后间接正犯”的情形，在我国刑法

① 高铭暄、马克昌主编：《刑法总论》(第五版)，北京大学出版社、高等教育出版社2011年版，第66页；张明楷：《刑法学》(第四版)，法律出版社2011年版，第366页。

② 陈兴良：《间接正犯——以中国的立法与司法为视角》，载《法制与社会发展》2002年第5期。

③ 王振、武立松：《论间接正犯概念的扩张——正犯后正犯》，载《湖南公安高等专科学校学报》2009年第2期；陈毅坚：《作为组织支配的正犯后正犯——支配性共谋的德国理解与中国问题》，载《北方法学》2010年第4期；廖北海：《间接正犯成立范围的扩张——以犯罪事实支配理论为视角》，载《湖北社会科学》2010年第11期；尹子文、徐久生：《行为控制理论下“正犯后正犯”的边界归属》，载《政治与法律》2014年第6期。

语境下，幕后利用者或者构成帮助犯，或者成立组织犯。[①]

一、围绕间接正犯肯定论的检讨

我国刑法理论通说肯认间接正犯，但在笔者看来，通说值得商榷。首先，考察间接正犯的缘起可知，间接正犯是德、日等国鉴于正犯·共犯二元立法模式的自身缺陷，为弥补刑法处罚漏洞而被迫“虚拟”出来以便“救急”的一个刑法学范畴。比较而言，我国刑法有关共同犯罪的立法并非二元区分模式。就此来看，我国并不存在间接正犯生成的刑事立法语境与前提。其次，联系德、日等国间接正犯的泛化趋势，其根本原因不正是为了在共同犯罪的刑罚裁量中实现罪刑均衡而又一次迫不得已的自我革新吗？反观我国，现行刑法并未针对正犯与共犯分别设置轻重有别的法定刑。在现行刑法语境下，参与形态与法定刑配置之间并无必然逻辑对应关系，这决定了我们无须基于罪刑均衡的考虑而被迫承认“正犯后间接正犯”。再次，承认间接正犯意味着须进一步明确其与教唆犯、帮助犯等狭义共犯的界限。但诚如所言，在法理上探讨各种界分标准显得极端抽象，继而使得正犯与教唆犯、帮助犯等概念像“被磨光的法理概念水晶球”，而由他们架构起来的法理的阶层共犯体系完全无法解决一些非典型的正犯、教唆犯和帮助

① 钱叶六：《双层区分之下正犯与共犯的区分》，载《法学研究》2012 年第 1 期；杨延军：《间接正犯的几个基本理论问题新探》，载《法商研究》2010 年第 6 期。

犯形态。[①]更何况，伴随着间接正犯的泛化，间接正犯与教唆犯、帮助犯等狭义共犯之间的界限在理论上越发模糊，甚至出现教唆犯、帮助犯等狭义共犯（间接）正犯化现象。就此而言，我们实在看不出部分学者所声称的“对‘正犯后正犯’边界归属的认定使得间接正犯与教唆犯、帮助犯的灰色地带变得更加清晰”，我们更没有发现“正犯后正犯”的确立“重新确立和巩固了间接正犯的独立地位，同时也使教唆犯、帮助犯等狭义共犯重回其核心领域”。[②]相反，我们看到的是正犯与共犯关系更显混乱，甚至存在“指鹿为马”的现象。前述日本刑事司法实践也一再证明，这种界分费时费力，而其意义实在是微乎其微。既如此，我们还有必要耗费心血与资源进行区分吗？最后，如前所析，在正犯·共犯二元立法模式下，承认并不断扩张间接正犯，严重背离了该模式得以建构的逻辑前提——限制的正犯概念，从根本上给予该体系以毁灭性打击，最终彻底滑向了扩张的正犯概念与统一正犯体系。诚如有学者指出，一旦承认了“正犯后间接正犯”，被利用人的行为是否构成犯罪，就间接正犯而言，已经没有任何意义，结果是只要透过他人之手实现犯罪，就是间接正犯。这一切显示了通说已经走到了扩张正犯概念的门前，只差没跨过门槛而已。[③]申言之，

---

① 许玉秀：《当代刑法思潮》，中国法制出版社 2005 年版，第 554 页。

② 尹子文、徐久生：《行为控制理论下“正犯后正犯”的边界归属》，载《政治与法律》2014 年第 6 期。

③ 蔡圣伟：《论间接正犯概念内容的演变》，载陈兴良主编：《刑事法评论》第 21 卷，北京大学出版社 2007 年版，第 73—74 页。

德、日等国立法虽奉行正犯·共犯二元犯罪参与体系，但解释论上则以扩张的正犯概念与统一正犯体系为理念展开。既如此，我们何不径直以扩张的正犯概念作为犯罪参与理论逻辑解释的起点呢？毕竟将我国共同犯罪立法解释为以扩张的正犯概念为基础的统一正犯模式是完全可能的。在统一正犯体系下，坚持扩张的正犯概念，所谓的间接正犯原本即为正犯，并无特别说明之必要。

二、对间接正犯消解方案的合理选择

有鉴于此，近来我国有学者提议应消解间接正犯概念，按照立论根据与间接正犯消解的方法路径，大致形成三种代表性意见：

其一，立足行为共同说与限制从属性说，主张间接正犯消解论。如有学者分析指出，在行为共同说和限制从属性说之下，根本不需要间接正犯概念；承认间接正犯会导致构成要件认定上的松弛，危及罪刑法定原则；肯定间接正犯导致限制的正犯概念崩溃，滑向扩张的正犯概念上甚至单一正犯体系上去。继而认为在否定间接正犯概念之后，对原来被视作间接正犯的犯罪类型，可以共同犯罪进行处理。具体来说，就原本成立间接正犯的案件来看，原则上按照教唆犯予以处理，并且最终按照本人的主管责任承担刑事责任。例外情况也有可能将间接正犯依照正犯处理，也可能成立帮助犯。[①]

---

① 黎宏、姚培培：《间接正犯概念不必存在》，载《中国刑事法杂志》2014 年第 4 期。

其二，从立法论层面出发，基于维持限制的正犯概念与二元参与体系的考虑，在正犯与共犯界分标准上主张形式客观说，在正犯与共犯的关系上采最小从属性说，继而将间接正犯所有类型均纳入共犯范畴。比如，阎二鹏教授即指出，基于构成要件符合性的观念不同，所形成的限制正犯概念与扩张正犯概念是建构犯罪参与理论的根本，在两种基本立场之下，间接正犯均无存在的必要：在扩张正犯概念下，刑法所关心的只是行为人是否支配了法益侵害的实现，至于是直接支配还是利用他人间接支配了此一法益侵害，都只是对现象的描述，而没有规范意义，间接正犯与直接正犯在“支配”的观念下一样，没有区分的必要。在限制正犯体系下，于维持理论立场的一贯性与处罚的合理性的价值追求下，经过前述种种理论改造，所有的间接正犯类型必须还原为共犯，即必须废弃间接正犯的概念，还限制正犯体系本来面目，否则，间接正犯概念的存在只会使通说所建构的犯罪参与体系自相矛盾。①

其三，主张我国共同犯罪立法应属统一正犯立法模式，继而立足扩张正犯论否定间接正犯概念。比如，刘明祥教授指出，我国刑法在犯罪参与体系的问题上，采取不区分正犯与共犯的单一正犯体系，因此并无间接正犯概念赖以依存的法律基础；在我国，采用间接正犯概念不仅不能合理解决相关问题，而且在处理有关案件时存在明显的弊病；在不采用间接正犯概念的同时，运用单一

---

① 阎二鹏：《犯罪参与体系之比较研究与路径选择》，法律出版社2014年版，第187页。

正犯体系，反而能更好地解决相关问题，还有操作更为便捷、易于司法人员掌握等优点。[①]

不得不承认，前两种方案有一定合理性：将间接正犯的类型纳入共犯范畴，不仅维持了限制的正犯概念的基本立场，而且保证了二元犯罪参与体系逻辑论理上的一贯性。在此基础上，根据我国刑法相关规定，将教唆犯或帮助犯再以主犯或从犯论处，这较好地解决了犯罪参与场合刑罚裁量过程中的罪刑均衡问题。[②] 但是，笔者以为，前两种方案仍有进一步商榷的空间：首先，共犯从属性的逻辑本身就值得检讨与批判。共犯行为是否该当法定构成要件、其该当构成要件的行为是否违法以及有责与否，难道不是应该分别且独立地判断吗？正犯行为缺乏构成要件符合性或者违法性难道就必然能否定共犯行为的构成要件该当性或违法性吗？例如，甲教唆乙自伤的场合，虽然乙的自伤行为欠缺构成要件符合性，但难道就能据此否定甲的教唆行为不构成故意伤害罪吗？我国《刑法》第 29 条第 2 款有关教唆未遂的规定也有力地说明，即便缺乏正犯的构成要件行为，教唆者也可以构成所教唆的犯罪。其次，上述做法无疑会使共犯概念变得松弛，其可罚性范围将会被扩大。不仅如此，这会在另一个层面严重背离二元犯罪参与体系的基本理念，即共犯立法属于“刑罚扩张事由”，必须严格予以

---

① 刘明祥：《间接正犯概念之否定》，载《法学研究》2015 年第 6 期。

② 正是基于这种考虑，笔者也曾于较早时候提出了“双层次的共犯评价理论”。张伟：《我国犯罪参与体系与双层次共犯评价理论》，载赵秉志主编：《刑法论丛》2013 年第 4 期。

限定之；当正犯被认定为从犯而教唆犯或帮助犯等共犯反而被认定为主犯时，这种背离无疑越显夸张。再次，在立法严格区分正犯与共犯却并未据此配置轻重有别的法定刑的背景下，上述做法或许不失为一种可行的方案，但在我国刑法并未明确区分正犯与共犯的背景下，上述方案似乎有“自设困局、自我超越”之嫌。在此，我们也丝毫看不出区分正犯与共犯的实际意义何在。最后，不论是坚持限制从属性说还是最小从属性说，均不可能将一切原本以间接正犯论处的情形毫无遗漏地纳入共犯范畴。例如，自伤行为压根儿缺乏故意伤害罪的构成要件符合性。在甲唆使乙自伤的场合，由于乙的自伤行为不具有构成要件符合性，更缺乏违法性，不论是按照限制从属性说还是最小从属性说，甲的教唆行为都不可能被认定为教唆犯，但这仍旧会形成处罚漏洞。

比较而言，笔者以为，上述第三种方案是妥善的。如前所述，限制的正犯概念与二元犯罪参与体系发展至今，在实质刑法解释尤其是在以犯罪支配理论为指导理念发展起来的实质正犯论的驱动下，已然突破重重禁令，亦步亦趋地走向扩张的正犯概念与统一正犯体系。毫不夸张地说，是以扩张的正犯概念为指导观念对二元犯罪参与体系展开解释。尤为重要者，我国现行刑法有关共同犯罪的立法精神及价值旨趣与统一正犯体系不谋而合。既如此，我们完全可以扩张的正犯概念为基础构建我国的犯罪参与理论。在此，一切支配结果发生的原因者，皆为正犯；一切正犯皆为该当法定构成要件者，并无区分直接与间接之必要。

05

第五章　过失共同正犯与犯罪参与理论

CHAPTER

德、日等大陆法系国家刑事立法及法教义学通说虽普遍承认故意的共同正犯，却普遍否定过失共同正犯。审视近来中外相关学说与判例，过失共同正犯肯定论逐渐强劲，甚至有替代否定论而为通说之势。类型化研究过失共同正犯所涉情形，深刻分析其核心问题及争论之实益，反思性检讨中外相关学说与判例，深入探讨共同正犯之本质与行为构造，以此为基础分析研究过失共同正犯所涉犯罪参与形态之处置方案，总结处理共动现象之基本思考向度，透过过失共动之处置方案深度揭示其体系性价值与指向，是为本章之研究任务与思考脉络。

第一节 过失共同正犯所涉问题及其实益

一、过失共同正犯可能涉及的共动现象及其设例

作为研究的逻辑起点，有必要就过失共同正犯可能涉及的共动现象进行类型化归纳。有关过失共同正犯的检讨历来多以作为形式的过失犯罪为研究范本，事实上以不作为方式的过失犯罪展开反思性研究也是可能的，设例一：主人雇佣甲、乙二女仆照料三周岁之幼儿，甲沉溺于电玩游戏、乙忙于电话热聊，幼儿于无人照看之际从五楼阳台坠入楼下死亡。在共同作为形式的过失犯罪中，最为典型者莫过于设例二：工人丙、丁于高楼施工现场，共抬钢材两端扔于楼下，因事先怠于观察将过路行人砸死。在共同作为形式的过失犯罪中，根据参与行为与结果之间的因果关系是否能够确定，亦存在不同情形：共同的危险行为引致法益侵害的场合，但各参与行为与法益侵害结果间因果关系无法查明，如设例三：游人戊、己闲极无聊之际从山坡上往山坡下交互推落两块大石，其中一块大石正好击中从山坡下路过的渔夫，并致渔夫死亡，但不能确定到底是戊或己中哪个人推落的大石击中渔夫。在此，是否以及如何对实施共同危险行为的戊、己进行客观归责成为问题之关键。即使在因果关系清楚明确的情况下，问题依然存在，如设例四：

猎人庚、辛于林中狩猎，误将过路人当作猎物，基于主观上的意思联络而同时开枪射击，庚发射的子弹击中行人并致其死亡，辛并未击中目标。庚构成过失致人死亡罪当无疑问，有问题的是辛是否也应对行人死亡的不法结果负责？此外，作为过失共同正犯的延伸，在结果加重犯的场合，仍然存在是否肯认结果加重犯的共同正犯，如设例五：劫匪壬、癸共谋劫取过路人之财物，由壬对过路人进行暴力压制，癸趁机取得财物，但被害人却因壬之超强度暴力而重伤死亡。在此，壬、癸是否构成抢劫罪之结果加重犯的共同正犯，尚存争议。

二、问题之关键及其实益

刑法中共同犯罪理论以犯罪参与现象为研究对象，其主要任务在于确定各参与行为的不法，即在共动这一集体现象中分别考察各犯罪参与行为的构成要件符合性与违法性。在参与行为的构成要件符合性判断阶段，参与行为与结果间的因果关系成为重点考察之内容。共动现象的复杂性注定了其因果关系的判断并非易事，诸如设例四中通过自然的观察虽能否定猎人辛的射击行为并非路人致死的原因，但能否就此径行否定其射击行为与路人死亡之间的因果性，不无疑问。另，即使能够确定参与行为与不法结果之间的因果关系，但是否具备可罚的违法性，仍需深入研究，例如，乘客要求出租车司机超速行驶致使车祸发生的场合，虽能确定乘客的要求与车祸之间的因果性，但未必以交通肇事罪的教唆犯定罪处罚。诚如日本学者所言：“共犯论的核心，是能否认定共犯行为（共同或间接）引起了法益侵害、危险的共犯的因果性问题，以及在具有因果性的前提下，将共犯的构成要件限定在何种范围的共犯的限定性问题。”①

不可否认，即使在过失犯罪中，亦存在共动现象。但是否有必要采用过失共同正犯，或者确立过失共同正犯的实益何在，则见仁见智。过失共同正犯肯定论者认为其意义有二：第一，虽由共同行为人中之一人行为导致结果发生，其他行为人亦须共同负责；第二，当无法证明究竟系何人行为导致结果发生时，全部行为人皆应负责。②日本学者大谷实亦就此指出：从有关共同行为所发生的过失犯的情况来看，虽可肯定共同行为人中有一方具有过失，但结果和各个过失行为之间的因果关系不能确定，或者即便能够确定，但是作为单独的过失犯来把握的话，只能说是轻微的过失，不能满足人们的处罚感情。此外，对于高度危险的共同行为，在作为单独犯的场合，即便是轻微的过失，也可能导致重大犯罪结果的发生，因此，将其作为共同行为人整体的行为来把握，不仅处罚得当，而且从预防犯罪的角度来看，也有必要。③一言以蔽之，确立或承认过失共同正犯旨在援引并适用共同正犯

---

① ［日］佐伯仁志：《刑法総论の考え方・楽しみ方》，有斐阁 2013 年版，第 370 页。

② Exner，Fahrlässiges Zusammenwirken，Festgabe für R.Frank，Bd. I，1930，S.585ff. 转引自余振华：《刑法深思・深思刑法》，元照出版公司 2005 年版，第 231 页。

③ ［日］大谷实：《刑法讲义总论》，黎宏译，中国人民大学出版社 2008 年版，第 378 页。

的归责原理——部分实行全部责任。对此，反对意见认为，承认过失共同正犯并无任何实益。一件事物或观念之存在以其存在之必要性为判断根据，倘若欠缺了必要性便无法赋予其存在的根据。如果在刑法的教释学中已经有其他的法样式能够说明过失共同正犯所要去说明的问题时，就没有必要再去人为生成过失共同正犯这样的形态来解决，这是一种科学性的经济原则。[①]将过失共同作为作为同时犯来处理即为已足。在个人都符合过失正犯的前提下，凡是为共同因果性的犯行贡献行为者，便已符合了同时犯的条件，而能够以同时犯来加以处罚。若过失行为与结果间的因果关系存在疑问时，应根据存疑有利被告原则宣告数参与人皆不成立犯罪。[②]否认过失共同正犯意味着反对将共同正犯的法效果适用于数人过失行为惹起同一结果的场合。概言之，肯定或否认过失共同正犯在下述三个问题上存在实益：其一，数人过失行为惹起同一结果但因果关系不能确定的情况下，能否将不法结果客观归责于全体过失行为参与者，如设例三与设例五；其二，在相互关联的共同过失行为中，仅由其中一部分参与行为惹起不法结果时，应否将该不法结果客观归责于其他过失参与者，如设例四；其三，在各过失参与行为均构成犯罪的情况下，过失的共同

---

① 张丽卿：《刑法总则理论与运用》，五南图书出版公司2007年版，第395—400页。

② 周庆东：《过失共同正犯——以德国学说为考察中心》，载《鸟瞰共同正犯》，台湾承法数位文化有限公司2012年版，第143页。

正犯与过失的同时犯在刑罚裁量方面是否存在差别，如设例一与设例二。

第二节 过失共同正犯的理论与实践及其检讨

一、过失共同正犯否定论的理论与实践

过失共同正犯否定论系德、日刑法理论的通说。因理论根基与出发点各异，围绕否认过失共同正犯复形成诸多不同见解：（1）基于实定法立场的否定论；（2）立足共同正犯本质的否定论；（3）基于犯罪过失与过失犯本质的否定论。立足实定法否认过失共同正犯者诸如德国学者 H. Hälschner、K.Schacht、A.Köhler 等，其认为数人共同行为，因过失而实现一个犯罪行为之情形，在理论上系属可能，唯法律上于该种情形下并未预设成立共同正犯。如 K.Schacht 认为，假如《德国刑法典》第 48 条、第 49 条系要求故意之共犯而言，将会与共犯规定产生矛盾，结果必须否定过失共同正犯。[①] 立足刑法以处罚过失犯为例外且须以明文规定为限，该意旨同样应适用于共同犯罪。将上述精神适用于共同正犯的场合，排除了对共同过失行为者之处罚，否则即是对罪刑法定

① K.Schacht，Das fahrlässige Zusammenwirken mehrerer Personen [Str. Abh.106] 1906，S.37，auch S.36. 转引自余振华：《刑法深思·深思刑法》，元照出版公司 2005 年版，第 210 页。

主义的背离。不仅如此，当共同行为人中仅部分的人造成结果，而无法透过因果关系的检验来确定何者造成结果时，按照罪疑唯轻的法理，便要将所有的人视为无罪。而过失共同正犯的设计却是在无法确定造成结果的特定行为人时，一律将所有的人视为过失犯，此有违反罪疑唯轻的法理之虞。① 基于共同正犯本质主张否定论者复因对共同正犯存在不同解读而略有区别：其一，立足犯罪共同说这一传统观点认为，共同实行的意思是行为人就特定的犯罪以故意为共同，故共同正犯一般只存在于故意犯的场合。如泷川幸辰教授认为，共同正犯在主观方面显示出其固有的特质：各参与者补充了他人的行为，同时认识到自己也被他人的行为补充，且须按照这一认识去实施行为。依靠相互补充且配合的行为实现同一目标，这种决心是共同正犯独有的特征，而该种心理状态只存在于故意犯罪之中。数人由于过失引起符合构成要件的结果时，应作为数个过失犯处理。② 其二，基于共同意思主体说而主张否定论者认为，二人以上行为人基于共同犯罪之目的而合为一体，因而产生特殊的社会心理现象，此时实行某特定犯罪必须是属于故意犯的场合，只因为倘若未围绕一定目的而相互了解，则对于所产生的特殊心理现象并无特殊看待

① 周庆东：《过失共同正犯——以德国学说为考察中心》，载《鸟瞰共同正犯》，台湾承法数位文化有限公司 2012 年版，第 138 页。

② ［日］泷川幸辰：《刑法讲义》，弘文堂 1930 年版，第 263 页。

处理的必要，继而否认过失犯的成立共同正犯。[①] 其三，认为共同正犯的本质在于机能的行为支配者认为，共同正犯的归责要件包括共同的犯行决意与共同的犯行支配。[②] 过失犯的场合，数人的共同作用欠缺了关键要素——犯行决意，也缺乏基于机能的角色分配与分工而形成共同的犯行支配，故应一般性地否认过失共同正犯。从过失犯的本质出发否认成立过失共同正犯的论者认为，过失犯的本质要素系注意义务之违反，其存在论之基础当在行为最深层之意识下的人格中。过失行为在主观层面由认识跨越至无认识领域，但认识部分并非过失行为之本质，以认识为意思联络之基础探讨过失犯成立共同正犯，不符合过失犯的本质。[③] 此外，有学者认为正犯与共犯的区别是在能够区分参与形态的前提下进行的，过失犯的场合并不存在上述判断的余地，故过失犯领域应适用统一正犯概念，而没有必要采取过失共同正犯的法样式。[④]

德国刑事司法实践中历来否认过失犯成立共同正犯，在早期的

---

① ［日］齐藤金作：《刑法总论》，1955 年改订版，有斐阁 1955 年修订版，第 233 页。

② ［德］约翰内斯·韦塞尔斯：《德国刑法总论》，李昌珂译，法律出版社 2008 年版，第 293—296 页。

③ ［日］团藤重光：《刑法总论纲要》，日本创文社 1957 年版，第 299 页。

④ Lackner/Kühl，Strafgesetzbuch Kommentar，26. Aufl.2007，Vor § 25Rn.2. 转引自余振华：《刑法深思·深思刑法》，元照出版公司 2005 年版，第 211 页。

"脚踏车案"[①]中，德意志帝国法院以前面骑自行车的人并不具有保证人地位为由，否定二人行为具有共同的过失；在稍后的"盗窃失火案"[②]中，上诉审法院以过失犯不可能成立共同正犯为由，认定甲无罪，甚至认为甲、乙二人均无防止任何对方因过失而引起火灾的先行行为作为义务，继而亦排除成立不作为的失火罪的可能。[③]在最近的"皮革喷剂案"[④]中，德国联邦法院态度鲜明地认定被告等人基于先行行为的保证人地位，未回收劣质产品的不作为行为构成危险伤害（故意犯），但对制造产品之过失伤害部分，并未明确予以认定，即对肯定过失伤害与否仍持保留态度。[⑤]日本在战

① 案情大致如下：兄弟二人于日落之后，因为醉酒而未于其自行车上开灯，一前一后骑自行车回家途中，行于后方的一人与迎面而来的自行车相撞，造成对方死亡。

② 案情大致如下：甲、乙二人潜入某工厂行窃，用一根火柴棒照亮后将火柴棒丢弃，遂因此而引燃工厂内易燃物继而引发大火将工厂烧毁，但引起火灾之火柴棒究竟系甲、乙二人中何人所抛弃无法确定。

③ 余振华：《刑法深思·深思刑法》，元照出版公司2005年版，第211—212页。

④ 案情大致如下：某公司所生产了一款喷雾式皮鞋亮光器，但使用该产品的消费者却出现了呼吸困难、呕吐等伤害结果，事发后制造公司与销售公司均接到相关报告，但并未采取及时回收该产品的措施。

⑤ 对此，有学者认为虽然法院的判决没有明确使用过失共同正犯概念，但实质上已经承认了过失共同正犯。[日]内田文昭：《有关过失共同正犯理论之近况》，载《研修》第542号，第31页以下。但在笔者看来，判决肯定被告人等构成过失伤害罪并不必然意味着正面肯认了过失犯可成立共同正犯，即未必是依据共同正犯理论肯定上述被告人各自行为的不法与有责性。易言之，否认过失共同正犯并不必然意味着本案被告人等各自不构成过失伤害罪。

前的大审院时代对过失共同正犯即采否定见解，如针对过失伤害案件认为，过失犯并不存在共犯关系，即使行为人与他人的过失行为系导致伤害的共同原因，行为人亦无须对其他共同行为人导致他人伤害的结果负责。申言之，共同过失行为因过失而对他人造成伤害时，无须认定为共同过失责任，而应由各行为人对该伤害结果各自负责。战后，立足过失共同正犯否定论的判例亦并不鲜见，例如共同担任外科手术的两名外科医生指示护士为病人进行注射，均怠于监督，且在护士误认注射液的情况下，导致患者中毒死亡的案件。判决认为，在两名医生对患者共同进行治疗且难以区分责任轻重的场合，只要医生存在业务上的过失，除非明显地确认医生对其过失无责任或就特定治疗严格的界分其责任外，应由共同诊疗的医生共同负责，继而认为本案两名医生与护士的行为系过失的竞合，并非刑法上的共犯。[①]我国台湾地区实务部门有关过失共同正犯历来的态度是，“共同正犯之成立必须数人间有共同之行为决意，即共同正犯以二人以上实施犯罪行为，有共同故意为要件；至于过失行为并无成立共同行为决议之可能，是若二人以上同有过失行为，纵于其行为皆应负责，只能成立过失犯之同时犯”[②]。

---

① 广岛高等裁判所 1957 年 7 月 20 日《高等裁判所刑事裁判特报》第 4 卷追录，第 696 页。

② 林钰雄:《新刑法总则》，中国人民大学出版社 2009 年版，第 334 页。

二、过失共同正犯否定论之检讨

在笔者看来，过失共同正犯否定论并非没有深入检讨的必要。首先，立足共同正犯的本质与归属原理探讨应否承认过失共同正犯本不失为最彻底的思考方向，但立足“数人一罪”的犯罪共同说，其根基在长时间的理论争辩与实践洗礼后，已然被证伪，[①]继而为了满足“数人一罪”的理论预设而要求“共同犯罪的意思联络”更是不必要的。立足共同意思主体说与机能的行为支配理论诠释部分故意共同正犯并非不可以，但终归不具有普遍的解释效力，[②]据此，否认过失犯成立共同正犯更是缺乏说服力。其次，针对立足过失犯本质而否认过失共同正犯的观点，有论者从正面予以批评，认为故意行为是以认识构成要件结果为本质，而过失行为属不注意而未认识构成要件结果，此种不注意或无认识正是过失行为的本质，以涵括过失犯本质要素的有意识行为为基础论证过失犯的共同正犯，并非无法论及过失犯的本质。[③]再次，在笔者看

---

① 犯罪共同说由早期严格的完全犯罪共同说到完全犯罪共同说再到部分犯罪共同说，已然放弃了“数人一罪”的基本立场而倾向了“数人数罪”。

② 在笔者看来，共同意思主体说原本是为证成共谋共同正犯而提出的，但即使在故意犯的共同正犯的场合，也并不必然以“共谋”为必要，而在“共谋”的基础上数人由“异心别体”变为“同心一体”不能不说对成立共同正犯提出了过分苛刻的要求；而在德国学者 Herberg 看来，由罗克辛提出的机能的行为支配论就不能解释附加的共同正犯。[日]高桥则夫:《共犯体系和共犯理论》，冯军等译，中国人民大学出版社 2010 年版，第 252 页。

③ [日]木村龟二:《过失犯之共同正犯》，载平野龙一、大塚仁、福田平主编:《刑法演习·刑法总论》，有斐阁 1960 年版，第 177 页。

来，不论是立足共同正犯本质抑或是过失犯之本质否认过失共同正犯者，其共同且最有力的否定理由是，过失犯的场合缺乏共同犯罪的意思联络或共犯故意。这种思考基本以故意犯的共同正犯为蓝本或模型检讨过失共同正犯，属于典型的先入为主。诚如部分学者指出的，共同行为决意是从故意犯罪发展出来的标准，而不是从共同正犯衍生出来的，过失犯并不需要以故意犯的标准为根据。[①]考察德国与日本的实定法，条文只规定"两人以上共同实行犯罪的，都是正犯"，并未将共同正犯限定为故意犯罪，就此而言，立足实定法的否定论也是值得商榷的。最后，由于通说更多的是在归责层面上把握共同正犯，否定过失犯成立共同正犯，恐怕还会造成刑法保护法益乏力，继而形成处罚上的间隙。当相关案件能够以过失犯的竞合或过失同时犯予以认定时，例如上文设例一与设例二的场合，固然不存在上述疑虑；但在因果关系无法查清或者因果关系判断相对复杂时，诸如设例三与设例四的场合，否认过失共同正犯的学者通常根据"疑罪从无"而认定各参与者无罪，这恐怕在很大程度上与国民的法感情相冲突。或许也正因如此，有学者感慨道，"出现这种情况确实是人们所不愿意看到，但也是一种无奈的选择"[②]。"疑罪从无"的原则固然理应坚持，但在法益遭受重大侵害、亟须刑法予以保护时，借此机会检

---

① Vgl.Weißer, Bettina, Kausalitäts-und Täterschaftsprobleme bei der strafrechtlichen Würdigung pflichtwidriger Kollegialentscheidungen, 1996, S.148f. 转引自邹兵:《过失共同正犯研究》，人民出版社 2012 年版，第 93 页。

② 黎宏:《过失共同正犯质疑》，载《人民检察》2007 年第 14 期。

讨过失共同正犯否定论，认真思考其他可能的解决方案，为犯罪参与理论研究提供崭新的研究视阈与思考方向，不失为一种值得肯定的努力！

三、过失共同正犯肯定论的理论与实践

理论上肯定过失共同正犯的学说基本沿下述两个方向展开思考：立足共犯本质论的立场以及基于风险创设与注意义务共同违反性的立场。首先，立足共犯本质论肯定过失共同正犯者，首推行为共同说。主张行为共同说继而肯认过失共同正犯是顺理成章的。在行为共同说看来，成立共同正犯，只要有相互利用、补充他人的行为的意思与事实就够了，共同实现过失犯的场合也完全满足上述条件。① 基于犯罪共同说否认过失共同正犯虽为历来的通说，但近来也出现了以犯罪共同说为基础肯定过失共同正犯的观点，认为过失犯的场合也存在实行行为，当行为人之间具有共同实施该危险行为的意思及其事实时，也可以认定过失共同正犯。② 笔者以为，不论是立足行为共同说抑或是犯罪共同说继而肯认过失共同正犯，其共性在于区分“犯罪故意”与“行为意思”，认为共犯关系中共同行为之主观方面只要存在“意思的共同”即可，并不需要就特定的不法结果有共同的认知。德国学者 R.Frank 即认为，

---

① ［日］牧野英一：《刑法总论（上）》，有斐阁 2001 年版，第 248—460 页。［日］木村龟二：《刑法总论》，有斐阁 1984 年版，第 405 页。

② ［日］福田平：《刑法总论》，有斐阁 2004 年版，第 270 页。

在成立过失共同正犯之情形，共同正犯之主观要件系多数行为人彼此间就犯罪行为相互了解，而所谓相互了解，并非指必须了解某特定结果发生之情形而言。[①]日本的山口厚教授亦持此立场，“对于构成要件该当事实的因果性为共同正犯中‘部分实行全部责任’奠定了基础，这种因果性由物理的因果性和心理的因果性构成。但物理的因果性和有无故意是没有关系的，即便没有共同的故意，通过关于构成要件该当行为之实行的意思联络等，也能肯定心理的因果性”[②]。其次，承上所述，由于成立共同正犯可以不考虑共同的“故意”，继而立足过失犯之风险创设与注意义务违反论证过失共同正犯就变得可能。德国学者罗克辛教授曾认为，若根据过失犯的归责结构来看，通过在结果中实现一个由多人共同创设的不容许的危险时，过失的共同实行人就存在了。[③]德国学者 Küpper 认为，数行为人有意识且有意欲地共同实行本身带有违法义务的结果惹发的行为，当该不法结果实现时，便可将其归责为过失共同正犯。这是一种复数参与人彼此间对行为的交互承诺，而该行

---

① R.Frank，Das Strafgesetzbuch fürr das Deuthsche Reich，18.AUFL.1931，S.115. 转引自余振华：《刑法深思·深思刑法》，元照出版公司 2005 年版，第 201 页。

② [日] 山口厚：《刑法总论》，付立庆译，中国人民大学出版社 2011 年版，第 362 页。

③ [德] 克劳斯·罗克辛：《德国刑法学总论》（第 2 卷），王世洲等译，法律出版社 2013 年版，第 74 页。

为却又是以谈合的形式表现出义务违反性。[①] 日本学者大塚仁亦持此说，认为“在法律上对共同行为人科以共同的注意义务时，如果存在可以认为共同行为人共同违反了其注意义务这种客观的事态，就可以说在此存在过失犯的共同正犯的构成要件符合性，进而，在也承认各个共同行为人存在责任过失时，不是就可以认为成立过失犯的共同正犯吗？”[②] 此说在日本获得了多数学者的支持，目前基本确立了其通说地位。[③]

如前所述，到目前为止，还很难说德国的刑事司法实践中已经明确肯认过失共同正犯，但战后的日本，肯定过失共同正犯的判例占大多数，最具代表性者莫过于①最高裁判所 1953 年 1 月 23 日第二小法庭判决，②名古屋高等裁判所 1986 年 9 月 30 日判决以及③东京地方裁判所 1992 年 1 月 23 日判决。在判例①中，共同经营饮食店的两名被告人，因为不注意而没有检查所贩卖的酒类中是否含有甲醇，在贩卖的意思联络下将该酒类卖给多名消费者，导致多人死伤。原审判决认为两被告违反了日本的《有毒饮食物取缔法》第 41 条、第 60 条的规定而构成过失共同正犯。辩护律师以不存在犯意的通谋这一共同正犯的必备要件

---

① Küpper，Zur Abgrenzung der Täterschaft，GA1998，S.527. 转引自周庆东：《过失共同正犯——以德国学说为考察中心》，载《鸟瞰共同正犯》，台湾承法数位文化有限公司 2012 年版，第 167 页。

② ［日］大塚仁：《刑法概说（总论）》（第三版），冯军译，中国人民大学出版社 2003 年版，第 292 页。

③ ［日］佐久间修：《共同过失与共犯》，林亚刚译，载马克昌、莫洪宪主编：《中日共同犯罪比较研究》，武汉大学出版社 2003 年版，第 59 页。

为由提出上诉。最高裁判所依据饮食店由两被告共同经营、两被告对所卖酒类有意思的联络，继而认为原审法院认定两被告之间成立共犯关系是合理的。[①]易言之，本案的特点在于其从行为的意思联络角度论证过失犯成立共同正犯。判例②中，两名被告系铁厂的工作人员，主要从事电气熔接工作。两被告在施工现场作业时，一方进行焊接工作，另一方防止焊接的火花溅到其他物品上引起火灾。两人轮流交替作业，因其中一人因怠于履行防止火花四溅的义务而引发火灾。原审法院认定两名被告构成失火罪的同时犯，但名古屋高等法院认为，本案两名被告因违反共同注意义务而导致火灾，并非业务上失火罪的同时犯，由其承担共同正犯的责任才是妥当的。[②]与前述判决从意思联络角度肯定过失共同正犯不同，本案主要立足过失犯的视角论证过失犯成立共同正犯的可能与条件，并且要求过失共同正犯的成立以共同注意义务的违反为必要。判例③中，两名被告系在地道内从事通信线路装配与修理工作者，当找到电缆的断线点时，两被告退出地道商量如何解决，但在其退出之际因为疏忽并未检查乙炔灯是否熄灭，以致该乙炔灯引燃了防护套，烧毁诸多电话电缆，且火势有波及附近电话局的严重危险。对此，东京地方裁判所认为，虽然过失犯的共同正犯素来存在诸多争议，但在可预想

---

① 最高裁判所1953年1月23日，《最高裁判所刑事判例集》第7卷第1号，第30页。

② 名古屋高等裁判所1986年9月30日，《高刑集》第39卷第4号，第371页。

到会对社会生活发生重大危险的场合，各行为人就负有相互利用、补充的共同注意义务。在负有共同注意义务的共同作业者间，如果存在共同违反义务的行为，则其全体应当成立过失犯的共同正犯，对于所发生的不法结果之全部，应负共同正犯之责任，此并不违反刑法上的责任原则。[①]

四、过失共同正犯肯定论之检讨

近年来，立足共同正犯之本质肯认过失共同正犯在日本学界逐渐变得有力，但仍存在诸多值得深入检讨的空间。以犯罪共同说为基础主张过失共同正犯者，给人以“为了承认过失共同正犯而承认”的感觉。正如批评者所言，过失共同正犯的捍卫者们……并不是从某种根本的崭新的共同正犯概念发展提出这个要求，而只是为了在某些特定的个案中获得所希望的结论。[②]尤为严重的是，其承认过失共同正犯的论理与犯罪共同说的基本立场越走越远，甚至一边倒地滑向了行为共同说，不能不说这种努力是得不偿失的，此其一；其二，为了承认过失共同正犯，主张犯罪共同说的论者将共同的犯意修订为共同行为的意思，与行为共同说一样，以此作为对各参与者进行主观归责的基础，但这仍有悖于过失犯的基本构造与归责原理。即在缺乏对构成要件

---

① 东京地方裁判所 1992 年 1 月 23 日《判例时报》第 1419 号，第 133 页。

② [德]普珀：《反对过失共同正犯》，王鹏翔译，载《东吴法律学报》2006 年第 3 期。

该当事实的认识与预见可能性的情况下，即使存在实施（危险）行为的意思，也并不意味着可以理所当然地对其进行刑事归责。在所谓的过失共同正犯的场合，各参与人是否存在上述认知与预见，仍然需要个别判断，更不可能存在共同的预见。其三，与犯罪共同说相比，行为共同说并未在“犯意的共同”而是在“意思的共同”层面把握各参与者的“意思联络”，并以此作为成立包括过失共同正犯在内的共同正犯的主观要素。在成立共同正犯要求某种程度的主观的意思联络或共同的情况下，行为共同说与犯罪共同说相比，无疑很大程度上扩大了共同正犯乃至共犯成立的范围，客观上亦为承认过失共同正犯留出了空间。但在笔者看来，既然在“实现不法的一种方法类型”意义上把握共同犯罪，为何还痴痴执迷于“共同的犯意”或“行为的意思联络”呢？易言之，共动现象之存在并不以共同的犯意或意思联络为必要。就此而言，行为共同说有关犯罪参与这一现象的规范理解本身也是有问题的，其有关共同犯罪范围的厘定注定是狭隘的，在部分具体问题的诠释上亦将陷入纠结与争论中，诸如在所谓的“片面的共同正犯”“正犯后间接正犯”场合。从风险创设与注意义务共同违反的角度主张过失共同正犯，着眼于过失犯之构造与归责要件有其合理性，但仍存在商榷之处：其一，即便在多人共同创设不容许的危险且该危险最终实现的情况下，仍需要深入判断哪些人的危险行为与不法结果之间存在因果关系，即解决客观归责问题，不能简单地以共同创设了不容许的危险且该危险已然实现为由进行模糊归责，否则在

Herberg 所举二十人练习射击案中，[①] 所有参与该次设计练习者均成立过失致死罪，但这明显是不合理的。申言之，因果关系实为刑法上无可取代的重要的归责基础要素，犯罪倘若可以不讲求个别行为与结果间的因果关系，那么结果归责的体系也就没有了存在的基础。[②] 其二，仅以风险创设与共同注意义务的违反作为归责之基础，有将过失危险犯评价为实害犯之嫌。排除个别的参与行为与不法结果之间因果关系的判断，继而以危险共同体或不注意共同体作为客观归责的对象，难免出现仅因实施了过失危险行为而被作为过失犯予以处罚的情况，这与过失犯系典型结果犯之特点相悖。其三，笔者以为，并不存在所谓的“共同的注意义务”。根据个人责任原则，过失共同犯罪场合的客观归责同样需要分别检讨各参与者的行为是否违反了各自的注意义务，就此而言，“共同的注意义务”与从各参与者（单独犯的场合）角度所判断之客观注意义务并无实质性区别。既如此，承认“共同的注意义务”的实益又何在呢？诚如批评者所指出的，所谓“共同义务”实为犯罪共同说者秉承共犯是一个犯罪而设想出来的义务，这种设想是没有充分根据的。[③] 此外，共同义务的成立条件也是较为模糊的，如过分限定其成立范围，似乎又背离了承认过失共同正犯的初衷。

---

① 设例为：有 20 人在森林中共同实施射击练习，因怠于充分检查安全措施而导致在森林中散步的被害人死亡。

② 周庆东：《过失共同正犯——以德国学说为考察中心》，载《鸟瞰共同正犯》，台湾承法数位文化有限公司 2012 年版，第 151 页。

③ ［德］普珀：《反对过失共同正犯》，王鹏翔译，载《东吴法律学报》2006 年第 3 期；［日］山中敬一：《刑法总论》，日本成文堂 1999 年版，第 800 页。

第三节　我国过失共同正犯的理论与实践

一、我国过失共同正犯肯否两论概说

从立法上看，我国《刑法》第25条虽承认了共同过失犯罪现象的客观存在，但将其排除在规范意义上的共同犯罪范畴之外。据此，我国刑法学通说否认包括过失共同正犯在内的一切过失共同犯罪。概其原因如下：其一，共同犯罪的特点是二人以上通过共同的犯罪故意，使各人的行为形成一个共同的有机整体，因而具有更大的社会危害性。而共同过失犯罪，双方缺乏意思联络，不可能形成共同犯罪所要求的有机整体性。其二，在共同过失犯罪中，不存在主犯、从犯、教唆犯的区分，只存在过失责任大小的差别，因而也不需要对他们以共同犯罪论处，而只根据各人的过失犯罪情况分别负刑事责任就可以了。①

伴随着有关犯罪参与现象研究的深入，尤其深受日本刑法学及刑事司法趋于肯定过失共同正犯的影响，过失共同正犯乃至过失共同犯罪肯定论近来在我国学界被有力地提倡着。从过失共同正犯肯定论的研究思路来看，复分两种：立法论与解释论。比如，张明楷教授认为，中国现行刑法的规定，明确否认了过失的共同犯罪，不仅否认过失的教唆犯与帮助犯，而且否认过失的共同正

---

① 高铭暄、马克昌主编：《刑法学》（第五版），北京大学出版社、高等教育出版社2011年版，第165页；陈兴良：《共同犯罪论》（第二版），中国人民大学出版社2006年版，第399—400页。

犯。因此，试图从解释论上肯定过失的共同犯罪，几乎不可能。但是，否认过失的共同犯罪的结局，一方面会导致一些应当为犯罪处理的行为不能当作犯罪处理；另一方面也会导致法官在没有认定为过失的共同正犯的情况下，悄悄地适用部分实行全部责任的原则。有鉴于此，从立法论上主张过失的共同正犯的观点具有合理性。① 还有学者较为细致地探讨了过失共同正犯的构成要件以及立法修订建议。② 部分学者则从刑法解释论层面尝试着肯定过失共同正犯乃至过失共同犯罪：有学者认为不承认过失共犯，不利于司法实践中对过失犯罪的处理，往往造成不枉即纵的结果。为了正确解决共同过失犯罪人的刑事责任，有必要承认共同过失犯罪。③ 在承认共同过失犯罪的前提下，在其具体范围问题上仍稍存争议，主要围绕是否承认过失教唆犯与过失帮助犯展开。据此，不仅应当承认过失共同正犯，还应当承认过失教唆犯、过失帮助犯。有学者严格区分了过失共同犯罪与共同过失犯罪，所谓过失共同犯罪，是指二人以上违反共同注意义务，过失共同实施犯罪。将过

---

① 张明楷：《共同过失与共同犯罪》，载《吉林大学社会科学学报》2003 年第 2 期。

② 马荣春：《论共同过失犯罪》，载《河北法学》2003 年第 5 期；郑廷谱、邹兵：《试论过失共同正犯——立法论而非解释论之肯定》，载《中国刑事法杂志》2009 年第 7 期；郑泽善：《论过失共同正犯》，载《政治与法律》2014 年第 11 期。

③ 侯国云、苗杰：《论共同过失犯罪》，载《法学研究》1993 年第 2 期；舒洪水、张永江：《论共同过失犯罪》，载《当代法学》2006 年第 5 期；刘朝阳：《共同过失犯罪新论》，载《政治与法律》2005 年第 6 期；童德华：《共同过失犯初论》，载《法律科学》2002 年第 2 期。

失共同犯罪作为共同犯罪处理不仅是必要的，也是明智之举。为了限定刑罚处罚的范围，论者还将过失共同犯罪限定于过失共同正犯，认为过失教唆行为与过失帮助行为不应纳入过失共同犯罪的范畴。[①]需要说明的是，在承认过失共同犯罪的前提下，虽然就其范围仍稍存争议，但在肯定过失共同正犯这一犯罪形态方面，肯定论内部则达成了共识。

面对强势来袭的过失共同正犯肯定论，少数学者进行了回应与质疑，认为没有必要承认过失共同正犯。[②]从我国当前刑事司法实践来看，2000 年最高人民法院出台的《关于审理交通肇事刑事案件具体应用法律若干问题的解释》（以下简称《解释》）第 5 条第 2 款、第 7 条将是否承认过失共同犯罪推向了风口浪尖，该《解释》也成为部分过失共同正犯肯定论者强有力的论证根据。[③]在过失共同正犯肯定论者看来，实践中，作为过失共同犯罪处理

---

① 冯军:《刑法问题的规范理解》，北京大学出版社 2009 年版，第 347 页；童德华:《共同过失犯初论》，载《法律科学》2002 年第 2 期。

② 黎宏:《“过失共同正犯”质疑》，载《人民检察》2007 年第 14 期；陈姗姗:《过失共同正犯理论之质疑》，载《法学评论》2013 年第 2 期；李希慧、汤媛媛:《共同过失正犯中“共同注意义务”之否定》，载《国家检察官学院学报》2013 年第 5 期。

③ 《解释》第 5 条第 2 款规定：“交通肇事后，单位主管人员、机动车辆所有人、承包人或者乘车人指使肇事人逃逸，致使被害人因得不到救助而死亡的，以交通肇事罪的共犯论处。”第 7 条规定：“单位主管人员、机动车辆所有人或者机动车辆承包人指使强令他人违章驾驶造成重大交通事故，具有本解释第二条规定情形之一的，以交通肇事罪定罪处罚。”

的经典案例可谓比比皆是，如“新疆克拉玛依大火案”“央视大火案”①。

---

① 以“央视大火案”为例，本案基本案情如下：徐某在任央视新址办主任兼央视国金公司董事长、总经理期间，擅自决定于2009年2月9日晚在央视新址施工区内燃放烟花，并指派邓某慧等人筹办燃放烟花的相关工作。2008年12月至2009年2月间，沙某等人在徐某的授意下，购买并委托物流公司使用汽车将A级烟花及燃放设备从湖南省运至河北省永清县，存放于只具备C级仓储资质的供销社仓库内，并先后确定、查看燃放地点。在刘某国的指挥下，曾某等7人在燃放地点进行烟花摆放、填药、连线、测试等工作。2009年2月9日，胡某斌按照徐某的指示通知田某耕及高某寿做好燃放烟花的工作。田某耕、高某寿即分别通知李某义及陈某俊安排消防、保安工作。戴某霄按照邓某慧的指示，为燃放活动布置准备工作。2009年2月9日20时许，王某荣在徐某授意下，点火启动了烟花燃放活动。该烟花燃放造成重大火灾，致1名消防队员死亡、8人受伤，建筑物过火过烟面积21333平方米，直接经济损失达1.6亿多元。本案审理经过如下：北京市第二中级人民法院经审理认为，被告人徐某等21人违反爆炸性物品管理规定，未经相关部门批准，擅自燃放烟花致使发生重大事故，给人民群众的生命、身体健康和国家财产造成严重危害，后果特别严重，公诉机关指控的罪名成立，徐某等21名被告人的行为均已构成危险物品肇事罪。对徐某等21人判处三年至七年不等的有期徒刑、缓刑以及免予刑事处罚。一审宣判后，有13名被告人提出上诉，2010年7月6日，北京市高级人民法院终审维持原判。法官曾专门就本案的判决理由做了如下释义：二人以上由于没有履行各自的注意义务以及相互之间的督促义务，过失行为相互结合，共同作用导致重大事故、重大损失发生的，构成共同过失犯罪。共同过失犯罪的注意义务具有双重性，一是各行为人基于法律规定或者职务、职业的要求本身需要履行的注意义务；二是各行为人由于在工作中与他人相互存在分工、协作等密切关系，对他人的行为负有督促的注意义务。因而共同过失犯罪认定的关键，一是要认定共同过失犯罪的双重注意义务，二是认定重大事故、重大损失的发生是各过失行为的相互结合、共同作用导致。本案中，被告人徐某、王某荣、高某、胡某斌、耿某卫等13人分别作为央视新址办、国金公司的主要负责人、工程承包部门的负责人或安全保卫部门负责人，基于职责、职务的要求负有保证央视新台址安全生产的特定注意义务。王某荣、高某等人还系央视新台址安全生产小组（转下页）

（接上页）的领导或者成员，具有安全生产的特定注意义务。被告人刘某国、沙某、李某华、宋某元、曾某等5人，基于其从事职业的要求，具有不能在施工工地内燃放烟花的特定注意义务。被告人薛某伟、张某建没有运输烟花爆竹的资质，当然具有不能运输烟花爆竹的特定注意义务，更不能运输A级烟花和燃放设备。刘某兰所有的仓库只有储存C级烟花的资质，刘某兰当然具有不能储存A级烟花的特定注意义务。以上21名被告人基于各自的职责、职务分别具有特定的注意义务，这些注意义务的不履行使重大事故的发生成为可能。被告人徐某作为央视新址办的主要负责人，没有履行自己的注意义务，以及对央视新址建设相关负责人的督促义务，反而未经有关部门许可，擅自决定在施工工地内组织大型礼花焰火燃放活动。王某荣、高某对徐某擅自作出的在工地内燃放烟花的决定均未进行必要的劝阻。胡某斌在得知徐某准备在工地燃放烟花时，未对徐某的违规行为进行劝阻，却在徐某的指示下，积极办理烟花燃放的准备工作。耿某卫擅自将与施工活动无关的人员带进施工工地，并且根据徐某指示积极跟有关部门人员协调，要求施工单位提供燃放活动所需的材料、提供施工现场的平面图。邓某慧在得知要在新址办园区燃放烟花后，不劝阻、不汇报、不反映，仍按照徐某的要求起草元宵节举办燃放活动的通知，而且陪同徐某到燃放地点看望燃放人员。田某耕、高某寿对在央视新址工地燃放烟花的决定，不劝阻、不汇报，仍分别通知李某义、陈某俊安排相关人员做好当晚燃放活动的消防安全工作。李某义协助办理了烟花公司车辆和人员进入央视施工现场的进场手续。刘某未对燃放一事表示异议，不劝阻、不汇报。戴某霄对燃放行为没有提出任何异议。陈某义在相关领导及业主方的安排下，联系办理进场手续、搭架子、拆除围挡等具体工作。陈某俊对在工地内的燃放行为不予制止。刘某国、沙某、李某华、宋某元、曾某等人，在徐某的授意下，组织设计焰火燃放方案、选定燃放地点、运输烟花、摆放烟花、燃放烟花。薛某伟、张某建均没有烟花爆竹运输资质，却将印有“央视”字样的A级烟花和设备运至央视新址。刘某兰对进入该经营处的烟花爆竹负有监管责任，却在发现大量印有“央视”字样的A级烟花及礼花弹筒时，未予过问，默许储存。综上，不难看出，21名被告人的行为形成相互分工、协作的密切关系，同时他们之间也具有相互督促防止发生重大事故的注意义务，但这种督促义务并没有得到履行。21名被告人的行为相互结合，形成前后连续的整体，共同作用导致央视新台址重大火灾的发生，造成特别巨大的损失，该21名被告人的行为构成共同过失犯罪，应按各自所犯之罪分别定罪处罚。赵瑞罡、刘克河：《从央视大火案看共同过失犯罪的定罪处罚》，载《人民法院报》2010年7月29日，第7版。

二、我国过失共同正犯肯否两论再检讨

检视国内学界围绕过失共同正犯肯、否两说的理由，均有不足且值得商榷之处：

首先，通说否定过失共同犯罪的理由并不充分。通说以故意的共同犯罪的原理并以其构成要件为模型，审视过失共同犯罪的构造及其构成要件符合性，据此得出否定意见，这种论证逻辑是不能被接受的；通说认为过失共同犯罪的场合，不存在主犯、从犯的区分，只存在过失责任大小的差别，也不需要对他们以共同犯罪论处，只根据各人的过失犯罪情况分别负刑事责任就可以了。主犯与从犯的区分标准在于各参与者在共同犯罪中所起的作用，其区分的目的在于准确量刑、实现罪责刑相适应，而过失共同犯罪的场合，根据过失责任大小区分各参与者其结果亦在于分别确定各参与者在共动现象中所起的作用，目的同样在于准确量刑、实现罪责刑相适应。就此而言，根据作用区分主从或确定责任大小，其思考方向是一致的，目的也是相同的。通说认为，对于过失共同犯罪分别定罪科刑即可，没有必要按照共同犯罪处罚。问题是即便在故意的共同犯罪场合，立足个人责任原则，不仅存在对各参与者分别定罪科刑的可能，而且这种可能在部分犯罪共同说那里已经变为现实。

其次，为弥补刑罚处罚的空隙，从立法论或解释论层面出发肯定过失共同正犯的努力，其初衷无可非议，但其论证过程尚存商榷之处。以行为共同说为基础，将共同实行的意思限定为“共

同进行犯罪行为的意思”，并据此肯定过失共同正犯，以及立足犯罪共同说以“共同注意义务”之违反为基础主张过失共同正犯肯定论，是目前最为有力的观点，但上述两种见解之缺陷已如前文所析，在此不赘。此外，有观点认为，实践中有相当一部分过失犯罪案件由数人共同过失造成，对此类现象不作为共同犯罪处理，势必使有些犯罪不能得到妥当处理为由，主张过失共同正犯肯定论。[①] 在论者看来，此等情形如不能作为共同犯罪处理，就很可能宣告无罪而放纵犯罪。试问，共同犯罪果真是（唯一）一种归责形式吗，否定了成立共同犯罪就一定意味着各参与者均无罪吗？此外，论者也有混淆刑法规范与犯罪事实之嫌。诚如批评者所言，共同过失犯罪是否成立共同犯罪，与共同过失犯罪现象是否存在，是两个完全不同的问题。[②] 也有观点以最高人民法院的上述《解释》作为肯定过失共同正犯的根据。[③] 以一个备受争议的司法解释作为肯定过失共同正犯的根据，确实乏力。更何况，对该司法解释尚存在诸多解释的可能。

最后，从立法论层面主张过失共同正犯肯定说，作为一种立法建议，未尝不可。但诚如所言，任何立法建议、立法批评都不

---

① 林亚刚：《论过失共同正犯及刑事责任的实现》（下），载《江西公安专科学报》2001 年第 3 期。

② 黎宏：《“过失共同正犯”质疑》，载《人民检察》2007 年第 14 期。

③ 侯国云：《交通肇事罪司法解释缺陷分析》，载《法学》2002 年第 7 期；高铭暄、马克昌主编：《中国刑法解释》（上卷），中国社会科学出版社 2005 年版，第 1055 页。

能取代对现行法的解释与遵守。一味将希望寄托于法律的修改并非总是科学的做法，况且这种思路既不现实也不合理。[①] 此外，针对过失共同正犯肯定论的抬头予以批判并坚持过失共同正犯否定论或消解论者，其结论虽为笔者所赞同，但一方面，否定论者或者对过失共同犯罪案件的处理没有提供合理且可行的解决思路，或者仅提出一个原则性的解决思路，缺乏明确性，致使处罚空隙依旧存在；另一方面，过失共同正犯否定论者依旧在归责的意义上把握共同犯罪的本质，坚信所谓的“部分行为、全部责任”的归责效果，使得包括共同正犯在内的犯罪参与论的研究不能回归应然的思考方向。

第四节　过失共同正犯消解论

一、围绕共同正犯本质之争及其回应

众所周知，有关共同正犯之本质，国内外刑法学界历来存在犯罪共同说与行为共同说之基本对立，而争论之焦点主要围绕共犯以何者为其“共同”展开。传统的犯罪共同说主张共同正犯系数人共同实施该当于客观构成要件的特定犯罪，即主张“数人一罪”；而最初的行为共同说认为共同正犯之共同系指行为之共同，

---

① 陈家林:《共同正犯研究》，武汉大学出版社2004年版，第200页。

并不要求必须为同一或特定的犯罪，即主张“数人数罪”。在长期的论争与相互影响过程中，犯罪共同说与行为共同说各自也出现了异化：从传统的犯罪共同说中分化出部分的犯罪共同说乃至数人数罪的犯罪共同说，而从传统的行为共同说内部则孵化出现代的行为共同说与柔软的行为共同说。[①] 易言之，上述学说对立已然得到极大缓和，且有朝着对方逐步靠拢的倾向与趋势。有关共同正犯本质之理解一方面受制于对共同正犯处罚根据与行为构造的把握，另一方面亦影响着共同正犯构成要件与成立范围的厘定，诸如是否承认过失共同正犯。现在一般认为，共同犯罪是不法形态，与单独犯罪相比较，共同犯罪的特殊性只是表现在不法层面，共同犯罪的立法与理论只是解决不法层面的问题；在责任层面，共同犯罪与单个人犯罪没有区别。[②] 又因包括共同正犯在内的所有犯罪参与形式本身与行为之违法性无关，亦与参与行为不法之程度无涉，即参与形式本身并不决定行为是否违法、不法程度的强弱，故共同犯罪之真正问题仅在于处理参与行为之犯罪构成。基于上述考虑，有学者指出，刑法并没有赋予犯罪参与以任何法律效果，故其不过是一个事实概念而已，其价值仅在于使研究者明确需要处理的问题范围。对于犯罪参与的种种问题，主要就是在处理犯罪构成的问题，即所谓犯罪参与是要参与到什么程度才算是构成犯罪？[③] 更进一步地说，参与行为之构成要件符合性判断层面，其

---

① 陈家林:《外国刑法通论》，武汉大学出版社 2009 年版，第 504—508 页。

② 张明楷:《共同犯罪的认定方法》，载《法学研究》2014 年第 3 期。

③ 黄荣坚:《基础刑法学》(下)，中国人民大学出版社 2009 年版，第 488 页。

主要问题恐集中在两点：共同犯罪之参与行为的规范理解以及参与行为与不法结果的因果性判断。联系前述笔者有关共同正犯行为构造之剖析可知，共同正犯之构造在很大程度上与间接正犯雷同，其特殊性仅在于各犯罪参与者彼此互为间接正犯。此即意味着共同正犯场合，某一犯罪参与者是否构成犯罪与他人是否构成犯罪无关，其行为是否构成犯罪亦与是否与他人存在共同犯罪之意思联络无涉。就此而言，笔者以为，包括共同正犯在内的一切犯罪参与形式只不过是行为人实现不法的一种方法类型，有关犯罪共同说与行为共同说的对立实际上是没有必要的，其争论也是没有任何实益的。诚如所言，犯罪共同说与行为共同说之对立实际上源于其主张者混淆了共同犯罪与刑法归责之间的关系：一个人是否需要为结果承担责任，唯一标准在于其行为是否具备不法和罪责，而与其是否与他人构成共同犯罪没有任何关系。① 由此可见，与过失共同正犯之肯、否两说之对立相联系，以所谓的犯罪共同说或行为共同说为基础，证立或证伪过失共同正犯都是没有意义的，也有欠妥当。

二、共同正犯构造新解

笔者以为，彻底解决过失共同正犯所涉之问题，唯有立足共同正犯之基本构造，方有望求得问题之妥善并系统解决。国内外

---

① 江溯：《犯罪参与体系研究——以单一正犯体系为视角》，中国人民公安大学出版社2010年版，第278页。

学界几乎一致认为，共同正犯的法律效果为“部分实行、全部责任”，但该种法律效果之法理根据为何，却有共同意思主体说、共犯处罚根据论以及功能性行为支配理论之争。上述争论直接影响到对共同正犯之行为构造的厘定与诠释。在共同意思主体说看来，异心别体的个人，基于共同目的而形成一个意思共同体，其中部分参与者在共同目的之下实施了犯罪，就应当作为共同体的活动，由全体参与者承担责任。[①] 在此，共同正犯并不以实行的分担为必要，关键在于以意思疏通为媒介的共同犯行之一体性方面。以因果共犯论为基础诠释共同正犯之处罚根据，当属共犯处罚根据论中最为有力者，在因果共犯论看来，共同正犯在自己实施实行行为的同时，也对其他共同正犯的实行产生教唆或精神方面刺激之效果，由此与结果具有因果关系，并以此作为部分实行全部责任的根据。[②] 在罗克辛教授所主张的功能性行为支配理论看来，共同正犯通过分工实施来实现行为构成。共同正犯的行为控制产生于他在实施中的功能，即接受一项对实现行为计划非常重要的任务，并通过其所实施的构成行为部分而对整个事件的控制成为可能，各共同正犯人均具有不可替代的功能。易言之，两个人中的任何一人都有可能通过拒绝实施自己的那部分而使犯罪计划归于失败。[③] 上述诸说皆有可取之处，但也存在不同程度之缺陷：共同意

① ［日］草野豹一郎：《刑法要论》，有斐阁 1956 年版，第 117 页。

② ［日］平野龙一：《刑法总论》，有斐阁 1975 年版，第 380 页。

③ ［德］克劳斯·罗克辛：《德国刑法学总论》（第 2 卷），王世洲等译，法律出版社 2003 年版，第 59 页。

思主体说实质上承认了一种团体责任，与现代刑法之个人责任主义相悖；共犯处罚根据论原本仅作为狭义共犯的理论能否套用于共同正犯，尚存疑问；功能性行为支配理论在部分问题的解释上尚存疑惑，诸如有组织犯罪中，构成要件分担者的随机性与可替代性问题，附加的共同正犯与择一的共同正犯是否存在功能性支配等。此外，上述诸说基本以故意的共同正犯为蓝本展开解释，是否能作为统一性原理适用于过失共同正犯不无疑问。笔者以为，将共动之不法结果客观归责于包括共同正犯在内的诸不法参与者，唯一的根据在于其参与行为直接或透过他人的参与行为间接地引起了不法结果。在这一点上，因果共犯论与行为支配理论可谓抓住了问题之要害，值得肯定。易言之，危害结果中有参与行为的“贡献”，或者说正是因为参与者支配了不法结果，故而可以并应当将该结果归责与行为人。反之，若危害结果并非参与行为引起或者不法结果之出现并非参与者能够支配，则当然不能将该结果归责于行为人。诚如有学者所言：实现不法事实的支配者应该为不法事实所包含的利益侵害或利益侵害的危险负责，这是符合刑法归责的基本理念：能够改变利益侵害结果的人就是实现不法事实的支配者，因此如果不处罚这一些人，或是所处罚的不是这一些人，对于利益侵害的预防，不是有所不足，就是没有意义。对于犯罪支配的把握，也必须从既有的因果关系概念来理解。[①]

与狭义共犯相比较，共同正犯在客观归责部分需要特别检讨

---

① 黄荣坚：《基础刑法学》（下），中国人民大学出版社2009年版，第515页。

的应是其归责的“交互性”，而正是这种客观归责的交互性决定了共同正犯在法律效果上呈“部分行为、全部责任”的现象。具体来说，在我们看来，共同正犯的交互归责属性，必须立足共同正犯之行为构造。共同正犯场合，各参与者基于行为分担的意思联络，彼此将对方视为自己的合作伙伴，客观上分工协作，相互促进，并将对方之身体与行为视为自己身体与行为之延伸与补充。在此，是否分担或是否实施了全部的构成要件行为无关紧要，因为即使没有分担构成要件行为者，其通过构成要件行为分担者也在一定程度上支配着犯罪的流程。这正是共同正犯交互归责的基础与原因。因此，在犯罪参与现象中，对参与行为尤其是未分担构成要件者的参与行为的评价必须更为规范而非自然的把握与观察。表面看来，共同正犯中部分参与者似乎要为别人的行为及其不法结果负责，甚至存在仅实施了犯罪预备阶段的行为却要对整个犯罪负责的现象，但从共同正犯行为分担的角度看，由于彼此将对方之行为作为自己行为之补充与延伸，并将对方之参与行为纳入并整合进自己实现不法的有机整体中，故而行为人不仅需要对自己所分担的行为负责，更要对自己行为之延伸部分——被利用的他人的行为负责，继而对整个不法事态负责，这并不违背个人责任原则。在这个意义上可以说，共同正犯在构造上表现为互为间接正犯。就此来看，也并不存在所谓的“部分实行、全部责任”，而只能是“全部行为、全部责任”。又因共同正犯仅为犯罪参与之一种形式，其本身并不决定违法性之有无及其程度，就此而言，完全可以说共同正犯这一犯罪参与形式没有被特别规定之必要。[①]

三、过失共同正犯之消解及其路径

笔者以为，有关过失共同正犯所涉共动现象之处理，应遵循如下之基本思路：以犯罪构成为基础，立足个人责任原则，结合犯罪参与之特殊性，秉承单向度的思考方向，分别就各参与行为的构成要件符合性、违法性与有责性为独立之判断。易言之，此犯罪参与行为不法性与有责性的判断，与彼参与行为不法性与有责性的判断，不仅应分别且独立进行，而且彼此无涉。唯需特别注意者仅在于，犯罪参与领域，参与犯尤其是未分担构成要件行为者参与行为之把握应立足整体，将其所利用或作为其行为补充之行为有机地纳入其构成要件行为的评价中来。同理，在参与犯因果关系认定方面，作为原因现象之犯罪参与行为亦应作如上之理解，且各参与行为与不法结果之间是否存在因果关系亦须为各别之判断。因此，下述观点不能为笔者所赞同：共同正犯中的因果关系的侧重点应该是基于共同行为整体与侵害结果之间的因果关系，

---

① 事实上，犯罪参与的形式多种多样，立法者充其量只能凭借经验就其典型形态进行列举而很难穷尽，在刑事立法上定义共同犯罪无疑自缚手脚、自招烦恼。例如，德、日刑法按照犯罪参与的分工情况将共同犯罪人区分为正犯（即实行犯）、教唆犯、帮助犯，但忽略了组织犯这一重要的参与形态，为弥补此一缺陷复发展出共谋共同正犯、正犯后间接正犯等概念；我国《刑法》第25条从正反两方面明确了共同犯罪的概念与范围，却也人为地将限缩了共同犯罪的范畴，将原本的共同犯罪从犯罪参与理论剔除，就此引来无穷的争议与困扰，诸如片面共犯的成立问题、是否承认过失共同犯罪等。

而不是个别行为与侵害结果之间的因果关系。[①] 上述观点在因果关系之判断方面坚持整体判断，存在团体责任与连带责任之嫌，也有违反疑罪从无之虑。形成上述主张，原因或许有二：一方面，在归责意义上把握共同犯罪（参与形式），受“部分实行、全部责任”原则之表象迷惑；另一方面，对共同正犯之行为构造存在认识上的误区。

具体到过失共同正犯所涉之过失共动现象之具体解决，笔者以为，考虑到参与犯构成要件行为之特殊性，并结合过失犯之特点，应按照下述解决方案进行：数参与人基于共同行为之意思联络，分工协作，相互配合，彼此将对方之参与行为作为自己身体之延伸与补充。由于彼此将对方之参与行为纳入自己的活动计划并作为自己身体与行为之延伸与补充，故理应为其身体延伸部分之活动负责，这不仅完全符合个人责任原则，也是行为人就“他人”（自然意义上的“他人”，规范层面的“自己”）的参与行为履行客观注意义务的法理根据。在此种情境下，各参与者不仅负有防止自己参与行为引发危害结果的义务，同时还负有督促并确保作为自己身体延伸部分之其他人注意防止危害结果发生的义务。如果违反上述客观注意义务，导致结果发生，即可分别就各参与者追究其过失犯之刑事责任。在此，值得一提的是，在我国与日本学界，有学者在反对过失共同正犯的同时，主张过失单独正犯消解说，

① 马克昌：《犯罪通论》，武汉大学出版社 1999 年版，第 519 页；郑泽善：《论过失共同正犯》，载《政治与法律》2014 年第 11 期。

认为处于平等法律地位的各行为人共同实施一项危险行为是，各行为人不仅需要确认自己的行为不会违反规章制度，造成严重后果的发生，同时还需要督促与确认对方的行为不会发生危害结果。这是一种更为广泛的注意义务即督促与确认义务。[①]就其结论而言，虽为笔者所赞同，但其理由、论证思路与法理根据却与笔者之基本立场相去甚远。具体到过失共动场合，上述论者只是形式上提出督促与确认义务，但该注意义务之实质根据是什么，并未展开。此外，诚如批评者所指出的，在非共同作业场合，能否仅以违反监督、监视义务而直接认定过失正犯是存在疑问的；在无法证明是谁的过失行为导致结果发生的场合，问题依旧存在。[②]

将上述过失共动之解决方案应用于本章开题所拟五例，问题将迎刃而解：设例一中，甲、乙二女佣分别疏于履行精心照看幼儿之合同义务致其坠楼身亡，甲、乙各自违反义务之不作为与不法结果间分别存在因果关系，故甲、乙分别成立过失犯罪。设例二中，丙、丁二人共抬钢材扔于楼下，因事先怠于观察将路人砸死。由于丙与丁二人在共同从事危险作业时，相互分担，且彼此将对方之行为视为自己行为之补充与延伸，故不仅需要对自己所实施之危险行为善尽注意义务，而且需对相对方之分担行为是否违反客观注意义务尽到督促与确认义务，即对整个危险作业过程尽到

① 陈家林：《共同正犯研究》，武汉大学出版社2004年版，第204页；[日]前田雅英：《刑法总论讲义》，东京大学出版会2006年版，第453页。

② [日]浅田和茂：《刑法总论》，成文堂2007年版，第427页。

安全注意义务。易言之，不论是因自己抑或是自己身体之延伸即相对方之作业行为违反客观注意义务，引致不法结果，行为人均应对此负责。设例三中，游人戊与己交互推落大石过程中滚石压死渔夫，虽不能判定到底是谁所推落之滚石压死渔夫，但二人彼此将对方之行为视为自己行为之补充与延伸，即彼此之行为系各参与者整体活动之有机组成部分，继而从规范意义上可评价为自己之行为。故即使不能具体确定到底是谁所推落之滚石压死渔夫的情况下，将该不法结果客观归责于戊与己，也是完全符合个人责任原则与因果法则的。同理，设例四中，路人之死亡结果虽系庚所持猎枪发射之子弹击中，但辛基于意思上的相互联络共同开枪，从规范评价角度看，辛实际上将庚之射击行为作为自己涉猎行为之一部分，故其同样需要对路人死亡这一结果负责。设例五中，笔者以为，由于壬、癸二人在抢劫过程中彼此利用，相互分担，并将对方行为作为自己参与行为之有力补充与延伸，故被害人之死亡结果虽由壬之超强度暴力而致，但并不排除参与者癸仍需就此一不法结果进行客观答责。

四、过失的共动之于犯罪参与体系建构的启示

规范层面的共同犯罪首先为事实上的共动或犯罪参与现象，就此而言，不论是基于故意的共动抑或是出于过失的共动，均属犯罪参与现象。德、日等国刑法采正犯与共犯二元区分的共同犯罪立法模式，依据分工分类法将共同犯罪区分为正犯（共同正犯）、教唆犯与帮助犯，并据此规定有别的法定刑。申言之，在二元犯

罪参与体系下，犯罪参与形态决定法定刑配置与刑罚裁量。与此不同的是，我国现行刑法在共同犯罪分类方面并未采纳分工分类法，而是基本以作用分类法为标准，将共同犯罪人区分为主犯、从犯与胁从犯，此种分类方法之主要价值在于立足罪责刑相适应原则，在刑事责任裁量阶段，使得不同的犯罪参与人依据其参与犯罪的不同程度与作用各负其责，即作为一种法定的刑罚裁量事由，有助于准确量刑。虽然当前我国学界就我国共同犯罪立法模式之体系归属尚存激烈争论，[①] 但可以肯定的是：其一，我国共同犯罪立法模式即使非单一正犯立法，也不能说其属于典型的区分制立法模式；其二，从我国现行法规定来看，根据分工分类法所形成之正犯（共同正犯）、教唆犯、帮助犯等犯罪参与类型与刑法裁量或法定刑配置之间并不存在必然对应关系。易言之，在我国，犯罪参与形式与不法之有无及其程度无关，更不具有内在对应关系与决定意义。[②] 也正是基于我国共同犯罪立法之上述特点，近年来，刑法规范层面的"共同犯罪"被逐渐"虚置化"，例如，有学者认为，

---

① 有学者认为我国刑法共同犯罪之立法模式系二元区分制，如陈家林教授、黎宏教授等。陈家林：《试论正犯的两个问题》，载《现代法学》2005 年第 2 期；黎宏：《刑法学》，法律出版社 2012 年版，第 260—261 页。有学者则认为我国共同犯罪立法模式系单一正犯体系，如阮齐林教授、刘明祥教授、江溯副教授等。阮齐林：《刑法学》，中国政法大学出版社 2011 年版，第 167—168 页；江溯：《犯罪参与体系研究——以单一正犯体系为视角》，中国人民公安大学出版社 2010 年版，第 255—257 页。

② 张伟：《我国犯罪参与体系下正犯概念不宜实质化》，载《中国刑事法杂志》2014 年第 10 期。

如果说刑法规定共同犯罪为二人以上共同故意犯罪有什么意义的话，那么这种意义仅在于表明二人以上共同故意犯罪的情形在刑法上被称为“共同犯罪”，而二人以上共同过失犯罪的情形在刑法上不被称为“共同犯罪”而已。[①]有学者甚至坦言，即使不使用“共同犯罪”概念，也完全可以处理数人共同参与犯罪的现象。我国刑法虽使用了“共同犯罪”概念，但我国刑法有关共同犯罪的规定，的确存在多种解释的可能。[②]笔者以为，这正是构建统一适用于涵括故意共动与过失共动现象的犯罪参与理论的契机与背景。

犯罪参与是指二人以上基于单向或双向相互的加工，对于同一利益侵害结果都有其因果关系，因此都可能涉及犯罪问题的情形。刑法上并没有对犯罪参与或共同犯罪概念本身赋予任何法律效果，犯罪参与理论主要是在处理犯罪构成问题。[③]行为人根据实际情况选择适合自身的犯罪参与形式，参与形式只不过是行为人实现不法的一种方法类型。就此而言，其一，没有必要人为赋予共同犯罪或犯罪参与形式过多的价值内涵，将共同犯罪限定为共同故意犯罪不仅毫无道理，而且会影响统一的犯罪参与理论的构建。其二，就共同犯罪关系之本质而言，其无非是共动的体现，是行为人实现不法的一种方法路径；就其内容来看，实际上是行为人基

---

① 江溯：《犯罪参与体系研究——以单一正犯体系为视角》，中国人民公安大学出版社 2010 年版，第 314 页。

② 张明楷：《共同犯罪的认定方法》，载《法学研究》2014 年第 3 期。

③ 黄荣坚：《基础刑法学》（下），中国人民大学出版社 2009 年版，第 487—490 页。

于单向或彼此利用对方行为之意思在客观层面的共动。因此，犯罪共同说与行为共同说的对立毫无意义，认为成立共同犯罪必须存在“共同的犯意”更是没有必要。在对犯罪参与这一事实现象进行规范评价时，应坚持个人责任原则，以犯罪构成理论为标准，逐一就各参与行为的构成要件符合性、违法性与有责性进行分别判断。具体来说，参与行为构成要件符合性的判断，尤其是未分担构成要件行为者参与行为之把握应立足整体，将其所利用或作为其行为补充之行为有机地纳入其构成要件行为的评价中来。在参与犯因果关系的判断方面，应避免整体归责的方法，而坚持逐一判断因果性有无的思路；在参与行为违法性与有责性评价方面，同样秉承立足单向度的思考方向，反对所谓的“违法具有连带性”主张，即应分别就各参与行为是否违反刑法规范、具有可罚的违法进行实质性评价。这种规范地理解参与行为的构造、形式地把握参与行为的刑法意义，在犯罪参与的刑法评价方面坚持单向度考察的思考轨迹，不正是统一正犯体系的基本特征吗？

06

第六章　数人参与结果加重犯场合之刑法适用

CHAPTER

所谓结果加重犯之共同正犯，概指二人以上基于共同实行的意思共同实施作为基本犯罪的实行行为，其中部分人的行为引起了重结果的场合，全体参与人就成为该重结果的共同正犯。[①]诸如，甲、乙二人共谋抢劫丙之财物，由甲施以暴力压制丙之反抗，由乙取得丙之财物，丙却因甲之暴力行为而死亡。在此，如若承认结果加重犯之共同正犯，则甲、乙二人成立抢劫罪（致人死亡）之共同正犯；反之，则甲成立抢劫罪（致人死亡），而乙仅得成立抢劫罪，即就致人死亡这一加重结果，甲、乙二人并不成立共同正犯。从刑事立法来看，除极少数国家在其刑法中正面肯认结果加重犯之共同正犯外，[②]多数国家与地区（如日本与我国台湾地区）并未明确态度，立法者委由学界进行解释。从刑事实务来看，日本判例基本采取全面肯定结果加重犯之共同正犯的立场，[③]我国台湾地区法院，持续援用既存判决肯定结果加重

① ［日］大谷实：《刑法讲义总论》，黎宏译，中国人民大学出版社2008年版，第379页。

② 《德国刑法典》第18条规定："本法对犯罪特别结果之加重处罚，仅于正犯或共同正犯对该特别结果之发生，至少具有过失者，方适用。"

③ 如大审院1918年4月17日判决，《大审院刑事判决录》，第24辑，第329页；最高裁判所1948年5月8日判决，《最高裁判所刑事判例集》，第2卷；第5号，第478页；最高裁判所1951年3月27日判决，《最高裁判所刑事判例集》第5卷第4号，第686页等。［日］野村稔：《刑法总论》，法律出版社2001年版，第404页。

犯之共同正犯。[①]从刑法理论来看，虽然历来不乏否认结果加重犯之共同正犯者，但近来伴随着过失共同正犯受到越来越多学者的肯认，学说一般也赞成结果加重犯之共同正犯。[②]深刻剖析并科学厘定结果加重犯的罪质构造，并就数人参与结果加重犯场合之法律适用展开研究，具有极为重要的理论价值与实践意义。

结果加重犯之共同正犯由结果加重犯与参与犯交汇而成，亦可以说是在结果加重犯的实态中尝试植入共同正犯的成分，故结果加重犯之共同正犯所涉问题不仅及于结果加重犯理论，而且与过失共同正犯肯认与否密切相关；又因肯定过失共同正犯并不意味着必然承认结果加重犯之共同正犯，而否认过失共同正犯也有可能肯认结果加重犯之共同正犯，更使原本复杂的问题扑朔迷离。就结果加重犯而言，中外刑法理论虽一般认为，结果加重犯系指实施基本犯罪构成要件的行为，发生基本犯罪构成要件以外的重结果，因而刑法规定加重刑罚的犯罪形态，故意伤害致死即为其典型。[③]但围绕结果加重犯的类型，仍存在激烈争论，诸如结果加重犯之基本犯是否仅限于故意，行为人对加重结果是否只

---

① 如我国台湾地区“最高法院”2002 年台上字 50 号、2003 年台上字 3409 号、2004 年台上字 4858 号、2006 年台上字 4178 号、1996 年台上字 1668 号。

② ［日］大塚仁：《刑法概说（总论）》（第三版），冯军译，中国人民大学出版社 2003 年版，第 295 页。

③ 高铭暄、马克昌主编：《刑法学》（第五版），北京大学出版社、高等教育出版社 2011 年版，第 187 页；［日］大谷实：《刑法讲义总论》，黎宏译，中国人民大学出版社 2008 年版，第 114 页。

能出于过失等。概其原因，主要与各国或地区就结果加重犯之刑事立法存在差异有关。[1]本章无意纠结于结果加重犯之具体类型，作为本章研究范本之结果加重犯仅限于为中外刑法理论均承认之典型结果加重犯，即故意+过失型结果加重犯。

---

① 马克昌:《结果加重犯比较研究》，载《武汉大学学报（社会科学版）》1993年第6期。

第一节 结果加重犯的立法沿革与罪质构造

一、结果加重犯的立法沿革

（一）国外结果加重犯刑事立法概略

结果加重犯作为一种犯罪类型起源于12世纪至13世纪教会法中“从事不法事情”之法理，该法理更形成“从事不法事情者，对因此而产生之一切结果应负责任”之法谚。[①] 依此法理，对行为所产生之重结果，只要能够确认行为与该重结果之间存在条件关系，行为人即可成立相应之结果加重犯，而无须考察行为人对于该重结果主观上是否存在过失。易言之，即便该结果系偶然发生或根本无法预见，行为人亦应对该种结果负刑事责任。与此相应，加重结果在刑事立法上被视为刑罚加重事由。上述情况一直持续至18世纪末，普鲁士普通法时期，虽然立法上仍未规定结果加重犯，但于加重结果发生时，已然在考虑行为人之主观要件，法律中有关“故意推定”的规定即为其体现。[②] 时至19世纪初，

① 余振华:《刑法深思·深思刑法》，元照出版公司2005年版，第245页。

② 此处之“故意推定”很大程度上相当于古典刑法理论中的“间接故意”。依普通法的规定，虽然推定为故意，但与纯正的故意或意图仍然有别，故在法律效果上予以减轻处罚。

费尔巴哈在加重结果的认定方面，认为间接故意理论不能够充分诠释加重结果的形态，就加重结果而言，应被视为由故意所导致的过失，即“故意所生过失”，[①]意指行为人对于重结果之发生，并非出于故意而系过失，该过失心理内含于基础行为的故意之中。深受此一观念影响，其后的1813年《巴伐利亚刑法典》与1851年《普鲁士刑法典》在其中规定了部分结果加重犯，诸如伤害致死罪、遗弃致死罪、强奸致死罪以及强盗致伤罪等。根据“故意确立过失”原则，行为人对加重结果是否存在过失，完全取决于是否存在故意的基础行为，且该过失一旦被推定不允许反证。这无疑要求行为人对偶然结果也应负责，依旧难免导致结果加重犯的滥觞，变相实行着结果责任主义。这种情况一直持续到20世纪初。1902年国际刑法学会议通过决议指出：“行为人在其可预见或能预见的范围外，不得以其自己行为之结果为理由，而受处罚。”此后，各国刑法均据此精神相继修订有关结果加重犯之规定，即由结果责任转向意思责任；而在意思责任的厘定方面，作为近现代各国刑法的主要潮流，基本摒弃故意过失竞合论而采纳预见可能性说。[②]秉承上述精神，1953年《德国刑法典》首次将结果加重犯规定在其总则第二章第18条。此后《德国刑法典》历次修订，总则部分皆维持行为人对加重结果至少须出于过失的

① 柯耀程：《变动中的刑法思想》，瑞兴图书股份有限公司1999年版，第134页。

② ［日］佐久间修：《结果加重犯之共同正犯》，载《名古屋大学法政论集》1983年第96号，第102页。

规定，在分则各罪有关具体的结果加重犯的修订上，也呈趋于严格限定的态势。[①] 日本1873年旧刑法典于其总则部分并未规定结果加重犯。1890年的刑法草案第67条新增第2项明确规定了结果加重犯，[②] 但其后1907年颁布之现行刑法典却将此规定予以删除。[③]1940年改正刑法草案第12条、1961年改正刑法准备草案第21条、1974年改正刑法草案第22条均尝试从主观方面限定结果加重犯之成立。[④]

（二）我国刑事立法有关结果加重犯考略

我国古代刑法上亦曾有过结果加重犯之规定，如《唐律》“断狱篇”第9条分两项规定：“诸拷囚不得过三度，总数不得过二百，杖罪以下，不得过所犯之数，拷满不承，取保犯之。若拷过三度，及杖外以他法拷掠者，杖一百，杖数过者反坐所剩，以故致死者，徒二年。”此外，在“斗讼篇”“卫禁篇”“杂律篇”中均有关于结果加重犯之规定。后续历代刑法中皆有相当数量

---

① 诸如1971年新增劫持船机罪、掳人勒赎罪以及挟持人质罪，上述犯罪成立结果加重犯，均要求行为人对加重结果之发生须出于轻率。1974年修订的强盗致死罪，亦要求行为人因轻率造成被害人死亡。从过失程度上来看，一般认为，轻率与重大过失相当。

② 第67条第2项规定：“行为人非欠缺相当之注意，致未能预见加重其刑之事实者，不受该当加重事实之处罚。”

③ 杨建华：《刑法总则之比较与检讨》，作者自版1982年，第115页。

④ 如1974年改正刑法草案第22条规定：因发生结果而加重其刑者，如不能预见其结果，不得以加重刑罚处断。

有关结果加重犯的规定，如《宋刑统》“盗贼律”规定“诸以物置人耳鼻及孔窍中有所妨者，杖八十；其故屏去人服用饮食之物以故杀伤人者，各以斗杀伤论；若恐迫人使畏惧致死伤者，各随其状以故斗戏杀伤论”。清末《暂行新刑律》于其分则部分亦规定了部分结果加重犯，诸如强奸致死罪、遗弃致死罪等，但此一时期在结果加重犯的认定方面，仍基本奉行结果责任，而不考虑行为人对加重结果是否存在过失。1928 年的《中华民国刑法》首次在刑法总则部分规定了结果加重犯，[①] 明确要求结果加重犯之适用应以行为人主观上对加重结果之发生有预见可能，这一规定确实具有划时代的意义，我国台湾地区现行“刑法”第 17 条基本继承了上述立法精神。[②] 其规制理由为，所犯某罪因而发生其他结果者，加重其刑等条文颇多，案科刑专以结果为断，不问犯人之罪责如何，此为古代刑法，今世学者深非也。盖犯罪所生之结果，其在犯人意中者，科以较重之刑，未为不当，若意外之结果，其发生之原因，至为复杂，因偶然之事实，使犯人负此意外之结果，不独受罚者，自痛不平，即刑事政策亦不应尔尔。1902 年万国刑法学会议决，犯人对于犯罪行为之结果所负之刑事责任，应以其所能预见者为限。晚近立法例如挪威、俄国刑法典及奥地利、瑞士、德国各刑法准备草案，与德国委员

① 该法第 29 条规定：犯罪因发生一定之结果而加重其刑者，若犯人不能预见其发生时，不得从重处断。

② 我国台湾地区“刑法”第 17 条规定：因犯罪致发生一定之结果，而有加重其刑之规定者，如行为人不能预见其发生时，不适用之。

会刑法草案，皆规定犯人只对于其能预见之结果而负起责任，故本案拟增入本条。[①] 我国刑法总则部分并未一般性地规定结果加重犯，但在分则部分则有较大数量且类型各异的结果加重犯。[②]

二、结果加重犯的罪质

关于结果加重犯的本质，历来存在单一形态理论、复合形态理论与危险性理论之争。单一形态理论认为，结果加重犯与基本犯一样，均为单纯一罪，它是由基本犯罪行为与加重结果两部分结合而成的不可分割的一个整体。加重结果仅是刑罚加重的一个客观处罚条件，并不要求行为人对该结果具有主观上的罪过。[③] 将加重结果仅作为客观处罚条件而不要求行为人对其发生存在过失，这明显与现代刑法之责任主义精神不符，也明显背离了结果加重犯的立法演进与当今发展趋势；此外，单一形态理论也不能说明结果加重犯的加重根据。复合形态理论认为，结果加重犯是两个犯罪行为复合而成的一种特殊犯罪形态，即基本犯罪的故意犯与加重结果的过失犯。与将加重结果视为纯粹的刑法客观处罚条件不同，复合形态理论在将加重结果纳入客观构成要件要素继而要求行为人对该客观要素必须具有过失这一点上，较好地满足

---

① 许玉秀主编：《刑法》，新学林出版股份有限公司 2012 年版，第 71 页。

② 郭莉：《结果加重犯结果研究》，中国人民公安大学出版社 2013 年版，第 223—231 页。

③ ［日］香川达夫：《结果加重犯之本质》，庆应通讯 1978 年版，第 63 页。

了责任主义的要求，该说是目前多数国家刑法理论的通说。[①]虽然复合形态论实现了责任主义的要求，但仍然不能说明结果加重犯的加重根据。换言之，复合形态论只能说明结果加重犯的加重刑是故意犯与过失犯的法定刑之和，而不能解释为什么结果加重犯的加重刑远远超出故意犯与过失犯的法定刑之和。[②]危险性理论近年来被越来越多学者所接受，该说认为结果加重犯是行为人故意实施在经验上内含着引发加重结果的类型化的、高度危险的基本犯罪行为，至少过失地引起了加重结果。因此，结果加重犯并非基本犯与加重结果之间单纯外形上具有关联的犯罪类型，而是由固有的不法内容（危险关联）使基本犯罪行为与加重结果具有内在紧密关联和特定构造的犯罪类型。[③]该说与复合形态理论一样，虽然能够满足责任主义的要求，但目前似乎仍不能很好地诠释结果加重犯的加重根据；不仅如此，该说最大的问题在于如何把握危险性理论中的“危险”，即到底为具体的危险抑或抽象

① ［韩］李在祥：《韩国刑法总论》，韩相敦译，中国人民大学出版社2005年版，第176—177页；［日］松原芳博：《刑法总论重要问题》，王昭武译，中国政法大学出版社2014年版，第371页；黄荣坚：《刑法问题与利益思考》，中国人民大学出版社2009年版，第241页。

② 张明楷：《严格限制结果加重犯的范围与刑罚》，载《法学研究》2005年第1期。

③ ［日］丸山雅夫：《结果加重犯之构造》，载《现代刑事法》2003年第4号，第45页。

的危险。[①]

笔者以为，危险性理论的基本方向是值得肯定的，也能够较好地适应当今严格限定结果加重犯成立范围的基本要求与发展趋势，但围绕有关结果加重犯从重处罚之根据仍有待补强。详言之，危险性理论所提出之结果加重犯之固有的危险关联这一不法内容并不为结果加重犯所独有，即并不唯一也不特别，充其量只能说是可以作为区别结果加重犯与想象竞合犯的标准之一，并可据此来限定结果加重犯之法律适用，但并不足以说明法定刑加重之根据。事实上，该固有的不法已然被评价于基本犯之不法中。以故意伤害罪为例，故意致人重伤的基本行为从事理上当然存在致人死亡的高度危险，即该固有的高度危险或危险关联同样存在于故意伤害罪中，缘何在死亡结果发生时，法定刑却异常严厉。在此，值得特别考虑的应当是，类型化的高度危险行为引致加重结果不仅在事理上属当然，在经验乃至于常识上亦能够为一般社会人轻易认知。就此而言，问题不在于基本犯与加重结果之间固有的危险关联，而在于以此为契机能够为结果加重犯确立哪些特别的不法要素。窃以为，可以考虑以下两方面因素：其一，刑法规范是法益保护规范，具有行为规制机能。在法益行将遭受侵害的不利情况下，为避免更为严重的法益受到基本犯罪行为的关联性侵犯，立

① ［日］井田良：《结果加重犯之理论》，载《现代刑事法》2002 年第 12 号，第 105 页；林阳一：《结果加重犯与因果关系》，载《现代刑事法》2003 年第 4 号，第 51 页。

法者设置较之基本犯的法定刑更为严苛的法定刑，不仅是出于特殊预防的考虑，也是基于一般预防的需要。易言之，鉴于基本行为有引发加重结果的高概率性，对结果加重犯设置较高的法定刑，借此约束行为人尽量控制其高度危险行为，避免出现更为严重的法益侵害。其二，类型化的高度危险行为既然在事理上系属当然，更能轻易为社会一般人所认知，此即意味着行为人具有高度的预见可能性。对于一定结果的发生，行为人具有高度的预见可能性，但是却未预见，就其主观心理而言无疑是轻率。轻率过失比一般过失是一种更高程度的过失，从行为人有高度的预见可能性而未预见，可以印证行为人对于他人法益的严重的漠视，因此，相对的应该有较重的刑罚。[①]

三、结果加重犯的构造

（一）结果加重犯的客观构造

引致加重结果的基本行为有其类型化的质的规定性，基本行为必须内生性地具有造成加重结果发生的高度危险性，易言之，基础行为与加重结果之间必须具有一定的危险发展关系。[②] 作为构成结果加重犯之加重结果，在不法之程度上固然较之基本犯的法益侵害更为严重，但也有其规范性要求，即必须是具体的罪刑规范

---

① 黄荣坚:《刑法问题与利益思考》，中国人民大学出版社 2009 年版，第 303 页。

② 陈友峰:《数人参与下之结果加重犯》，载《鸟瞰共同正犯》，承法数位文化有限公司 2012 年版，第 26 页。

所阻止的加重结果。在结果加重犯的客观构造方面，历来作为重点考察的是基本行为与加重结果之间的关系。从学术史的角度看，有关结果加重犯基本行为与加重结果的关系的理论经历了早期的条件关系说到相当因果关系说的嬗变，时至今日最为有力的当属直接关联性理论。在早期，由于将加重结果视为客观的处罚条件，故在基本行为与加重结果的关联性上认为只要存在无前者即无后者的条件关系即可。如德国学者李斯特即将致人死亡或重伤作为互殴行为的客观处罚条件，认为两者间只要存在条件关系即可进行归责。① 由于条件说不仅违反责任主义，而且导致结果加重犯成立范围过度蔓延，遂被相当因果关系说所替代。根据相当因果关系理论，基本行为与加重结果之间如满足相当因果关系，即可成立结果加重犯，该说可谓日本刑法学界的通说。② 德国的理论与实务主张直接关联理论，一般认为加重结果必须源于基本犯行固有的内在的危险，即基本行为内在的高风险的现实化。③ 在关联性的

---

① ［德］李斯特：《德国刑法教科书》，徐久生译，法律出版社2006年版，第323页。

② ［日］西田典之：《日本刑法总论》，刘明祥、王昭武译，中国人民公安大学出版社2007年版，第67—68页；［日］藤木英雄：《刑法讲义总论》，日本成文堂1975年版，第93页。

③ 德国联邦最高法院于1970年在“阳台坠落案”中初步确定了直接关联的基本内涵，认为伤害致死罪的规定旨在伤害行为和致死结果之间寻求比条件说的原因关联更密切的关系，主张伤害致死罪的立法目的在于抑制伤害行为同时具有的导致死亡结果发生的特有危险，因此，对由第三者介入或者被害者自身行动才能惹起的死亡结果，不能说是立法者预定的基本犯的特有危险被现实化。李晓龙：《论结果加重犯的直接性关联》，载《法学》2014年第4期。

具体判断上，采用以条件理论为基础，以“反推禁止”理论[①]为修正的认定模式。[②]但在后来的司法判例中，德国联邦最高法院逐渐放宽了对直接性关联的限制，直接性关联不再是根据有无介入其他行为来判断，而是根据基本行为所蕴含的典型危险的实质贡献判断基本行为与加重结果间是否存在直接关联性。[③]易言之，“反推禁止”理论亦被修正适用，基本行为与加重结果关联上的“直接性”被逐渐弱化，基本行为与加重结果的危险实现关系仍需基于刑法规范的价值导向进行实质性的考察。综上所述，在基本犯行与加重结果之关联性方面，诚如所言，现今的条件说（条件说中的中断论）、相当因果关系说以及客观归责论，实际上都是为了将一些异常的条件排除在刑法上因果关系之外，[④]德国的直接关联性理论亦如此。因此，笔者以为，在结果加重犯之基本犯行与加重结果之关联性上，仍需回归因果关系之本源，继而导入刑法之价值判断。申言之，应当区分客观归因与客观归责，在客观归因层面坚持条件因果关系说，在此基础上以客观归责理论为指导检验基础行为与加重结果之间的危险实现关系。客观归责阶段的判断既是实质性的评价也是基于刑法规范的价值判断，一方面确保

---

① 所谓“反推禁止”理论，概指对于结果的发生，系因第三者的故意或过失行为介入而产生，则对于该结果，不能将条件反推回行为人之行为，而要求行为人对该结果承担该结果之责任。

② 柯耀程：《变动中的刑法思想》，瑞兴图书股份有限公司1999年版，第144页。

③ 李晓龙：《论结果加重犯的直接性关联》，载《法学》2014年第4期。

④ 张明楷：《严格限制结果加重犯的范围与刑罚》，载《法学研究》2005年第1期。

将与结果虽存在条件关系但并不具有相当引起关系的不法行为剔除在结果加重犯的归责对象之外；另一方面基于结果加重犯的规范目的及其本质将缺乏危险升高与危险实现关系的情形摒除在结果加重犯的适用范围之外。

（二）结果加重犯的主观构造

在基本行为与加重结果的主观关联性方面，从立法与学术史的角度看，虽然也曾有过结果加重犯之成立不以行为人对加重结果之发生有认知为必要的先例与主张，但因其基本立论严重违反责任主义而备受诟病。时至今日，在有明确规定结果加重犯的立法例中，立法多规定行为人“对于加重结果，至少有过失”，或者要求“能预见”，部分立法甚至要求行为人对加重结果之发生主观上当存在“轻率”。国内外刑法理论的通说亦认为，结果加重犯之成立应以行为人对加重结果之发生主观上至少存在过失为必要。此外，学理上还存在“危险故意说”，认为结果加重犯的主观结构，并非双主观要件的形式，而系单一要件，即结果加重犯基本行为的主观要件应为单一的具体危险故意。以伤害致死为例，论者认为，伤害故意确实在一定范围内含有对于生命侵害的认识与意欲，如将伤害行为提升至具体危险故意时，伤害故意与杀人的故意并不冲突。[①]危险故意说表面上似乎既实现了责任主义的要求，

---

① 柯耀程：《变动中的刑法思想》，瑞兴图书股份有限公司1999年版，第143页。

又能够较好地解释结果加重犯之加重处罚根据，但实则不然。首先，行为人于实施基本行为之际，如已然认识到基本行为存在致人死亡的具体危险时，无论如何也不能说行为人主观上仅有伤害的故意。事实上，此时行为人对死亡结果持放任的心理态度，即剥夺他人生命的间接故意。当死亡结果出现时，即便行为人不希望该结果发生，也应当以故意杀人罪定性。其次，危险故意说将无认识的过失排除在结果加重犯之外，不免有失妥当。无认识的过失客观上亦存在引致加重结果的内在的高度危险性，主观上也不能排除对其非难的可能。最后，危险故意说违背了结果加重犯的立法规定。虽然理论上有关结果加重犯的类型尚存争议，但无可否认的是故意＋过失型的结果加重犯属于最典型也最具代表性的结果加重犯。又，如前所述，在明确规定结果加重犯的立法例中，多数立法规定要求行为人主观上至少存在过失或者有预见可能，即立法亦明确要求行为人对加重结果具有过失的结果加重犯。就此而言，通说即双重罪过理论有其合理性。但在笔者看来，通说也存在重大隐忧：将行为人对加重结果的罪过厘定一般过失，有失宽泛，亦不能起到严格限定结果加重犯之法律适用的效果；更为重要者，通说不能合理地解释结果加重犯之加重处罚的合理根据。故根据本章有关结果加重犯加重处罚根据的理解，笔者以为，应当将行为人对加重结果之发生的主观罪过形式限定为重大过失或轻率。与此相关的问题是，如何认定结果加重犯主观构造中的过失甚或轻率。对此，我国台湾地区司法实务的基本态度是以行为人对加重结果之发生能否预见为标准，即以行为人能预见其结果之发生为结果加重犯之构成要件。所谓能预见，系指客观情形而言，与主观上有无预见之情形不同，若主观上有预见，而结果之发生又不违背其本意时，则属故意范围。[①]对上述实务见解，有批评意见认为，客观的预见可能性主张有违反责任主义之嫌[②]，继而主观的预见可能性说为部分学者所主张[③]。笔者以为，在结果加重犯的场合，若行为人于实施基础行为之际主观上已然预见到结果发生之可能，依然放任该结果之发生，则于结果实现后，即属间接故意。就此而言，上述实务立场有其合理之处。又因过失与故意均应作为责任要素，而刑法中有关责任的评价无疑应当是主观的、个别的，就此而言，客观的预见可能性说确实违背了责任主义之基本要求，故而在预见可能性与否的认定标准问题上，笔者赞同主观的预见可能性说。但需要指出的是，作为判定行为人能够预见的基础资料，应当包括行为时的主客观事实，即应当把行为人的知能水平与行为本身的危险程度以及行为时的客观环境结合起来，作为是否具有预见结果发生可能性的判断基础。[④]重大

① 林钰雄:《新刑法总则》，中国人民大学出版社 2009 年版，第 73 页。

② 黄荣坚:《刑法问题与利益思考》，中国人民大学出版社 2009 年版，第 336 页。

③ 陈子平:《刑法总论》，中国人民大学出版社 2009 年版，第 258 页。

④ 笔者虽赞同主观的预见可能性说，但与前述学者所主张之主观的预见可能性之理论基础截然不同。前述学者采新过失理论，将过失分为构成要件的过失与责任的过失，前者以客观的预见可能性与客观的结果回避可能性为前提，后者以主观的预见可能性与主观的结果回避可能性为前提。笔者坚持客观的违法性理论，赞同修正的旧过失说，认为故意、过失系责任形式，与行为之违法性及其程度无关，故而并不区分构成要件的过失与责任的过失。

过失或轻率与普通的过失相比，意味着行为人违反注意义务的程度非常明显。具体到结果加重犯场合，基本行为内生性地具有引致加重结果的类型化的高度危险，这一点客观上为包括行为人在内之社会一般人轻易所熟知。继而，若能够肯定行为人于实施基本行为之际，根据行为人自身认知能力与行为时的客观条件，若稍加注意即能预见并避免结果之发生，即可认定行为人对加重结果存在重大过失。

综上所述，结果加重犯基本行为内生性蕴含着引致加重结果的高度危险性，而此一类型化的高度危险关联确为包括行为人在内之社会一般人所熟知，基于预防犯罪并严厉谴责行为人之考虑，有必要加重其法定刑。结果加重犯之法律适用，客观方面应特别考察基本行为与加重结果之间类型化的高度危险之实现关系，主观方面在确认基本犯之故意罪过的同时应重点检讨行为人于实施基本行为之际对加重结果之发生是否存在重大过失。由此可见，一方面，结果加重犯既不同于一般的故意犯罪，又有别于普通的过失犯罪；另一方面，结果加重犯又同时拥有故意犯与过失犯的部分基因，十足像是故意犯与过失犯两大家族“联姻”下诞生之新生命。[①]其虽为父母之子女，但亦当具有独立于父母之法律人格。就此而言，结果加重犯应是与故意犯、过失犯并列且独立的一类犯罪。

---

① 许玉秀：《主观与客观之间》，法律出版社2008年版，第321页；陈友峰：《数人参与下之结果加重犯》，载《鸟瞰共同正犯》，承法数位文化有限公司2012年版，第29页。

第二节　结果加重犯的共同正犯的理论与实践及其检讨

一、国外结果加重犯之共同正犯的理论与实践

如前所述，依据《德国刑法典》第 18 条，结果加重犯的法律效果不仅适用于正犯，亦及于共犯。又根据《德国刑法典》第 11 条规定，结果加重犯被定位于故意犯罪之列。[①] 据此，在德国，结果加重犯成立共同正犯或狭义共犯，无疑具有形式的法律根据。鉴于结果加重犯特殊的行为构造，理论界围绕第 18 条的争议异常激烈。依据《德国刑法典》第 11 条规定，虽应以故意犯来把握结果加重犯，但结果加重犯之主观构造的复合性注定其不同于普通的故意犯罪，事实上也不能否认行为人对加重结果存在过失或轻率这种情形。因此，必须立足结果加重犯之罪质构造，结合共同正犯之基本原理，探讨结果加重犯成立共同正犯甚或共犯的可能及其法理基础。对此，虽然也有学者立足客观处罚条件说论证结果加重犯亦可成立共同正犯，德国帝国法院时期也曾以此为指导认定伤害致死罪之共同行为人成立共同正犯，但鉴于该说严重违

---

① 《德国刑法典》第 11 条第 2 款规定："本法所称之故意犯罪是指：故意实现犯罪构成要件，其中包括故意实施本法规定构成要件为前提的行为而过失引起了特别的结果。"

反责任主义，早然被放弃。[①] 有学者立足危险故意说论证结果加重犯之共同正犯的适法性，认为依据《德国刑法典》第 18 条“至少具有过失”之规定可知，行为人以未必的故意实现加重结果或认识且容忍基本行为引致加重结果的高度危险继而客观上导致结果发生时，共同行为人当然可以成立结果加重犯之共同正犯。[②] 很显然，论者以第 11 条规定为前提，基于第 18 条实质合理性之考虑，将结果加重犯成立共同正犯之情形限定于故意 + 故意型结果加重犯，继而论证结果加重犯成立共同正犯的合理性。但该种结果加重犯原本即为典型的故意犯罪，其成立共同正犯并无异议，真正需要解决的问题是故意 + 过失型结果加重犯可否成立共同正犯。[③] 对此，德国刑法学通说认为，行为人究竟正犯或共犯，应以其对于基本犯罪之参与形式而确定，至于该正犯或共犯应论以故意的基本犯，抑或是结果加重犯，则无关其与其他参与者之分担关系，而仅取决于其本身与加重结果之关系。共同正犯在结果加重犯之情形，对于加重结果系依据个别行为人有无过失，而各自进行判

---

① 余振华:《刑法深思 · 深思刑法》，元照出版公司 2005 年版，第 263—264 页。

② Vgl.H.J.Ziege，Die Bedeutng des 56StGB fur Anstiftung und Beihilfe，NJW1954，(Anm4)，S.179f. 转引自余振华:《刑法深思 · 深思刑法》，元照出版公司 2005 年版，第 265 页。

③ 在笔者看来，依据论者有关结果加重犯之共同正犯的基本认识，论者实际上否认故意 + 过失型结果加重犯成立共同正犯。

断。[①] 易言之，在结果加重犯场合，德国刑法通说认为共同行为人在基本犯的范围内可以成立共同正犯，但就加重结果是否成立结果加重犯，则应依据行为人各自是否存在过失分别判断。申言之，即便能够肯定基本犯的共同正犯对加重结果之发生存在过失，均成立结果加重犯，但就加重结果而言，也仅系同时犯或相互正犯关系。[②] 在结果加重犯之共犯的法律适用方面，德国法院基本秉承通说意见。[③] 德国法院否认结果加重犯成立共同正犯之立场，或许与其判例历来否认过失的共同正犯一脉相承。

日本刑法学界通说历来认为，结果加重犯的构造系故意的基本犯与过失的结果犯的结合形态。[④] 据此，以共同正犯本质考虑问题之基点，在与是否承认过失共同正犯相关联上，进行逻辑上的推演，一般性的结论是行为共同说→过失共同正犯肯定论→结果加重犯之共同正犯肯定说；犯罪共同说或共同意思主体说→过失共同正犯否定论→结果加重犯之共同正犯否定论。唯现在也存在

---

① Jescheck/Weigend，LB，§54 Ⅲ 3（S.572）.Roxin，AT Ⅱ，§25 Ⅲ Rn.197. WESSELS/Beulk，AT，Rn.693.S/S–Cramer/Sternberg–Lieben，§18 Rn.7. 转引自谢开平：《结果加重犯之共同正犯》，载《鸟瞰共同正犯》，承法数位文化有限公司 2012 年版，第 58 页。

② 蔡惠芳：《结果加重犯之共犯问题》，载《月旦法学》2005 年第 3 期。

③ ［德］克劳斯·罗克辛：《德国最高法院判例：刑法总论》，何庆仁、蔡桂生译，中国人民大学出版社 2012 年版，第 225—226 页。

④ ［日］团藤重光：《刑法纲要总论》，创文社 1990 年版，第 337 页；［日］西田典之：《日本刑法总论》，刘明祥、王昭武译，中国人民大学出版社 2007 年版，第 67 页。

立足行为共同说之立场肯定过失共同正犯却否定结果加重犯之共同正犯者，亦有基于犯罪共同说否定过失共同正犯却也承认结果加重犯之共同正犯者。前者如牧野英一教授认为，共同实行仅需要单纯的行为的共同，犯意的关系并非共犯关系的要件，与多人参与实施一定行为时，复数参与人亦可成立过失的共同正犯。但囿于结果加重犯之罪质构造，数人参与结果加重犯的场合，就加重结果却并无成立共同正犯的可能。① 后者如团藤重光教授，团藤教授立足人格责任论主张犯罪共同说，认为过失行为在主观方面，跨越了有意识与无意识的领域，有意识的部分并非过失行为的本质，以有意识的部分存在意思联络，继而论证过失犯的共同正犯，完全脱离了过失犯的本质。② 但就数人参与结果加重犯场合，团藤教授则指出，在强盗罪的共同正犯中，如果其中一人之行为导致被害人死伤，则全部参与者在对死伤结果存在预见可能的范围内，均应负强盗致死伤的罪责。③ 此外，还有学者立足共同意思主体说否定过失共同正犯却肯定结果加重犯之共同正犯，如齐藤金作教授立足共同意思主体说认为，共同正犯的意义在于共同者的行为一致指向一个共同的目的，并在此基础上彼此形成了意思联络与合致。在过失犯的场合，不可能形成共同意思主体，因此应当否定过失的共同正犯。但是，当行为人所实施之行为在可以被视为

---

① [日]牧野英一：《刑法总论（上）》，有斐阁 2001 年版，第 458、480、478 页。

② [日]团藤重光：《过失犯与人格责任论》，载《日冲宪郎博士还历祝贺》，有斐阁 1966 年版，第 67 页。

③ [日]团藤重光：《刑法纲要总论》，创文社 1990 年版，第 376 页。

系共同意思主体的犯罪时，在该范围内所实施之行为属于共同意思主体的活动，所有共同行为人应被视为一体而对此犯罪及其所有后果负责。[①] 日本的判例认为，基本犯和加重结果之间如果存在条件关系，即可成立基本犯的共同正犯，即使关于加重类型的致死的罪责，当然也能够肯定成立共同正犯。现在学说上对与结果加重犯的共同正犯持肯定见解的处于支配地位。[②]

二、国内有关结果加重犯之共同正犯的争论

在是否肯认结果加重犯之共同正犯问题上，我国台湾地区刑法学界虽然也有学者基于客观注意义务之违反，主张结果加重犯得成立共同正犯，[③] 但主流意见则持否定态度，认为就“故意基本行为 + 过失加重结果”之加重结果犯类型，就加重结果部分而言，既然是过失犯，也就各自判断各个行为人是否符合结果加重犯之成立要件，尤其是各该行为人对于加重结果有无预见之可能性。[④] 台湾地区判例对于结果加重犯之共同正犯历来主张肯定的立场，认为共同正犯中之一人所引起之加重结果，其他人应否同负加重

① ［日］齐藤金作:《共犯判例与共犯立法》，有斐阁 1959 年版，第 117 页。

② ［日］佐久间修:《共同过失与共犯》，林亚刚译，载马克昌、莫洪宪主编:《中日共同犯罪比较研究》，武汉大学出版社 2003 年版，第 68 页。

③ 余振华:《刑法深思·深思刑法》，元照出版公司 2005 年版，第 274 页。

④ 林山田:《刑法通论》(下册)，元照出版公司 2008 年版，第 101 页；林钰雄:《新刑法总则》，中国人民大学出版社 2009 年版，第 342 页；周冶平:《刑法总论》，作者自版 1966 年版，第 395 页；黄常仁:《刑法总论》，汉兴出版有限公司 1995 年版，第 211 页。

结果之全部责任，端视其就此加重结果之发生，于客观情形能否预见，而非以各共同正犯之间，主观上对于加重结果之发生，有无犯意之联络为断。[①]“就加重结果而论，共犯仅就故意之基本犯罪从属于正犯，对加重结果则无从属可言（过失犯不能成立共犯），则其是否应对加重结果负责，亦唯共犯本身就加重结果之发生能否预见，有无过失为问，且通常较诸共同正犯不易成立。”[②]

我国大陆刑法学界有关结果加重犯之共同正犯的研究较为薄弱，就现有研究来看，持肯定意见者较多。如陈兴良教授认为，在结果加重犯的场合，共同犯罪人既然共谋实施某一犯罪，则其对于犯罪可能发生的加重结果是应当预见的，即主观上存在过失。因此，共同实行犯中各共同犯罪人对加重结果都应承担刑事责任，而不论加重结果是否由本人的行为直接造成。[③]又如，林亚刚教授指出，二人以上共同实行了结果加重犯的基本犯罪时，有一部分人的行为发生了重的结果，其他人即使没有直接动手或对加重结果发生不具有直接原因力，也应该对加重结果承担共同正犯的刑事责任。[④]主张肯定论者的学者中，亦有学者持限定的肯定论，即将结果加重犯区分为故意＋故意型结果加重犯与故意＋过失型结果加重犯，认为前者可以成立结果加重犯的共同正犯，但后者因

---

① 2002年台上字第50号判决。

② 2011年台上字第6904号判决。

③ 陈兴良:《共同犯罪论》，中国人民大学出版社2006年版，第381页。

④ 林亚刚、何荣功:《结果加重犯共同正犯刑事责任的探讨》，载《郑州大学学报》2002年第4期。

为过失而发生重的结果，不成立结果加重犯的共同正犯。[①]

三、结果加重犯之共同正犯的反思性检讨

在结果加重犯之共同正犯问题上，整体来看，德国刑法学通说持否定意见，而其司法判例不仅否认过失共同正犯，而且否定结果加重犯成立共同正犯；日本刑法学通说与司法判例则倾向于肯认结果加重犯的共同正犯；我国台湾地区刑法学界通说就结果加重犯之共同正犯持否定意见，但司法实务对此则持肯定态度；我国大陆刑法学界围绕结果加重犯的共同正犯的研究相对薄弱，从现有研究来看，肯定论者较多。

首先，有必要检讨结果加重犯成立共同正犯的实际意义。主张结果加重犯成立共同正犯，其旨趣无疑在于援用共同正犯的法律效果——“部分行为、全部责任”，解决诸如本章伊始所举情形中并未亲自引致加重结果者应否就加重结果负责问题。但与故意的共同正犯不同，上述法理适用于结果加重犯时，充其量作为对基本犯的参与者进行归责的客观基础，即客观归责条件而非充分必要条件。这使得肯认结果加重犯成立共同正犯的实益减少，此其一。其二，即便否定多人就加重结果成立共同正犯，也依然有肯定基本犯的参与行为与加重结果之间存在直接关联性的可能。

---

① 陈家林：《共同正犯研究》，武汉大学出版社2004年版，第225页；赵辉：《论结果加重犯的共同正犯》，载《武汉理工大学学报（社会科学版）》2006年第6期。

易言之，即使不援用共同正犯之“部分实行、全部责任”的法理，同样可以实现客观归责，即通过对共同正犯基本构造的重新厘定，发掘并未亲自引致加重结果的参与者与加重结果之间存在因果关系。其三，在结果加重犯的场合，就加重结果而言，基本犯的参与者只存在是否成立犯罪的问题，并不需要区分正犯与共犯，在这个意义上，成立共同正犯抑或单独正犯不会影响刑罚裁量。但是，分析各参与者分别是否构成结果加重犯比论证其是否构成共同正犯则简单得多。而若认为共同正犯原本即为单独正犯的话，在此论证数人就加重结果成立共同正犯更无必要。

其次，有必要立足共同正犯的构成条件，检视数人参与结果加重犯的场合，成立共同正犯的可能。众所周知，成立共同正犯，要求二人以上需存在客观上的行为分担与主观上的意思联络。联系前述有关结果加重犯的行为构造可知，基本行为与加重结果之间必须具有类型化的高度危险之实现关系。在数人参与结果加重犯的场合，实行具有引致加重结果的高度危险的行为以及加重结果未必均属原本的行为计划之内，将超出犯罪计划的行为与结果客观归责于其他犯罪参与者，有违客观归责的一般原理。易言之，“部分行为、全部责任”之共同正犯法律效果的适用，在客观方面必须以共同的行为计划为基础进行归责。例如，甲、乙二人共谋抢劫，由甲负责望风，乙按照预定计划使用麻醉剂麻倒被害人后再行劫财，乙临时却选择使用木棍敲击被害人头部，意图使其昏厥，但终因力度过大而使被害人死亡。用木棍敲击被害人头部的行为，作为抢劫罪的手段行为，虽并未超出该罪的暴力程度范围，但抢劫手段与工具上的变化，在引致被害人死亡这一加重结果上，其内在的危险性无疑远高于使用麻醉剂。上述变化对甲来说是严重偏离了行为计划的。申言之，抢劫手段或工具的变化，在抢劫罪的犯罪构成评价方面或许是不重要的，但在与加重结果的危险关联与危险实现方面，上述变化对结果加重犯的评价与客观归责却变得尤为重要。就此而言，在数人参与结果加重犯的场合，就部分参与者行为引致的加重结果，不能当然适用“部分行为、全部责任”的法理。此其一；其二，考虑到必须严格贯彻责任主义，结果加重犯之成立要求行为人就加重结果之发生主观上至少存在过失。虽要求行为人就加重结果主观上有过失，但又不能存在主观上的预见可能性，而只能具有客观上的预见可能性。具体到数人参与结果加重犯的情形，即便能够肯定数人基于犯罪计划存在客观上的行为分担，也万不能说基本犯的参与者就加重结果主观上存在意思联络。而是否存在客观上的预见可能，无疑应就各行为人之自身为个别且独立之判断。因此，立足共同正犯之构成要件分析可知，数人参与结果加重犯的场合，基本犯的参与者在主客观方面均不具备共同正犯之构成要件。

最后，在数人参与结果加重犯的场合，论证基本犯的参与者就加重结果成立共同正犯，无疑应当与过失共同正犯之成立与否联系起来，进行一体化的考量。即肯认过失共同正犯自应趋于承认结果加重犯之共同正犯肯定论，反之，则应主张否定论。德国司法判例与通说既否定过失共同正犯，也反对结果加重犯成立共同正犯，可谓具有论理上的一贯性；比较而言，日本学界否定过失犯的共同正犯而肯定结果加重犯的共同正犯的观点，确实缺乏理论上的一贯性。[①] 如果将包括共同正犯在内的共同犯罪仅视为实现犯罪的一种方法类型，即便在共动的场合，也应当依据犯罪构成分别确认各参与行为的不法与责任的话，在数人参与结果加重犯的场合，的确没有必要论证各参与人是否就加重结果成立共同正犯。易言之，分别就各参与者的行为与结果客观上是否存在危险关联与实现关系，行为人主观上对此危险实现关系是否存在重大过失进行独立判断，并不会出现处罚上的空隙。就此而言，在确认基本犯的参与者就加重结果客观上存在危险关联、主观上具有重大过失继而成立结果加重犯时，就加重结果而言，将复数参与者定位为同时犯的德国判例与通说，无疑是准确的。

第三节　结果加重犯的共同正犯之消解

笔者以为，结果加重犯与共同正犯的竞合确实为我们深刻反省并彻底解决数人参与结果加重犯之法律适用提供了绝佳的机会，而欲解决上述问题，终须以结果加重犯之罪质为基础，以共同正犯行为构造之重新厘定为契机，以过失共同正犯之成立与否为衔接，探究数人参与结果加重犯场合是否有必要成立共同正犯。

---

① ［日］平野龙一:《犯罪论的诸问题》，有斐阁 1981 年版，第 123 页。

一、共同正犯之构造与过失共同正犯之消解

与狭义共犯相比较，共同正犯在客观归责部分需要特别检讨的应是其归责的“交互性”，而正是这种客观归责的交互性决定了共同正犯在法律效果上呈“部分行为、全部责任”的现象。具体来说，在我们看来，共同正犯的交互归责属性，必须立足共同正犯之行为构造。共同正犯场合，各参与者基于行为分担的意思联络，彼此将对方视为自己的合作伙伴，客观上分工协作，相互促进，并将对方之身体与行为视为自己身体与行为之延伸与补充。在此，是否分担或是否实施了全部的构成要件行为无关紧要，因为即使没有分担构成要件行为者，其通过构成要件行为分担者也在一定程度上支配着犯罪的流程。这正是共同正犯交互归责的基础与原因。因此，在犯罪参与现象中，对参与行为尤其是未分担构成要件者的参与行为的评价必须规范而非自然的把握与观察。表面来看，共同正犯中部分参与者似乎要为别人的行为及其不法结果负责，甚至存在仅实施了犯罪预备阶段的行为却要对整个犯罪负责的现象。但从共同正犯行为分担的角度看，由于彼此将对方之行为作为自己行为之补充与延伸，并将对方之参与行为纳入并整合进自己实现不法的有机整体中，故而行为人不仅需要对自己所分担的行为负责，更要对自己行为之延伸部分——被利用的他人的行为负责，继而对整个不法事态负责，这并不违背个人责任原则。在这个意义上可以说，共同正犯在构造上表现为互为间接正犯。就此来看，也并不存在所谓的“部分实行、全部责任”，而只能

是“全部行为、全部责任”。又因共同正犯仅为犯罪参与之一种形式，其本身并不决定违法性之有无及其程度，就此而言，完全可以说共同正犯这一犯罪参与形式没有被特别规定之必要。具体到过失共同正犯所涉之过失共动现象，笔者以为，考虑到参与犯构成要件行为之特殊性，并结合过失犯之特点，应按照下述解决方案进行：数参与人基于共同行为之意思联络，分工协作，相互配合，彼此将对方之参与行为作为自己身体之延伸与补充。由于彼此将对方之参与行为纳入自己的活动计划并作为自己身体与行为之延伸与补充，故理应为其身体延伸部分之活动负责，这不仅完全符合个人责任原则，也是行为人就“他人”（自然意义上的“他人”，规范层面的“自己”）的参与行为履行客观注意义务的法理根据。在此，各参与者不仅负有防止自己参与行为引发危害结果的义务，同时还负有督促并确保作为自己身体延伸部分之其他人注意防止危害结果发生的义务。如果违反上述客观注意义务，导致结果发生，即可分别就各参与者追究其过失犯之刑事责任。

二、数人参与结果加重犯之法律适用

共同正犯并非特别的法样式，其与通说所认定的同时正犯并无本质区别；共同正犯的归责原理表象是“部分行为、全部责任”，实质上仍为“全部行为、全部责任”；不论是参与故意的共动抑或是过失的共动，各参与行为的不法性与有责性的判断都应当是独立的。基于上述认识，笔者以为，在数人基于共同的犯罪计划实施基本犯罪而引致加重结果的场合，首先应当根据结果加重犯的构成要件确认直接引致加重结果发生者的参与行为是否成立结果加重犯。在得出肯定结论的基础上，立足共同的行为计划以及其他参与者的分工与实际参与情况，分别就其各自行为的不法与责任为独立判断。详言之，在不法评价阶段，尤其是客观归责部分，应当重点考察直接引致加重结果的参与行为是否严重脱离了预先的犯罪计划，并在与结果加重犯相关联的意义上考虑直接引致加重结果的参与行为能否继续评价为其他参与者行为的补充与延伸；继而在责任的评判阶段，分析其他参与者对加重结果之发生是否存在主观上的重大过失，即以预见可能性为内容，立足行为时的主客观情况，并结合参与者自身的认知能力，判断其是否具有客观上的预见可能性。若于上述两阶段均得出肯定结论，则可以肯定其他参与者构成结果加重犯；否则，在上述任一评价中得出否定结论，则可以径直否定其对加重结果负责。在数人参与结果加重犯的场合，就其判断结果来看，不排除部分基本犯的参与者不构成结果加重犯的可能。即便基本犯的参与者中有多人构成结果加重犯的情形下，他们之间无非系结果加重犯的同时正犯。很明显，上述评价过程并未遵循通说所主张的共同正犯的认定思路，更未适用共同正犯所谓的“部分行为、全部责任”的法律效果；从法律适用效果角度看，既未出现因遵循整体性评价思路而导致结果加重犯适用泛滥的现象，也未因否定结果加重犯成立共同正犯而致出现刑罚处罚间隙的局面。

三、数人参与结果加重犯的法律适用之于犯罪参与的体系性思考

上述有关结果加重犯之共同正犯的探讨，均是以二元犯罪参与体系为叙事语境，但不得不指出的是，当二元参与体系适用于数人参与结果加重犯场合时，却暴露出其适用上的局限性。二元参与体系原本以数人参与故意犯罪的定罪与处罚为己任，而结果加重犯的复合罪过特点，决定了该体系充其量只能适用于基本犯部分，就过失的加重结果部分，各该参与者只存在是否成立犯罪的问题，而无必要更无可能再行区分正犯与共犯。申言之，在数人参与结果加重犯场合，数人是否就该加重结果成立结果加重犯，唯客观上需考察各该参与者之参与行为与加重结果之间是否存在直接的危险关联，主观上应分析各参与者是否就加重结果各自具有预见可能。事实上，在结果加重犯的共同正犯问题上，不论是肯定论抑或是否定论，最终都必须结合结果加重犯特殊的罪质构造，按照上述考察思路解决过失的加重结果部分的犯罪参与问题。这无疑遵循了统一正犯体系的思维逻辑，即将所有为犯罪的成立赋予条件者均视为正犯，并适用同一的法定刑。但问题在于，在一个共动现象中，同时运用两种截然不同的共同犯罪立法模式，这不仅折射出二元参与体系的局限性，而且在方法论上也缺乏一贯性。联系笔者有关共同正犯与过失共同正犯构造的解析，尤其考虑到数人参与结果加重犯场合的法律适用，笔者更倾向于统一正犯体系。就此而言，处理共动场合各参与者的犯罪问题，无疑

仍需以犯罪构成为标准，独立且逐一考察各参与行为的不法性与有责性。共同正犯亦并非特别的法样态，不论是故意的共同正犯抑或是过失的共同正犯，不过是实现不法的方法类型而已。结果加重犯的共同正犯，更是一个完全没有必要的刑法范畴，究其本质而言，充其量是数个同时犯而已。

07

第七章　限制的正犯概念与二元犯罪参与体系之全面批判

CHAPTER

一般认为，犯罪参与理论主要围绕两个基本问题展开：其一，构成要件的范围，即解决在多种多样的参与者中哪些行为人应当是可罚的问题；其二，刑罚裁量，即根据各参与者的不法与责任进行适当的量刑以便实现刑罚个别化的问题。奥地利学者奇纳甫菲尔（Kienapfel）将此概括为“共动二重性”（Doppelnatur der Mitwirkung）。[①] 易言之，共同犯罪的立法与理论主要解决犯罪参与人的定罪与量刑两大问题。众所周知，共同犯罪立法模式大致存在不区分正犯与共犯的统一正犯立法模式[②] 与正犯·共犯二元区分的立法模式[③]，前者以意大利、奥地利、俄罗斯等国刑法为典范，后者则以德国、法国、日本等国刑法为代表。共犯理论当以

① ［日］高桥则夫：《共犯体系与共犯理论》，冯军、毛乃纯译，中国人民大学出版社 2010 年版，第 17—18 页。

② 单一制立法模式基本特征：（1）为犯罪成立赋予条件者，皆为正犯；（2）不重视行为形态的区别；（3）对于犯罪的成立，根据各个正犯的行为，个别地探讨不法和罪责；（4）对于各正犯适用同一法定刑；（5）根据各正犯的参与程度和性质来量刑。陈子平：《刑法总论》，元照出版公司 2008 年版，第 438 页。

③ 区分制立法模式基本特征：（1）以限制的正犯概念为逻辑起点，从构成要件行为的实行者与参与者系不同参与类型的立场出发，将各参与者严格区分为正犯和共犯；（2）从各参与者的严重程度上考察，正犯、教唆犯和帮助犯呈现一种由“多”到“少”的落差走向，可谓规范上的层次关系；（3）立法者对正犯和共犯分别配置轻重不同的法定刑。钱叶六：《中国犯罪参与体系的性质及其特色》，载《法律科学》2013 年第 6 期。

共犯立法为依托，共犯立法对共犯理论具有重要意义。[①] 有鉴于此，区分制也是以德、日为代表的大陆法系国家刑法理论的通说。

在我国，随着国际学术交流日趋广泛且深入展开，刑法知识去苏俄化的同时，也呈全面德、日化之势。在犯罪参与理论尤其是共同犯罪立法模式方面，如果说此前的研究是无意间以正犯·共犯二元区分制为背景展开的话，随着近年来共犯立法模式尤其是单一正犯体系的抬头，我国学界部分学者开始自觉关注犯罪参与体系问题，少数学者明确提倡以单一正犯体系构建我国共同犯罪理论。[②] 犯罪参与体系是犯罪参与理论建构的叙事语境，差异化的体系孕育并形成特色化的参与理论，不同参与理论优劣各异，实践效果大相径庭。有鉴于此，反思性检讨以限制的正犯概念为基础构建的正犯·共犯二元犯罪参与体系具有重要的理论价值与实践意义。

---

① 陈兴良:《历史的误读与逻辑的误导——评关于共同犯罪的修订》，载陈兴良主编:《刑事法评论》第2卷，中国政法大学出版社1998年版，第279页。

② 江溯:《犯罪参与体系研究——以单一正犯体系为视角》，中国人民公安大学出版社2010年版，第4—5页；阎二鹏:《扩张正犯概念体系的建构》，载《中国法学》2009年第3期；刘明祥:《论中国特色的犯罪参与体系》，载《中国法学》2013年第6期。

第一节　限制的正犯概念及其逻辑基石批判

限制的正犯概念是二元犯罪参与体系的理论基石与逻辑起点，其一直存在于法制史上。现代的限制正犯概念是构成要件理论的产物，也为当前德、日等大陆法系代表性国家和地区刑法所采行。[①]明定构成要件是罪刑法定原则的体现与要求。在以构成要件为定义犯罪的基本要素的时代，根据严格意义上的限制正犯概念，正犯即真正的犯罪人，是亲自实现构成要件的人。因其以自己的身体动静直接实现法定构成要件，故原本即刑法规制的对象；透过正犯该当构成要件行为与构成要件实现间接发生因果关系者非正犯而系共犯。共犯并未亲自实现构成要件，共犯行为也不同于构成要件行为，故共犯并非构成要件原本预设的归属者，立法上处罚共犯的规定是刑罚扩张的表现，教唆犯与帮助犯可谓之“刑罚扩张事由”。易言之，根据限制的正犯概念，正犯与共犯系本质相异的参与形态，两者的构成要件也存在结构性差异。但在笔者看来，限制的正犯概念这一基础逻辑命题值得商榷。

① 许玉秀:《刑法的问题与对策》，成阳印刷股份有限公司 1999 年版，第 10 页。

一、正犯与共犯性质当属相同

无论是立足规范论抑或是法益保护角度都应认为，正犯与共犯系同质而非异质的犯罪形态。众所周知，刑法规范由行为规范和制裁规范组成。前者面向司法者，后者面向一般人。作为面向一般民众的行为规范，刑法规范通过命令或禁止方式告诫人们避免实施不法行为。每一刑法规范均有其固有目的，行为规范的目的即在于法益保护。以《刑法》第232条为例，在“故意杀人的”这一法文背后内含着“禁止杀人”这样的行为规范，并借此保护人的生命这一重大法益。这样的行为规范不仅适用于直接实施杀人行为者即正犯，而且适用于通过教唆或帮助正犯引致他人死亡者即共犯。也就是说，正犯与共犯违反了同一个行为规范。这一点也可从“共犯处罚根据”的学说演进得到有力的说明与作证。早期的责任共犯论[①]与稍晚的违法共犯论[②]无疑均是在犯罪性质截然不同的意义上厘定正犯与共犯，但责任共犯论因违反实定法有关个人责任原则的规定而遭到抛弃，违法共犯论则因过分重视刑法的社会伦理机能、执着地偏重共犯本身的行为无价值而忽视了刑法的使命在于法益保护以及结果无价值在不法论中的地位，被

① 责任共犯论的基本主张及其特色用H.迈尔的经典表述可概括为：“正犯实行了杀人行为，教唆犯制造了杀人犯。”

② 违法共犯论是立足人的不法论的一种学说，认为共犯是因为使正犯陷入与法敌对的状态，破坏了社会的和平而受处罚。[日]荻原滋：《刑法概要（总论）》，日本成文堂2002年版，第158页。

批评为“内容上更接近于责任共犯论的学说”、是“责任共犯论的违法版”[①]，违法共犯论也早已走向衰退。在共犯处罚根据方面，目前国内外通说是因果共犯论，该说内部虽复存不同观点，但其基本主张认为，共犯是因与正犯共同引起正犯实现的结果而受处罚。从共犯处罚根据的演进来看，学理上有关共犯与正犯的犯罪性质的认识经历了截然相左到大致趋同这样的转变，最终在法益侵害这一结果无价值意义上把握正犯与共犯的不法属性。事实上，在避免法益侵害的意义上，应当说刑法规范不仅规范单个人的法益侵害行为，更应禁止二人以上共同的法益侵害活动；不仅禁止直接的法益侵害，而且禁止间接的法益侵害。易言之，在行为规范的指向与法益保护的避免方面，无论是正犯还是共犯均完全一致。对此，当今限制的正犯概念论者也正面予以肯认。但囿于其实定法的规定，论者依旧认为，就制裁规范而言，刑法分则中的制裁规范是对应于作为正犯的行为规范违反的东西，作为共犯的行为规范违反就不妥当了。在此，宜将刑法总则中的共犯规定置于制裁（媒介）规范的地位。[②]一言以蔽之，正犯与共犯不能适用同一的法定刑，共犯的法定刑必须是在刑法分则制裁规范基础上，结合刑法总则相关规定进行某种“修正”后方才成型。笔者以为，

---

① ［日］前田雅英：《刑法入门讲义》，日本成文堂2002年版，第240页；［日］川端博等：《刑法理论展望》，日本成文堂2001年版，第352页。转引自杨金彪：《共犯的处罚根据》，中国人民公安大学出版社2008年版，第50页。

② ［日］高桥则夫：《规范论和刑法解释论》，戴波、李世阳译，中国人民大学出版社2011年版，第117页。

决定正犯与共犯性质的不应当是制裁规范而是行为规范。不论是正犯还是共犯，无疑都是犯罪，其本质在于法益侵害。行为规范的目的在于法益保护，制裁规范的目的在于刑法目的的实现。详言之，在行为规范与制裁规范之间，决定法益保护并与其直接相关的不是制裁规范而是行为规范。既然正犯与共犯在规范违反方面完全相同，就应当承认两者犯罪性质的一致。在笔者看来，限制的正犯概念论者有关正犯与共犯在制裁规范的差异性方面实在是一种无奈的坚持，其代价是昂贵的：为了在犯罪参与领域更好地贯彻落实罪刑相当原则，限制的正犯概念论者不得不走向正犯概念实质化的道路，这不仅导致正犯与共犯界限的混乱与模糊，而且使得正犯外延不可逆地泛化，最终走向了限制正犯概念的对立面。

二、构成要件的解读方法：规范论而非存在论

根据限制的正犯概念，正犯是直接实现法定构成要件者或者实施法定构成要件行为的人，共犯则是透过正犯间接实现所谓“修正的构成要件”者或者实施法定构成要件行为以外的人。如所周知，刑法规范的载体是刑法条文，立法者也是通过刑法条文规定各种犯罪的成立条件。基于罪刑法定主义的要求，刑法条文自然应尽可能具体且明确；但与此同时，刑法条文也必须保持简洁与凝练，“极度的精密在法律中受到非难”，“越细密的刑法漏洞越多”。[①]

① 张明楷：《刑法格言的展开》（第三版），北京大学出版社2013年版，第5—6页。

事实上，就法律内容的具体规定方法而言，除了以某种抽象且概括的表现方法之外，也实在没有其他直接表现出来的方法。[①] 正因如此，无论是构成要件行为还是构成要件之实现均有进一步解释的必要与空间。同样以我国《刑法》第 232 有关故意杀人罪的规定为例，“故意杀人”这样的法文是对规范实像的高度概括，立足法益保护这一本质可以想象，立法者设置故意杀人罪旨在禁止一切非法剥夺他人生命的行为，不论是作为的还是不作为的、单独的抑或是共同的、直接的或者间接的，均作为禁止的对象，而具体方法更是不胜枚举，教唆杀人、帮助杀人自不待言。就此而言，《刑法》第 232 条中的杀人行为当然也涵括教唆杀人与帮助杀人行为。换句话说，实施教唆或帮助杀人行为者，无疑也属于实施法定构成要件行为的人。因此，单从文义解释的角度，我们并不能将教唆或帮助行为从构成要件行为中剔除。诚如所言，一个人的行为实现不法构成要件，实际上是一个语言理解的问题，刑法条文对构成要件的描述，其实也没有清楚到哪种程度，说一定要怎么样才算是实现法定构成要件。[②]

构成要件是不法行为的类型。从实质上看，行为人实现了构成要件意味着行为造成了法益侵害，即行为与结果之间存在因果关系。刑法归责的任务在于从众多的因果流程中找出为法益侵害结

① ［日］三谷隆正:《法律哲学原理》，徐文波译，商务印书馆 1937 年版，第 92 页。

② 黄荣坚:《基础刑法学》(下)，中国人民大学出版社 2009 年版，第 500 页。

果做出贡献的行为人，并将该结果算到他的头上。[①]但依照限制的正犯概念，只有亲自实现不法构成要件的正犯才是原本应对结果负责的人，从一开始即排除了共犯的法益侵害性，但这种逻辑命题严重脱离了基础的生活事实，缺乏基本的理论正当性。刑法归责的基本理念是，能够改变利益侵害结果的人就是实现不法事实的支配者，如果不处罚这些人，或处罚的不是这些人，对于法益侵害的预防，不是有所不足，就是没有意义。[②]当然，囿于实定法有关共犯的规定，同时也不能完全无视共犯的法益侵害性，限制的正犯概念论者遂又抛出"刑罚扩张事由"以及所谓的共犯"修正的构成要件"等名词。但是，这里有一个原本不该存在的转折——"原本不应处罚共犯行为，鉴于实定法的规定又不得不处罚"。既然与正犯一样，能够肯定共犯与法益侵害结果之间的因果关系，那么当然也应肯认共犯实现了法定构成要件。既然如此，又何来"刑罚扩张事由"以及共犯"修正的构成要件"呢？就此而言，限制的正犯概念严重背离了归责的基本原理——以法不允许的方式引起结果者皆应对结果负责，从一开始即使得法益保护处于不周延的状态，这也为其后在规制犯罪参与实像时的捉襟见肘埋下了隐患。

此外，限制的正犯概念是从形式而非实质的层面理解构成要件及其实现的意义，这明显是不够的；形式地理解构成要件行为

① 江溯：《区分制共犯体系的整体性批判》，载《法学论坛》2011年第6期。

② 黄荣坚：《基础刑法学》（下），中国人民大学出版社2009年版，第515页。

时又陷入经验主义的泥潭，将其局限于直接造成法益侵害结果的行为，而对构成要件的实现则采取存在论而非规范论的态度，将其机械地理解为亲自实现构成要件者。其实，立足规范论的角度，实质性地把握构成要件，即应承认构成要件行为是类型化的法益侵害行为，实现构成要件即意味着行为引起了法益侵害，而无论其是否亲自、直接引起法益侵害。直接—间接模式是一种物本逻辑，但刑法教义学原本是规范的产物，以直接—间接模式作为共犯论的基石，显然在物本逻辑的道路上走得太远了。[①]共犯论的刑法教义学的展开，从方法论上应由形式的解释论转向实质的解释论，彻底摒弃教义学中的存在论倾向，尽快树立规范的解释观。

第二节 正犯概念的泛化与限制正犯概念的破产

根据限制的正犯概念，正犯是以自己的身体动静直接实现法定构成要件者。据此厘定的正犯内涵确定、外延明晰，与共犯的界限也泾渭分明；正犯行为=实行行为=构成要件行为，这种从形式理性层面厘定正犯的思路秉承了早期概念法学的基本理念，也与立足存在论经验性地把握构成要件的思路相契合。但是，在正

① 何庆仁：《共犯论中的直接—间接模式之批判》，载《法律科学》2014年第5期。

犯与共犯界分标准方面，伴随着形式客观说的式微，实质客观说逐步占据通说地位，尤其是在犯罪事实支配理论兴起之后，正犯概念出现了不可逆转的实质化趋势，[①] 正犯被厘定为犯罪实现过程中对事件施加决定性影响的关键或核心人物，处于犯罪事实支配者的地位；比较而言，共犯则“沦落”为犯罪的边缘角色。[②] 正犯概念发展至今，反思性地回顾正犯概念实质化的客观效果就不得不承认，正犯的外延与其说是“限制”的，倒不如说是“扩张”的，限制的正犯概念与其设立初衷渐行渐远。

一、非典型间接正犯与正犯概念的扩张

限制正犯概念主张正犯需亲自实施法定构成要件行为，这一命题设立伊始即遭遇间接正犯的挑战。据考证，间接正犯概念正式确立于 20 世纪初的德国。[③] 根据 1871 年《德国刑法典》第 48 条规定，[④] 教唆犯的成立以正犯具备“可罚性”为必要。如此，在处理犯罪参与相关问题时，极易形成处罚漏洞。如教唆无责任能力者实施不法行为的场合，教唆者既不属于正犯，也不成立教唆

① 刘艳红:《论正犯理论的客观实质化》，载《中国法学》2011 年第 4 期。

② ［德］克劳斯·罗克辛:《正犯与犯罪事实支配理论》，劳东燕译，载陈兴良主编:《刑事法评论》第 25 卷，北京大学出版社 2009 年版，第 5 页。

③ 韩其珍:《间接正犯的光与影》，载陈兴良主编:《刑事法评论》第 32 卷，北京大学出版社 2013 年版，第 46 页。

④ 该法第 48 条规定:“对于他人以馈赠、期约，或以威胁、滥用其威望、暴力，或者蓄意地造成、促成一个错误，或以其他方法故意地令其实行可罚行为者，以教唆犯罚之。”

犯；若不处罚教唆者，又明显违背民众的法感情，由此出现刑罚处罚的空隙。为此，“间接正犯”作为一个应急性概念被“虚构出来”。[①] 理论上也随之形成诸多有关间接正犯之正犯性的学说，诸如工具理论、实行行为性说、行为支配说、规范障碍说以及自律的决定论等。[②] 上述学说基本是立足规范论来说明利用者的正犯性，与此同时也默认了一个事实：正犯的成立与其是否亲自实施构成要件行为无必然关联性。换句话说，形式上的非构成要件行为实质上也可能被认定为构成要件行为；客观上透过他人“间接”实现法定构成要件者也可能被评价为“直接”实现了法定构成要件。诚如学者所言，直接—间接模式虽然有一定的合理性基础，但这些合理性仅仅具有极为有限的意义。倘若要对共犯论进行彻底反省，以实现共犯论的规范化，应当从放弃直接—间接模式开始。[③] 在此，限制的正犯概念的逻辑预设被彻底证伪。从方法论上来看，早期限制的正犯概念是从存在论角度形式地把握正犯的，而有关间接正犯的诸学说则无一例外地从规范论层面实质性地理解正犯，方法论的转变自然波及对正犯的厘定方法、重塑正犯的形象。事实上，伴随着正犯与共犯的界分标准的逐步实质化，正犯内涵急

---

① 甘添贵：《刑法之重要理念》，台湾瑞兴图书股份有限公司 1996 年版，第 174 页。

② 陈家林：《外国刑法通论》，中国人民公安大学出版社 2009 年版，第 517—520 页。

③ 何庆仁：《共犯论中的直接—间接模式之批判》，载《法律科学》2014 年第 5 期。

剧变化，支配犯成为正犯的代名词，间接正犯的外延也不断拓展。此前成立间接正犯的场合，就被利用者的属性而言，充其量满足了客观的不法要求，通常缺乏责任要件。“正犯背后的（间接）正犯”的出现，完全改变了这种思维定式。所谓“正犯背后的正犯”，是指被利用人的行为符合所有犯罪的成立要件，已成立正犯，但幕后利用者却仍因其优越之支配而成立间接正犯。[①]根据幕前人是否有责，“正犯背后之正犯”分为两种：“免责的正犯后正犯”与“有责的正犯后正犯”。[②]即便说作为最初填补处罚漏洞的间接正犯对限制的正犯概念是一个不算成功的挑战，那么它也为后来彻底否定乃至推翻限制的正犯概念及二元犯罪参与体系指明了正确的方向。时至今日，幕后参与者是否成立正犯，与被利用者是否成立犯罪、成立故意犯罪抑或过失犯罪无关；在被利用者构成故意犯罪的情况下，幕后利用者与台前被利用者罪名是否同一，与正犯的成立完全无涉。换句话说，只要透过他人之手实现了犯罪构成，均可能成立正犯。毫无疑问，走在间接正犯延长线上的“正犯后间接正犯”极度地扩张了正犯的外延，在很大程度上导致正犯的泛化。

---

① 蔡圣伟：《论间接正犯概念内涵的演变》，载陈兴良主编：《刑事法评论》第21卷，北京大学出版社2007年版，第72页。

② 尹子文、徐九生：《行为控制理论下“正犯后正犯”的边界归属》，载《政治与法律》2014年第6期。

二、非典型共同正犯与正犯外延的泛化

限制的正犯概念同样面临来自共同正犯及其衍生范畴的严峻挑战。如果说限制的正犯概念的要求在共同实行的共同正犯场合打了折扣后基本得到了贯彻、短暂地维持了其逻辑的一贯性的话，在正犯概念实质化背景下，在由共同正犯衍生的非典型共同正犯场合，这种理论的正确性瞬间荡然无存。众所周知，“共谋共同正犯”在日本的刑法理论与司法实务中已然确立了其坚不可摧的地位，它是指二人以上共同谋议实行犯罪，由其中的一人或数人基于此前的谋议实行犯罪，其他参与谋议而未实行者也被视为共同正犯的情形。[①] 确认共谋者的正犯性在日本刑法语境下有其实质合理性，诚如团藤法官指出的：“考虑到社会生活的现实，司法部门执着于承认共谋共同正犯，至少在一定限度内，是有其理由的。”[②] 即便如此，也不得不承认，共谋共同正犯实乃日本刑事立法、刑事司法和刑法理论在激烈的冲突过程中最终调和的产物，这种调和满足了刑事司法对实质正义的追求，与此同时，也使司法僭越甚至无视立法，[③] 牺牲了理论的一贯性与独立品格。正如批评者所言，“批判的态度决定了根据情况的不同，也可能对实务采取否定

---

① ［日］大谷实：《刑法讲义总论》，黎宏译，中国人民大学出版社 2008 年版，第 387 页。

② 日本最高裁判所 1988 年 3 月 14 日，《日本最高裁判所刑事判例集》第 43 卷第 3 号，第 262 页。

③ 《日本刑法典》第 60 规定：“二人以上共同实行犯罪者，都是正犯。”

的态度。忘记了这一点，使学问从属、屈从于判例、实务，歪曲理论而捧实务之裳裾，就有堕落成权力之侍女的危险。忘了对实务否定的态度而沦为权力之侍女的法学理论，有负学问之名。最近，在共谋共同正犯问题的处理上，使人感到此种危险"①。通过共谋共同正犯不仅确认了支配型的共谋者的正犯性，而且肯认了对等型的共谋者的正犯性，前者诸如犯罪集团的组织者、领导者一类幕后黑手，后者如参与谋议并根据分工负责"望风"的参与者。可以肯定的是，上述场合的谋议行为客观上绝非限制正犯概念视域下的构成要件行为或实行行为；不仅如此，承认对等型共谋者的正犯性即意味着其处于犯行支配地位，这无疑是对犯行"支配"的弱化，在一定程度上也消解了"支配犯"的形象；尤为严重的是，既然"望风"者也能被评价为具有犯行支配力即正犯，则将不可避免地出现正犯的泛化。有学者经梳理后指出，教唆犯多集中于藏匿犯人之罪、隐灭证据之罪，从犯多集中于开设赌场之罪、伪造货币之罪，绝大多数的参与者都是作为共谋共同正犯来处理，即司法实务的现实比较接近于统一的正犯概念。②正犯概念的实质化在共同正犯的方向上不仅催生了共谋共同正犯，而且孵化出附加的共同正犯与择一的共同正犯。前者指不同的共同正犯者各自努力充足构成要件的情形，如20人共谋实施暗杀活动，为了提高成

① ［日］中山研一、浅田和茂、松宫孝明：《校订刑法（共犯论）》，日本成文堂1997年版，第72页。

② ［日］松原芳博：《刑法总论重要问题》，王昭武译，中国政法大学出版社2014年版，第296—297页。

功率，20人决定同时开枪射击。被害人最终身中多弹，但仍有未射中的子弹。根据附加的共同正犯，可确认每个暗杀者的正犯性；后者指自始至终只有一人的行为能引起构成要件结果的情况，如甲、乙二人共同计划杀人，分别埋伏在被害人出入的两条道路上，约定被害人出现在谁埋伏的道路上即由谁来完成暗杀。当被害人随机性地出现在甲埋伏的道路上时，被守候多时的甲杀害。在此，即使乙对甲的杀人行为没有发挥共同作用，也可认定其为杀人罪的共同正犯。[①] 附加的共同正犯意味着即使某人不参加，结果也依旧发生的情况下，依然可以正犯追究其刑责。换句话说，正犯之于犯罪实现并非不可缺少的。既然并非不可缺少，其又何来犯行支配呢？使无犯行支配者承担正犯之责，必然导致正犯外延不可逆的扩张。在择一的共同正犯场合，肯定埋伏者乙的正犯性，即是说乙亲自实现了法定构成要件，其埋伏行为属于实行行为。可是，从形式层面来看，乙的埋伏行为充其量只能说是犯罪预备活动，在犯罪预备阶段寻找实行行为无疑严重突破了限制的正犯概念有关实行行为认知上的基本界限，也丧失了其对法定构成要件的基本认知；从实质层面考察，即便能够肯定乙的埋伏行为在预备阶段提升了结果实现的危险性，但这种危险并没有延续到实行阶段，自然谈不上提升结果实现的危险，遑论对构成要件结果实现的支配力。申言之，在预备阶段寻找实行行为，通过进一步弱化对犯行支配程度的要求将预备阶段的参与者提升为正犯，不仅与

① 陈家林:《外国刑法通论》，中国人民公安大学出版社2009年版，第543页。

限制的正犯概念的基本立场相去甚远，而且使得正犯形象更为模糊，客观上也不可避免地导致正犯概念的泛化。

三、小　结

综上，在正犯概念不断实质化的趋势下，在间接正犯与共同正犯的延长线上衍生出诸多非典型的正犯类型，不论是正犯后间接正犯还是共谋共同正犯，无论是附加的共同正犯抑或是择一的共同正犯，其客观上均促成了正犯概念的超级“肥大化”。统计数据显示，日本从 1952 年至 1998 年，在共同犯罪的案件中，最终被认定为正犯者占 97.9%，而教唆犯与帮助犯仅分别占 0.2% 与 1.9%。[①] 换句话说，正犯概念的实质化不仅导致正犯厘定思路的重大转折，而且不断刷新正犯的轮廓与界限。通说虽费尽心思地竭力维持限制的正犯概念，但一旦迈向以犯行支配理论或重要作用说为法理根据的实质正犯论的道路，正犯的外延事实上不再是“限制”的而是“扩张”的，正犯概念甚至呈“泛化”倾向，最终不可逆地滑向了单一的正犯概念。而在限制的正犯概念基础上衍生的非典型正犯，均不同程度背离了限制的正犯概念的基本立场，无意中却与单一的正犯概念的基本主张不谋而合。至此，限制的正犯概念可谓名存实亡！

---

① ［日］亀井源太郎：《正犯と共犯を区别するということ》，弘文堂 2005 年版，第 6 页。

第三节 正犯概念实质化与二元区分制的反思性检讨

二元犯罪参与体系以限制的正犯概念为逻辑基石。建构在限制的正犯概念基础上的二元参与体系不仅强调正犯与共犯的界分，而且基于共犯本质上不同于正犯的立场认为，在各自的严重程度上，正犯、教唆犯和帮助犯呈现出一种由“多”到“少”的落差走向，是为规范上的层次关系。[①] 在实定法上，这种规范上的落差关系表现为立法者为正犯与共犯配置轻重不同的法定刑。[②] 规范上的层次关系与差异化的法定刑配置决定了二元区分之下界分正犯与共犯不仅关乎定罪，而且影响量刑。易言之，二元界分的功能是集定罪与量刑于一体。现在看来，作为限制正犯概念逻辑预设的延伸，二元犯罪参与体系的上述理论命题也值得深刻反思与检讨。

一、规范上的层次关系与正犯概念的实质化

正犯与共犯规范上的层次关系意味着在不法评价方面正犯重于共犯，这一点在正犯与帮助犯的法定刑配置方面尤为明显，这

---

① ［德］约翰内斯·韦塞尔斯：《德国刑法总论》，法律出版社2008年版，第333页。

② 区分制立法通常对教唆犯判处正犯的刑罚，对帮助犯即从犯按照正犯的刑罚予以减轻。如《日本刑法典》第61条规定：“教唆他人实行犯罪的，判处正犯的刑罚。”第63条规定：“从犯的刑罚，按照正犯的刑罚予以减轻。”需要说明的是，区分制的立法虽规定对教唆犯判处正犯的刑罚，但在法的评价方面，教唆犯与正犯仍不能同日而语。

也一再凸显了正犯与共犯区分的重要性。纵观正犯与共犯界分的学说史，大致存在主观理论、客观理论与综合理论的对立与演进。主观理论主张按照行为人的意思、目的、动机等主观因素来区分正犯和共犯，德国帝国法院于 1871 年以后采用意思说作为判决的依据，后来的联邦法院判例中也采纳了该学说。[①]“浴盆案”与“史塔辛斯基案”均是主观理论在德国刑事司法实务中应用的典范。[②]主观理论将界分标准完全主观化，导致实际认定的困难；完全按照主观要素认定正犯与构成要件设置的旨趣截然相悖，故有必要在主观说之外寻找更为明确且客观的认定标准，形式客观说呼之欲出。该说以构成要件作为界分正犯与共犯的标准，认为直接实施构成要件定型实行行为者为正犯，除此之外的加工者均为共犯。形式客观说在 1915 年至 1933 年间成为德国理论与实务上的通说。[③]形式客观说虽满足了判断的客观性要求，也具有相当的明确性，却不能将为亲自实施构成要件行为的幕后黑手认定为正犯，不能满足公正处罚的需要。为弥补形式客观说的不足，必要说、同时说以及重要作用说纷纷登场。其中，主张以对犯罪的实现是否起到重要作用作为区分正犯与共犯标准的重要作用说是当今日本刑

---

① 陈家林：《外国刑法通论》，中国人民公安大学出版社 2009 年版，第 490 页。

② 江溯：《犯罪参与体系研究——以单一正犯体系为视角》，中国人民公安大学出版社 2010 年版，第 57—58 页。

③ 柯耀程：《刑法总论释义（上）》，元照出版公司 2006 年版，第 333 页。

法理论的通说。[①] 与此同时，以罗克辛教授为代表的行为支配理论也可谓综合理论的典范，是当今德国刑法理论的通说，主张在行为控制的意义上厘定正犯，正犯是犯罪过程的核心人物，是控制犯罪并导致犯罪实现的人；比较而言，共犯对这一事件虽有影响，但并不是决定性的。在对行为控制的理解上，必须同等考虑行为人的主观与客观要素。[②] 在笔者看来，日本的重要作用说与德国的犯罪事实支配理论就其本质与结果应当是一致的，支配犯罪流程的人无疑在共同犯罪中发挥重要作用；反之，在共同犯罪过程中起重要作用的人也一定是能够支配犯罪流程的人。诚如日本学者指出，只要将行为支配理解为重要作用的具体内容，重要作用与行为支配说就并非是相互对立的两种观点。行为支配就作为将重要作用于以具体化的指导理念而发挥作用。[③] 正犯与共犯的区分实际上判断谁是对犯罪结果实现首先承担责任的主犯的问题，而从区分的结果来看，当今德、日刑法中的正犯完全可以等同于中国刑法中的主犯。[④] 就此而言，正犯概念的实质化也可谓之正犯主犯化过程。在笔者看来，正犯概念实质化、主犯化有其演进的必然性，根据重要作用说或行为支配论重新厘定正犯也有

---

① ［日］西田典之：《日本刑法总论》，刘明祥、王昭武译，中国人民大学出版社 2007 年版，第 288—289 页。

② ［德］克劳斯·罗克辛：《德国刑法学总论》（第 2 卷），法律出版社 2013 年版，第 11、15 页。

③ ［日］松原芳博：《刑法总论重要问题》，王昭武译，中国政法大学出版社 2014 年版，第 300—301 页。

④ ［日］金光旭：《日本刑法中的实行行为》，载《中外法学》2008 年第 2 期。

其实质合理性。在二元参与体系下，正犯与共犯规范上的层次关系与法定刑配置的差异化决定了必须对正犯与共犯进行实质性理解，所谓“实质”无非就参与行为之于犯罪实现所起的作用而言：对犯罪实现起重要作用者为正犯，起次要作用者为共犯。通过实质性地界分正犯与共犯，明确了各自应当适用的法定刑基准，在犯罪参与领域也较好地贯彻了罪刑相当原则。但是，从犯罪参与体系整体性评估角度看，二元参与体系下正犯概念实质化虽满足了实质合理性的要求，却是以牺牲体系的形式合理性与理论的一贯性为代价的。

二、二元区分及其实质化的反思性检讨

首先，不得不说的是，二元犯罪参与体系将犯罪参与的情形区分为正犯与共犯（包括教唆犯与帮助犯），上述区分没有忠实反映犯罪参与的实像，难免挂一漏万，形成处罚空隙。详言之，在二元犯罪参与体系看来，数人参与犯罪的场合，根据参与形式可区分为实行行为、教唆行为与帮助行为。这种形式的三分法未能忠实反映犯罪参与的实态。犯罪参与的样态在自然意义上划分为不同类型，大致包括犯罪的分担、并行、教唆、帮助、利用、共谋以及组织、指挥、策划。[①] 二元犯罪参与体系以教唆犯与帮助犯概括构成要件实行者以外的共犯行为，难免以偏概全。以“多纳

---

① 王志远：《共犯制度的根基与拓展》，法律出版社 2011 年版，第 2—3 页。

事例”为例[①]，隐于幕后的错误制造者与直接实施杀人行为者主观上并无共同行为的意思联络，客观上的利用行为既非类型化的实行行为，也不属于教唆或帮助行为[②]，虽然能够肯定其制造错误的行为与被害人的死亡结果之间的因果关系，但在二元参与体系下却并无与其相对应的“座位号”。事实上，在有组织犯罪的场合，针对犯罪组织的组织者与领导者，区分制立法也存在刑法处罚上的空隙。由于德、日等国刑法总则部分有关共同犯罪的划分中并无组织犯的规定，而对犯罪集团的组织与领导行为也并非犯罪实行、教唆或帮助行为能够予以概括，故虽能肯定其法益侵害性，但在“对号入座”时总是面临“人多座少”的尴尬；即便勉强“入席”，或者面临不能贯彻罪刑相当的诘难，或者摆脱不了违反罪刑法定的嫌疑。

其次，在以限制正犯概念为基石构建的二元参与体系下，正犯与教唆犯、帮助犯均以被视为贯彻并体现罪刑法定主义的构成要件观念为基础。在此，实行行为的概念具有确定正犯的功能，即实行行为 = 正犯行为，非实行行为 = 共犯行为。与单一正犯概

① A 得知 B 准备于特定的夜晚埋伏在 A 经常散步的偏僻处将 A 射杀，于是，A 为杀死其敌人 C，给 C 发了假电报（以 C 恋人的名义），将其引诱至该场所。结果，B 误将 C 当成 A，杀害了 C。[日]高桥则夫：《共犯体系和共犯理论》，冯军、毛乃纯译，中国人民大学出版社 2010 年版，第 64 页。

② 虽有观点主张幕后利用者成立片面帮助犯，但根据我国《刑法》第 25 条有关共同犯罪的规定，片面的帮助毕竟缺乏共同的意思联络，不能以共同犯罪认定；在承认片面帮助犯的国家，将本案中的利用者认定为从犯，不能很好地实现罪刑相当原则，故又存在放纵犯罪人之嫌。

念与统一正犯体系相比，限制的正犯概念被认为具有无与伦比的明确性，二元犯罪参与体系也被视为罪刑法定主义的忠实贯彻者。时至今日，在正犯概念实质化过程中，实行行为厘定正犯的功能被湮灭。在共同实行犯罪的场合，即使客观上分担了实行行为，但并不一定对犯罪的实现具有决定性的作用，或者从主观上看只不过具有帮助他人犯罪的意思，行为人应被认定为帮助犯。相反，由于大多数场合下的望风对于实行行为的时限是不可或缺的，日本的判例自古以来就认为望风者可以构成共同正犯，而刑法通说对此也持赞赏态度。[①]脱离了构成要件的核心要素——实行行为重新厘定正犯，限制正犯概念的明确性荡然无存；由于实现构成要件的方式与通过该种方式在共同犯罪中发挥的作用之间并无内在的逻辑对应关系，故而我们在作为重塑正犯形象的犯罪支配论或重要作用说与体现并贯彻罪刑法定主义的构成要件之间已经很难再建立某种确定的范式。在这个意义上，我们甚至可以说正犯与教唆犯、帮助犯的确定与界分已然不再以构成要件观念为基础，而不以构成要件为基础的二元参与体系也很难再说其是罪刑法定主义的忠实贯彻者。

再次，二元犯罪参与体系以参与形式确定参与行为的功能与意义，通过实行行为确定正犯、以教唆与帮助行为厘定共犯，并且最终将正犯主犯化、共犯从犯化。但是，参与形式影响却并不

---

① ［日］西原春夫：《犯罪实行行为论》，戴波、江溯译，北京大学出版社2006年版，第276页。

决定参与行为的意义。如果立法机械地将各参与类型与一定的刑罚裁量原则相对应，非要赋予其本身不能且不应承载的刑罚裁量功能，势必导致不能圆满解决参与人的量刑问题。[①]实行行为的分担之于共同犯罪的实现不可或缺，但并不意味着只要分担了实行行为就必然起到重要作用，次要的实行犯即为适例；反之，犯罪教唆与帮助在与法益侵害的关联上虽呈间接性，但联系的间接性并非是说参与行为可有可无，更不意味着犯罪教唆或帮助之于犯罪实现不会起到重要作用。无独有偶，之所以将望风者认定为正犯，也是因为望风这一帮助行为在共同犯罪场合之于犯罪的实现发挥着举足轻重的作用。考虑到正犯与共犯规范上的层次关系以及差异化的法定刑配置，二元参与体系不得不径行抛开参与形式转而以参与行为所起的作用为厘定正犯与共犯的标准，如此一来，“共犯行为正犯化”与“正犯行为共犯化”就不可避免，这使得原本复杂的区分理论更为混乱。

最后，从方法论角度看，区分标准实质化也值得深入检讨。从正犯概念实质化的动因来看，正犯无论是在共同正犯抑或是间接正犯方向上的扩张或者是基于弥补刑法处罚空隙的需要，如组织行为正犯化，或者是基于罪刑相当原则的考虑，如帮助行为正犯化。囿于正犯与共犯刑罚配置差异化的现实，在部分场合不仅要处罚犯罪教唆与帮助，而且必须按主犯之刑追究其责。在此，正犯与共犯界分的意义已不在于行为是否构成犯罪而是刑罚裁量。

---

① 任海涛:《承继共犯研究》，法律出版社2010年版，第29页。

但是，正犯与共犯界分功能的转变与二元区分制确立的初衷早已大相径庭。二元区分制假定共犯与正犯本质上截然不同，故犯罪成立条件也当然各异。有鉴于此，无论从确立刑法规制不法行为的面向层面还是参与行为的入罪条件角度，都必须严格界分正犯与共犯。刑法将共犯分为共同正犯、教唆犯、帮助犯，这是从犯罪成立这一角度出发所作的规定。[①] 现在，如果说区分正犯与共犯的意义不在定罪而在量刑，则意味着但凡参与行为对法益侵害起了重要作用，有必要以主犯之刑予以规制即认定为正犯，这是倒果为因的典型体现，也有严重违背罪刑法定主义之嫌；退一步讲，即便认为界分正犯与共犯同时具有定罪与量刑的双重功能，也不能不说，这明显有违司法规律。定罪与量刑虽紧密相关，但毕竟分属刑事司法不同阶段，定罪在前、量刑在后，不同阶段有其各自的任务与侧重，两者既不能相互决定，更不能相互替代。通过界分正犯与共犯，意图一揽子解决犯罪参与现象中所有行为人的定罪与量刑问题，未免过分夸大了分界的功能。诚如所言，本应进行双层次操作的参与类型与参与程度问题，却因德、日刑法中的单一分工分类的规定而变成单层次的操作，这在一定程度上混淆了共犯的定罪和量刑的功能和界限。[②] 事实上，在界分正犯与共犯时，既要考虑参与类型又要思量参与程度，必然顾此失彼、捉

---

① ［日］大谷实：《日本刑法中正犯与共犯的区别》，王昭武译，载《法学评论》2002 年第 6 期。

② 钱叶六：《双层区分制下正犯与共犯的区分》，载《法学研究》2012 年第 1 期。

襟见肘，最终导致正犯与共犯的界分混乱不堪，出现“共犯行为正犯化”与“正犯行为共犯化”的现象也在所难免。此外，二元论者认为，二元犯罪参与体系下数人犯罪的核心问题是确定正犯，而区分正犯与共犯的理论，正是确定正犯概念的理论。[①]但不得不说，“非正犯即共犯”的逻辑是经不起推敲的，因为它并没有明确参与行为的入罪条件。诚如批评者指出的，在二元参与体系下，只有确认正犯的理论，却欠缺确认共犯形成的基础理论，仅仅论以从属性的关系显然仍无法满足何以形成共犯的疑虑。只有存在充分的共犯形成的判断基础，才能进一步检讨从属性问题，在无法判断加功程度的认定关系之时，直接切入从属性的检讨，显得有些思维上的跳跃。[②]

第四节　犯罪参与场合违法判断的基本向度

在二元犯罪参与体系下，共犯的性质即共犯从属性理论围绕共犯与正犯的关系展开，其核心问题是共犯的成立条件和处罚范围。易言之，在与正犯关联的意义上，共犯的成立除却实施教唆、帮助行为外，是否要求正犯须着手实施构成要件行为以及正犯的

① 许玉秀:《当代刑法思潮》，中国民主法制出版社2005年版，第549页。

② 柯耀程:《刑法总论释义（上）》，元照出版公司2006年版，第358—359页。

品格如何。统一正犯体系是真正采行完全脱离他人行为评价的体系，各参与者均独自为自己的行为与结果负责，无所谓从属他人的犯罪行为或是刑事违法的问题。[①] 因此，共犯从属性理论是二元参与体系的特色，概因共犯是一种相对于正犯的参与类型，其成立须依附于构成要件预设的主行为，这种依附关系自然成为共犯成立的基本条件。“以共犯行为类型为基础（即将共犯分为教唆犯、帮助犯、共同正犯）的刑法制度（主要是德国的刑法制度），其中包括 1889 年的《意大利刑法典》所采用的共犯制度，是‘共犯从属性说’赖以产生并发展的前提。”[②] 其实，从属性的内涵并不甚明晰，在其产生、发展过程中一直在变化，张开骏博士曾对此有过系统而深入的分析，在此不赘。时至今日，一般认为，以德、日为代表的区分制刑法理论通说认为共犯具有从属性。虽然在对共犯具有何种从属性问题上目前尚存较大争议，但达成了如下基本共识：从属包括实行从属和要素从属性；两种从属在逻辑上处于上下位关系，实行从属是要素从属的前提。[③] 基于对二元参与体系的整体性批判，就不得不重新审视历来被奉为圭臬的共犯从属性理论。

---

① 林山田：《刑法通论》（下册），元照出版公司 2008 年版，第 50 页。

② ［意］杜里奥·帕多瓦尼：《意大利刑法学原理》（评注版），陈忠林译评，中国人民大学出版社 2004 年版，第 328 页。

③ 张开骏：《共犯从属性研究》，法律出版社 2015 年版，第 62—102 页。

一、事实上的依赖而非法律上的从属

立足犯罪之本质，处罚实行犯以外的参与行为的正当化根据终将建构在法益侵害基础上，这一点从共犯处罚根据的演进可见一斑。易言之，参与犯以法所禁止的方式引起了法益侵害，立足刑法保护法益的机能，有必要对此予以规制。与此同时，从存在论角度看，与实行行为相比，非实行行为诸如教唆、帮助等确实不可能对法益造成直接而现实的侵害与危险，教唆、帮助等参与行为必须透过或利用某种事态方能形成法益侵害的现实危险，而该事态绝大多数情况下表现为“他人满足构成要件的实行行为”。但是，将对他人实行行为的利用提炼为法律上的“从属”是不恰当的，充其量是一种“事实上的依赖”关系。也就是说，在犯罪参与的场合，非实行犯通过利用实行犯的实行行为实现自己的犯罪，从规范论或法益侵害的角度，非实行犯完整的不法行为实为纵向的行为链，即教唆或帮助行为等 + 实行行为，只有如此，方能确保对非实行犯的处罚建立在法益侵害及其现实危险之上，也才可能同时从形式与实质层面严格限定参与行为的处罚范围。诚如所言，共犯的行为构造是通过行为媒介者实现犯罪这一行为过程。因此，虽然共犯实施了行为，但并不代表该行为就必然具有作为实行行为的法益侵害的现实危险性，毋宁说，共犯值得作为未遂来处罚的起点，仍在于作为行为媒介者的正犯的着手，但这是从作为间接行为人的共犯的行为构造和实质的未遂论得出的结论，并不表明共犯从属于正犯。[①]

其实，对“事态”的利用并不仅限于对“实行行为”的利用，对非实行行为的利用同样可以。在教唆他人自杀的场合，自杀行为并非故意杀人罪的构成要件行为，但并不影响教唆者故意杀人罪（正犯）的认定。在此，表面上看，教唆行为属于故意杀人罪的实行行为，但必须承认，单纯的教唆行为缺乏法益侵害的现实危险性，实质性地把握构成要件行为就必须将教唆行为与被害人的自杀行为结合起来，并以被害人着手自杀作为教唆者着手实行的时点。就此而言，认为共犯的成立不要求正犯行为一定符合构成要件的观点有其合理性。[②]进一步分析可知，被利用的“事态”也不仅限于他人的实行行为，有时甚至是对包括被利用行为在内的整个“犯罪场”的利用，正如“多纳事例”中隐于幕后的操纵者。质言之，在犯罪参与场合，间接行为人实质上利用了一个客观的事态遂行了自己的犯罪，被利用的事态也并不仅限于他人的构成要件行为。退一步讲，即便在利用他人行为遂行自己的犯罪的场合，就间接行为人与直接行为人的关系而言，前者对后者充其量是事实上的依赖关系而并非法律上的从属。毕竟，在猎犬撕咬主人的仇敌而主人不加阻止的场合，考虑到主人对具体事态的利用，

① 江溯:《区分制共犯体系的整体性批判》，载《法学论坛》2011 年第 6 期。

② 日本学者佐伯仁志、山中敬一、浅田和茂等持此观点。[日]大塚仁:《刑法概说（总论）》（第三版），冯军译，中国人民大学出版社 2003 年版，第 282—283 页；陈家林:《外国刑法通论》，中国人民公安大学出版社 2009 年版，第 514 页。

我们毫无疑虑地将其不作为评价为故意伤害罪（正犯），但我们从来没有说主人从属于猎犬。在笔者看来，在共犯与正犯的关系上，主张前者对于后者实行行为的从属很大程度上也缘于未真正厘清犯罪参与所要处理的问题范围。事实上，犯罪参与只是一个事实概念，粗浅地讲，是二人以上基于单向或双向相互的加工，对于同一利益侵害结果都有其因果关系，因此都可能涉及犯罪的意思。[①]也就是说，犯罪参与只是粗线条地勾勒了一个复数行为人参与犯罪的现象，至于各行为人的行为是否构成要件行为、是否违法以及行为人有责与否，均不涉及。在此，利用他人该当构成要件的行为属于犯罪参与，即便利用他人不属于构成要件的行为也可能被认定为参与行为，如教唆自杀。因此，将正犯以外的参与者厘定为共犯，并要求共犯的成立从属于正犯的实行行为，一方面根源于形式地把握构成要件及其行为，未规范且实质性把握犯罪参与现象中参与行为与所谓的正犯行为本质上的一致性；另一方面基于经验主义狭隘地限定参与现象的范围，未能真正把握犯罪参与的实质。

二、违法评价的独立性与限制从属性的破灭

在从属的程度问题上，德、日刑法理论主张限制从属性说，即共犯的成立以正犯该当构成要件且违法为必要，这也是其现行法的立场。采用限制从属性原则最主要的作用是修正早期采取严

① 黄荣坚：《基础刑法学》（下），中国人民大学出版社2009年版，第487页。

格从属性说所产生的可罚性漏洞。如此，一方面，可使得刑法对于参与形态的判断基准确立在不法阶段；另一方面，也可修正间接正犯与共犯认定的模糊界限。[①]但是，认为共犯的成立以正犯不法为前提这一命题本身并非“证明的根据”而是有待“证明的对象”。[②]而在笔者看来，这一命题事实上也是不成立的。

主张共犯的成立以正犯不法为前提，很大程度上是缘于对共犯本质即“共犯关系”的错误理解。众所周知，围绕共犯以什么为“共同”这个问题，理论上大致形成了犯罪共同说与行为共同说的对立。犯罪共同说内部的部分犯罪共同说当前虽处于德、日以及我国刑法理论的通说，但行为共同说历来不乏有力的支持者。其实，笔者以为，这种对立与争论不仅没有实际意义，而且导致对共同犯罪问题的探究走向歧途。共同犯罪实际上解决的只是不法问题，即哪些参与人的行为与结果之间具有因果性，并据此应当将结果归属于其行为。[③]既然如此，在区分不法与责任的阶层构成要件体系内，完全可以说共同犯罪人之间是否存在共同的犯罪故意、是否共犯一罪，之于共犯关系的认定均无关紧要。不仅如此，由于犯罪参与只是一个事实概念而非刑法概念，其旨在对拟解决现象的粗浅勾勒，而共同犯罪也不过是行为人实现不法的一种方法类型，因此，“共犯关系”也并非一定都是“共同不法关系”。

---

① 柯耀程：《变动中的刑法思想》，瑞兴图书股份有限公司 1999 年版，第 202 页。

② ［日］西田典之：《新版共犯与身份》，成文堂 2003 年版，第 143 页。

③ 张明楷：《共同犯罪的认定方法》，载《法学研究》2014 年第 3 期。

在复数主体共同对同一法益侵害结果负责的场合，参与者的行为缺乏构成要件符合性或违法性的情形屡见不鲜，“共同不法”自然无从谈起。相反，过分强调“共犯关系”，人为为其注入过多规范意义，会导致共犯体系二分化。诸如过失共同犯罪场合，因缺乏构成“共犯关系”之“共同犯罪的故意与犯意联络”，其共犯性被否定后，直接依据刑法分则相关犯罪定罪处罚，实际上承认了各参与者的正犯性，系单一正犯体系之做法。不仅如此，过分强调“共犯关系”还会导致犯罪参与理论规制实像的窄化。例如，片面的犯罪参与被从犯罪参与形态中剔除，参与自杀、自伤行为的犯罪性在犯罪参与理论之外专门研究等。在国外，为弥补因强调“共犯关系”所产生的“定罪荒”，不得不扩张间接正犯的外延，而间接正犯外延毫无节制地拓展不仅有混淆正犯与共犯之嫌，而且终局性地滑向了单一正犯体系，导致二元参与体系的异化。[①] 在国内，为弥补过分强调“共同犯罪关系”或“共同不法关系”可能产生的处罚漏洞，有学者主张，刑法理论与司法实践完全可以淡化“共同犯罪”概念……在对参与犯定罪量刑的过程中，没有必要提出和回答“谁和谁成立共同犯罪”“共同犯罪犯的是什么罪”这样的问题。即使不使用“共同犯罪”概念，也完全可以处理数人共同参与犯罪的现象。[②] 这种选择具有实质合理性，但或许更是一种无

① 张伟：《“正犯后正犯”与犯罪参与理论研究》，载《法学家》2015 年第 5 期。

② 张明楷：《共同犯罪的认定方法》，载《法学研究》2014 年第 3 期。

奈的处置，最终必将导致共同犯罪概念的虚置化，其根源无疑是没有准确认识犯罪参与现象中的“共犯关系”。

认为共犯的成立以正犯不法为前提是以违法连带性为基础的，但违法性判断的理论与实践一再证明，违法连带说这一基础命题是不可靠的。违法性判断的对象虽限于与法益发生关联之行为，但对行为属性之认定却离不开行为主体。同样的行为因主体身份的差异，在违法评价上可能迥然不同。例如，国家工作人员收受请托人财物与国家工作人员的近亲属收受请托人的财物，其违法性评价明显有别。不仅如此，即使二人共同实施同一行为，因主体身份差异也可能导致各参与行为之违法性评判上的不同。例如，甲、乙二人共同盗窃甲的父亲丙的财物的场合，根据司法解释的规定，对甲一般可不按犯罪处理，确有追究刑事责任必要的，处罚时也应与在社会上作案的有所区别；但上述司法解释并不适用于乙。因此，必须一般性地确立违法的相对性。也就是说，即使对共同犯罪这一集体现象进行规范评价时，也必须个别地对每个参与者行为的不法性为独立之判断。事实上，在犯罪参与场合，也确实存在“正犯合法而共犯违法”以及“正犯违法而共犯合法”的情形。“正犯合法而共犯违法”的情形如甲欲伤害乙但不愿亲自动手，遂教唆乙故意伤害丙，与此同时将乙欲伤害丙的企图提前告知丙，提前做好防卫准备的丙在乙对其实施伤害时正当防卫致乙重伤。本案中，虽然甲与丙的行为共同导致了乙的重伤，但在肯定甲的行为构成故意伤害罪（间接正犯）的同时，必须确认防卫者丙的正当性。易言之，甲的利用行为与丙的被利用行为的不法评价无任何关联，同时认定利用行为的不法性与正面肯认被利用行为的合法性也并不冲突。通说或许会认为，在上述正当防卫场合，在认定防卫行为（被利用行为）正当性的同时，是以间接正犯而非共犯追究利用者的罪责的。但是，通说一方面主张共犯对正犯不法的从属性，另一方面当被利用者缺乏构成要件该当性或违法性时又以间接正犯之名确认背后利用者不法的独立性，这是经不起推敲的。不论是教唆犯、帮助犯抑或是间接正犯，在通过利用他人的行为侵害法益这一点上均是一致的，缘何前者不法的评判就要遵循从属性原则而后者则不必要？毕竟，定义为教唆犯、帮助犯或间接正犯只是转换了一个名称，而这种形式上的解决并没有实质解决理论上的矛盾，一个实质上的问题，并不会因为换了一个名称，因此就算是把问题解决了。[①] 相反，“正犯违法而共犯合法”的情形也是存在的，例如 X 因重病卧床多年，痛苦不堪，遂生自杀念头，恳请邻居 Y 让其体面去世，基于怜悯之心的 Y 在 X 的多次恳请之后喂 X 吃下大量安眠药致其死亡。在受嘱托杀人尚为法律普遍禁止的背景下，Y 行为的不法性自然毋庸置疑，我们虽为 X 的死亡深感痛惜，但也不能说其教唆行为具有不法性。如此看来，正犯违法也并不必然意味着共犯违法。面对这种悖谬局面，限制从属性说内部也开始出现松动与分化，不再一味坚持“正犯合法则共犯合法，正犯违法则共犯违法”，而是普遍认为“正犯违法并不能直接导致共犯违法”、违法的连带性仅具有“正犯不

① 黄荣坚:《基础刑法学》(下)，中国人民大学出版社 2009 年版，第 520 页。

违法，则不成立共犯”这一消极性意义。[①]但是，如认为“正犯违法并不能直接导致共犯违法”这实际上已经原则性地否定了违法的连带性而肯认了违法的相对性，而认为违法的连带性仅具有“正犯不违法，则不成立共犯”这一消极意义，但对参与者终将以间接正犯之名追究其责，如前所述，称谓变化只不过是文字游戏而已，其结果终究肯定了参与行为的违法性，而在违法判断的方法上实际贯彻了违法相对论。

三、余　论

以中性无色的构成要件为核心与标志的限制的正犯概念契合了 19 世纪末 20 世纪初刑法自然主义的发展潮流，以限制的正犯概念为基石的二元犯罪参与体系是概念法学在刑法中犯罪参与领域的折射。但刑法学毕竟是一门关乎正义与利益的学问，单纯的逻辑推演与形式主义的法律范式虽有助于体系的建构与问题的解决，但并不是能解决一切问题，也不能确保实质正义；刑法规范是当为的规范，但必须严格区分当为与实存、价值与事实的界域，更不能由事实推论出当为。按照构成要件的实现方式，将共同犯罪人区分为直接侵害法益、直接实施了构成要件的人与间接侵害法益、间接充足构成要件的人，这种划分确实具有无可比拟的明确性与直观性，也符合生活常识与经验判断，但诚如批评者所指出的，这种模式完全以存在论为方法论基础，在贯彻该模式时不

---

① 王昭武:《论共犯的最小从属性说》，载《法学》2007 年第 11 期。

仅背离了刑法的规范属性，而且严重阻碍了共犯方法论基础的更新。[①]将正犯限定为直接实现构成要件者，共犯则系通过正犯间接实现构成要件者，认为两者存在本质上的差异，这属于典型地以存在决定当为，忽视了刑法学之规范法学的属性，过分强调形式上的差异而忽略两者本质上的一致——法益侵害性；不仅如此，根据参与形式决定参与形态的价值，固然实现了概念法学追求的形式明确性，但以事实决定价值，明显混淆了两者的界域。囿于限制正犯概念与二元参与体系逻辑设定上的偏差，一方面为弥补刑罚处罚空隙的考虑，另一方面基于实现罪刑相当的要求，正犯与共犯的界分不可避免地走向了实质化的道路，“支配犯行者”或“重要作用者”成为正犯的代名词，正犯与构成要件行为乃至构成要件的实现方式原来内在的逻辑关系瞬间灰飞烟灭，在正犯概念实质化的方向上，限制的正犯概念与二元参与体系早已破败不堪。透过正犯概念的实质化，正犯外延通过（非典型的）间接正犯与共同正犯极度扩张，实质上已趋于扩张的正犯概念与统一正犯体系。有鉴于此，考虑到我国刑法有关共同犯罪的规定明显不同于德、日区分制立法，因此，以扩张的正犯概念与统一正犯体系为指导展开犯罪参与理论的研究当不失为妥善之举。

① 何庆仁:《共犯论中的直接—间接模式之批判》，载《法律科学》2014年第5期。

08

第八章
统一正犯体系的展开与选择

CHAPTER

众所周知，围绕共同犯罪的立法模式大致形成了严格区分正犯·共犯的二元参与体系和不区分犯罪参与形态的统一正犯体系。前者概指法律条文之中，不仅就犯罪之成立，于概念上区别"正犯"与"共犯"，于刑罚评价上亦对两者加以区分之体系。[①]《德国刑法典》(第25条以下)、《日本刑法典》(第60条以下)、《法国刑法典》(第59条以下)等均为代表。但对二元犯罪参与体系不乏批判的声音：作为区分制逻辑起点的限制正犯概念本身就是错误的，正犯与共犯的界分理论上无法实现、实践上无意义，该体系坚持的共犯从属性原则违反个人责任原则，因此，区分制并不值得采用。[②]笔者也曾分析指出，二元犯罪参与体系为弥补刑罚处罚的漏洞、较好地实现罪刑相当，正犯概念不得不趋于实质化，并最终呈"肥大化"现象。在此过程中，在间接正犯与共同正犯的延长线上衍生出诸多非典型正犯类型，事实上导致正犯的外延不再是"限缩的"而是"扩张的"。[③]在以犯罪支配为观念重塑正犯过程中，限制的正犯概念正亦步亦趋走向扩张的正犯概念与统一正犯体系，甚至可以说，其正以扩张的正犯

---

① 陈子平:《刑法总论》，中国人民大学出版社2009年版，第309页。

② 江溯:《区分制共犯体系的整体性批判》，载《法学论坛》2011年第6期。

③ 张伟:《限制的正犯概念与二元犯罪参与体系批判》，载《比较法研究》2019年第5期。

概念为指导对二元犯罪参与体系展开解释。[①]鉴于以限制的正犯概念为基石的二元犯罪参与体系衍生的“正犯后间接正犯”“共谋共同正犯”等非典型正犯均指向扩张的正犯概念与统一正犯体系，故有必要专门就后者展开教义学研究，对统一正犯立法模式进行合理性评估。

① 张伟:《间接正犯泛化与统一正犯体系的确立》，载《法商研究》2018年第3期。

第一节 统一正犯体系演进脉络考察

一、统一正犯体系学说史

统一正犯体系概指所有共同参与犯罪实行的人均视为正犯，对于各个参与犯罪者，根据其参与犯罪的程度和性质来裁量刑罚，或者形式上虽然承认犯罪参与形态上的区别，但其区别作用仅限于刑罚裁量的体系。[①] 统一正犯体系的思想虽然历史悠久，但率先提出统一正犯体系概念的当属德国著名刑法学家李斯特教授。李斯特认为，德国旧刑法第 47 条以下有关共犯的规定无论是在方法论上抑或是在实践论上都是值得怀疑的。因此，有必要从刑事政策的角度重新考量更为理想的犯罪参与体系。李斯特于 1882 年在《刑法中的目的思想》一文中在探讨了刑事政策的一般基础，此后又提出了“关于新见解对刑法中基础概念的影响”的问题。李斯特在 1893 年国际刑事学协会会议上发表的《关于社会学、人类学的研究对刑法基础概念的影响》一文中再次强调了其此前主张的从刑事政策角度研究刑法基本问题的思想。李斯特指出，采用简单的命题——为发生的结果设定条件的人应当为该结果负责，就

---

① 江溯：《单一正犯体系研究》，载陈兴良主编：《刑事法评论》第 24 卷，北京大学出版社 2009 年版，第 402—403 页。

可以结束共犯论中各种杂乱无章且毫无意义的争论。[①]他的这一思想在其教科书的人最后一版中也得到了全面的体现，即“从原因这一概念中作为结果所产生的，第一，通过对产生的结果设定条件而参与了结果的惹起的人，就是惹起了结果的人。第二，结果的所有条件都是具有同等价值，在参与了结果的惹起的个人之间不存在概念性区别。第三，其不同的刑罚仅仅在同一法定刑内部才具有正当性”[②]。

在1895年的国际刑事学会伦茨会议上，统一正犯体系这一范畴方真正为人所熟知，会议的议题即围绕“新刑法观对未遂和共犯的立法处置的影响”，但本次会议并没有达成具体共识。此后1902年的佩特尔斯堡会议上才形成部分统一见解：其一，单一正犯概念不只是形式的单一正犯概念，也可以在为此参与类型的前提对各参与类型适用同一法定刑；其二，对于犯罪参与体系，强调从空洞理论的概念建构的优位转向实质正义；其三，有鉴于此，必须反思传统的法定刑和量刑体系。在1903年德莱斯顿会议上，德国分会从以下两方面对佩特尔斯堡的会议共识进行了回应：其一，在多数人故意共动于可罚性行为的实现的情形中，对各参与者（正犯、共同正犯、教唆犯、帮助犯）适用法律事先为各行为类型预定的刑罚；其二，对于其中责任较轻的犯罪参与者，应当赋予法官

---

① ［日］高桥则夫：《共犯体系和共犯理论》，冯军、毛乃纯译，中国人民大学出版社2010年版，第7—8页。

② ［德］弗兰克·冯·李斯特：《德国刑法教科书》，徐久生译，法律出版社2000年版，第354页。

根据法律的规定予以从轻处罚的权限。①

由于统一正犯体系是近代学派作为实现其刑事政策的要求而提出的，该体系很容易与纳粹的“意思刑法”黏合在一起，不利于法治国的人权保障的实现，因此，该体系在1903年的国际刑法学会德国分会德莱斯顿会议后逐步式微，仅有极少数坚守者，曾经步入刑法学舞台中心的扩张的正反概念逐步淡出刑法学界视野，仅偶尔激起一丝涟漪。②这种状况一直持续到20世纪70年代，奥地利学者金阿普菲尔围绕统一正犯体系发表了一系列学术论文，

① 江溯：《犯罪参与体系研究——以单一正犯体系为视角》，中国人民公安大学出版社2008年版，第128页。

② 袁国何：《功能单一正犯体系的理论脉络及其检讨》，载《中外法学》2019年第1期。根据袁国何博士梳理，单一正犯提出后，遭受到的指责可概括为：其一，发端于自然主义时期刑法思想的单一正犯概念，是一种纯粹的因果正犯概念，构成要件被人为地转换成单纯的法益侵害之因果，但共犯的本质并不仅限于因果性，至少对于行为犯而言，未能把握其构成要件的真正意义，此种理解将丧失法治国的定型性机能，无法限制国家刑罚权，反而可能妨碍构成要件保障机能之实现；其二，单一正犯概念试图对各个参与者的罪责做出不同理解，但只有从主观层面出发才可能做到这一点，而此种从主观层面出发的不同理解将导致危险性刑法和观念刑法；其三，单一正犯概念要放弃区分不同的参与者，就势必放弃个别化地考察行为人人身性要素，这与重视行为人要素的现代刑事制裁理念相左；其四，单一正犯概念废弃教唆犯与帮助犯的从属性，会导致所有的共犯未遂都变成未遂的正犯，相较于《德国刑法典》原则上仅在主行为着手后且具有违法性时处罚共犯而言，单一正犯概念极端扩张了处罚范围；其五，刑罚裁量的个别化需要考虑不同的参与形式，因此，单一正犯概念试图放弃的不同参与形式又势必在量刑层面重新回归，若全盘放弃参与形式的一般特征而将刑罚裁量委诸参与者的个别可罚性，则将缺乏具体的量刑标准，使得量刑标准粗糙化；其六，亲手犯和特别犯的可罚性分别依赖于对构成要件的亲手实现或者特别的构成要件要素，单一正犯体系无法妥当应对此类犯罪。

探讨统一正犯体系的理论根基及其合理性。金阿普菲尔指出，犯罪参与的法律问题无非包括两个方面：一是构成要件的范围问题，即从众多与结果发生具有某种关联的行为中确定哪些参与者的行为具有可罚的问题；二是刑罚裁量问题，即根据不同参与者的不法和罪责进行适当量刑的问题，并将上述两个问题称为“共动的二重性”。①

受上述思想影响，日本的高桥则夫教授在对统一正犯体系和共犯体系进行展开比较的基础上，表现出对统一正犯体系的明显青睐与支持，但考虑到日本共同犯罪的立法现实，高桥则夫继而试图以统一正犯体系为指导在教义学上展开对参与论相关问题的研究。他指出：“统一性正犯体系未必与行为刑法以及从属性原理相矛盾，如果能够保持整合性，那么对于共动问题，就应该支持具有刑事政策合目的性的统一性正犯立法。”继而他认为：“统一性正犯的原理给共犯体系中的共犯理论提供了若干新视点。第一，基于统一性正犯体系的立法，对现代复杂的共动现象进行了最简明的处理，可以说统一性正犯的原理彻底消除了我国的共犯理论上极其困难的构成方法相关的议论……第二，统一性正犯原理明确了共犯体系上并未充分认识到的共动的二重性。”最后他认为：“既然认为恰当地处理共动问题的二重性即构成要件的范围问题以及量刑问题的统一性正犯体系在立法论上是妥当的，那么，作为

---

① ［日］高桥则夫：《共犯体系和共犯理论》，冯军、毛乃纯译，中国人民大学出版社 2010 年版，第 17—18 页。

解释论，以统一性正犯的方向为目标的被修正的共犯体系的立场就是妥当的。我想，必须以这一体系为基础来展开共犯理论。”①

我国台湾地区刑法学者黄荣坚和柯耀程两位教授也表达了对统一正犯体系的赞赏与支持。黄荣坚教授以通说即区分制有关正犯与共犯的区分为检视的起点，围绕实现不法的现实机制、概念经济型的考量、标准合理性的分析等角度检讨狭义的犯罪人概念，并批判性地指出，“狭义犯罪人概念悖于刑法归责的基本原则，终于在区分处理模式下对于种种犯罪参与类型的创设与解释当中付出了代价，亦即狭义犯罪人概念形成了刑法目的思考上对于教唆犯、帮助犯以及共同正犯的刑罚漏洞，所以必须另外创设教唆犯、帮助犯以及共同正犯概念作为犯罪参与类型。虽然如此，由于先天上错误的出发点所使然，这一些犯罪参与类型概念的创设依旧存在无法弥补的漏洞，于是又再创设间接正犯的概念，并且扩大对于共同正犯概念的解释。如此一来，姑且不论在个别类型概念的解释上因为失焦所造成的标准移位，事实上，通说体系对于犯罪之处罚，最后还是回到广义犯罪人的范围。只不过在回归到广义犯罪人概念的过程中，如此的区分体系已经耗费了无数的资源”②。黄荣坚教授有关二元犯罪参与体系宏观层面的深刻分析，也印证了笔者从微观层面以各种非典型的犯罪参与态型为视角检讨限制

① ［日］高桥则夫：《共犯体系和共犯理论》，冯军、毛乃纯译，中国人民大学出版社 2010 年版，第 60—61 页、第 74 页。

② 黄荣坚：《基础刑法学》（下），中国人民大学出版社 2009 年版，第 495 页。

的正犯概念所得出的一般性结论。

近年来，伴随着对外学术交流的与日俱增，统一正犯体系的思想也为国内少数中青年刑法学者所支持，如刘明祥教授、陈忠林教授、江溯教授等。但整体来看，与二元犯罪参与体系相比较，统一正犯体系在学说发展史上仅在较短的时期受到学界关注并形成了一定影响外，在更多时间该理论体系的支持者均系少数；不仅如此，在统一正犯体系内部，不同支持者的基本立场与具体观点也是见仁见智。

二、统一正犯体系立法史

据考证，罗马法将每一个犯罪参与者作为构成犯罪的罪犯予以处罚，起因者与共犯均具有同样的可罚性，不问其协力行为如何，均处以同等且全部的刑罚。因此，有学者认为，现代刑法所谓单一正犯概念，即在法律上不区分犯罪参与形态的主张，早在罗马法就已经得到确认了。[①] 在近代大陆法系国家中，虽然有学者认为 1902 年的《挪威刑法典》第 58 条[②] 奉行了统一正犯体系

① 蔡墩铭：《唐律与近代刑事立法之比较研究》，台北汉苑出版社 1976 年版，第 200—201 页。

② 该法第 58 条规定：“二人或者二人以上协力实施犯罪，如果该协力必须依赖其他犯罪人或者与其他犯罪人的行为相比并不重要，对于该协力人可以将刑罚减轻至法定最低刑以下并且适用较轻的刑罚。如果规定的刑罚只有罚金并且属于轻罪，可以完全免除处罚。”

的思想与理念[①]，但是也有部分学者持不同意见[②]。公认的首部采纳统一正犯体系的立法是1930年《意大利刑法典》，该法第110条明确规定："当数人共同实施同一犯罪时，对于他们当中的每一人，均处以法律为该犯罪规定的刑罚，以下各条另有规定者除外。"上述规定即意味着在共同犯罪场合，立法者并不特别区分正犯和共犯，也不再过分关注行为人以何种方式参与犯罪（直接或间接、教唆或帮助抑或其他利用形式），在法律上统一视为正犯，并且为不同的犯罪参与者规定了统一的法定刑。当然，统一的法定刑并不意味着同一的宣告刑，该法第111条至第119条详细规定了刑罚适用的条件，比如第111条规定："指使因其人身条件实施犯罪的，对该人员实施的犯罪负责，并且刑罚予以增加。如果属于可因之实行当场逮捕的犯罪，刑罚增加三分之一至一半。如果指使他人实施犯罪的人是对被指使者行使父母权的人，刑罚可增至一半；如果属于可因之实行当场逮捕的犯罪，刑罚增加的幅度为三分之一至三分之二。"就此而言，共同犯罪的立法其重

① 德国学者比克迈尔认为，从该法草案的立法理由书来看，是从立法上实现了挪威学者戈茨的单一正犯概念，该法虽然在分则中使用了共犯、共犯者、教唆和帮助这样的词汇，但该法草案的立法理由书警告说，在解释该法之时，必须完全从对共犯理论的用语的从属中解放出来。

② 有学者认为该法条只不过是规定了对共犯的处罚，至于参与犯罪的人中哪些人是可罚的共犯者，则是由分则的各个条文来规定的，这种立法方式只是与一般由刑法总则来规定共犯的方式相反而已，并不能说明该法采用了所谓的单一正犯概念。江溯：《犯罪参与体系研究——以单一正犯体系为视角》，中国人民公安大学出版社2008年版，第119—120页。

心在于刑罚裁量情节，并借此规定要求司法者在刑罚裁量过程中根据不同参与者的不法程度与责任大小分别裁量轻重不同的刑罚。

1939 年的《丹麦刑法典》与 1940 年的《巴西刑法典》也被认为是统一正犯体系的典范与代表。其中，《丹麦刑法典》第 32 条规定："适用于某项犯罪的刑罚法规，适用于通过煽动、劝说或实行而共同实施该犯罪的所有人。对于仅仅实施了不具实质性的帮助的人或者仅仅强化了已经非常坚定的犯罪决意的人，可以减轻其刑。犯罪未达既遂或者企图共同实施的行为没有成功时，亦同。"《巴西刑法典》第 29 条规定："以任何方式共同加工于犯罪的人，根据他们的责任大小，按照法律对该罪规定的刑罚追究刑事责任。如果参与共同犯罪的行为所起作用属轻微的，可以减轻刑罚六分之一至三分之一。如果部分共同犯罪人只是希望参与实施比实际结果较轻的罪行的，对这些人适用较轻罪行的刑罚；但是如果发生了比其预想结果更重的结果的，应当加重其刑罚二分之一。"很明显，上述立法例都是概括性地规定了共同犯罪的参与形式——"以任何方式共同加工于犯罪"，同时也反映了犯罪参与的形式在法的评价上的无意义——"按照他们的责任大小，按照法律对该罪规定的刑罚追究刑事责任"。与此同时，立法者都会规定一定数量或情形的刑罚裁量事由，要求司法者据此对不同的犯罪参与者分别科处刑罚。即统一的法定刑并不意味着统一的宣告刑。

虽然 1852 年《奥地利刑法典》有关共同犯罪立法模式的归属

仍存在较大争议，[①] 但根据1974年《奥地利刑法典》第12条规定，该法被认为毫无疑义地采纳了统一正犯体系，“不仅是直接正犯，决定他人实施活动以及其他加工于他人的活动的每个人，均为实施了可罚性行为的人”。该法第13条针对不同参与者的刑罚裁量作了明确规定：“数人共同实施应受刑罚处罚的行为的，按责任的大小分别处罚。”

由此可见，与二元犯罪参与体系相比，统一正犯体系的立法相对较少，但是也并不乏典范，这不仅说明共同犯罪立法模式既是立法者选择的结果，而且说明统一正犯体系确实有其优势，并为立法所采纳、为学界所推崇。

三、我国古代共同犯罪立法考略

据史料记载，早在上古时期就有关于共同犯罪现象的描述及其惩治。如《尚书·舜典》中记载：“蛮夷猾夏，寇贼奸宄”。而《说

---

① 该法第5条规定：“对重罪承担责任者，不仅指直接正犯者，而且，通过命令、劝诱、教示、称赞来推动犯罪行为，故意地提供手段、排除妨害或者无论通过其他任何方法，为犯罪行为的实现提供援助或者帮助者，以及同意在犯罪后为正犯者提供帮助或援助，或者只是事先就犯罪所得的分配与正犯者达成合意者，亦同。对于正犯者，或者共同责任者或加担者的犯罪可罚性，仅以其身份上的状态为理由免除其责任的阻却事由，不及于其他共同责任者和加担者。”其刑法学通说认为，该法采纳了二元犯罪参与体系，但少数说认为该法第5条奉行的是统一正犯体系。笔者更倾向于少数说的意见，因为第5条第1款的规定只是就参与类型进行了概念上的区别，这种区别并不关涉价值评判。换句话说，根据该款规定，上述不同的参与者的当罚性是相同的。该条第2款则明显贯彻了不同参与者的独立可罚性，与统一正犯体系的基本思想完全吻合。

文解字》对其作了进一步解释："宄，奸也。外为宄，内为奸。""奸宄"即相当于我们今天所称的内外勾结型共同犯罪。再如《尚书·胤征》中记载："歼厥渠魁，胁从罔问。"其中，"渠魁"即指叛乱集团的首要分子；"胁从"则指被胁迫参加叛乱的从犯。战国时期，法家代表人物李悝编纂的《法经》中就有"越城，一人则诛，自十人以上夷其乡及族，曰城禁"的规定。时值秦朝，法家思想一统天下，法制思想盛行，关于共同犯罪的立法也较之前有了长足的进步。据《睡虎地秦墓竹简·法律问答》记载："甲谋遣乙盗，一日，乙且往盗，未到，得，皆赎黥。"意思是说，甲系主谋者或者教唆犯，而乙则为盗窃的实行犯或正犯。另据《睡虎地秦墓竹简·法律问答》记载："夫盗千钱，妻所匿三百，何以论妻？妻知夫盗而匿之，当以三百论为盗，不知，为收。""夫盗三百钱，告妻，妻与共饮食之，何以论妻？非前谋也，当为收，共前谋，同罪。"[①] 前者意思是，丈夫盗窃千钱后，由其妻隐匿三百，则妻子如何定罪？答：若妻子知道其丈夫盗窃事实并藏匿赃物，则以盗窃罪共犯论；若不知盗窃的事实，则不构成盗窃罪的共犯。后者表述这样的意思：丈夫盗窃三百钱，与其妻以此购买食物消费，则妻子如何处理？答：如果事前没有共谋，则妻子不成立共犯；否则，成立盗窃罪的共犯。

汉承秦制，但在律法中关于共同犯罪方面的规定又有所发展，

---

① 睡虎地秦墓竹简整理小组：《睡虎地秦墓竹简》，文物出版社 1987 年版，第 157 页。

总体的印象是汉律更注重区分首从，加大对造意者、首恶等的处罚力度，如《后汉书·孙宝传》记载："孙宝谕告群盗，非本造意、渠率，皆得悔过出山，……春秋之义，诛首恶而已。"[①] 另外，汉律关于教唆犯的相应规定比较丰富，如"取蛊人及教令者，弃市"。其中，教令者，即教唆犯。《汉书》中记载了大量关于教唆犯罪的事例，诸如"嗣侯勿害，本始二年，坐使人杀兄，弃市"，"嗣侯萧获，永使元年，坐使奴杀人，减死完为城旦"。又如"巨鹿太守朱寿为廷尉，元凤五年，坐侍中邢元下狱，风吏杀元，弃市"[②]。之后的《晋律》中也有关于共同犯罪尤其是复杂共犯的规定，如"唱首先言谓之造意，二人对议谓之谋，制众建计谓之率，不和谓之强，攻恶谓之略，三人谓之群"。依据律学家张斐《注律表》的阐释，《晋律》在共同犯罪形式方面，存在简单共犯、复杂共犯和集团型犯罪。而根据参与者在共同犯罪中的地位、角色可以将其分为造意犯、主犯、随从犯和胁从犯。[③]

《唐律》及其疏议是我国封建社会法律的集大成者，也是中华法系的典范，对亚洲尤其是东亚各国法律的发展曾产生重大的影响。《唐律》首次就共同犯罪的概念作了界定："共犯罪者，谓二人以上共犯，以先造意为首，余并为从。"《唐律》在共犯的处罚上也承继了前代的一贯精神，规定"诸共犯者，以造意为首，随从

---

① 乔伟：《唐律研究》，山东人民出版社 1984 年版，第 129 页。

② 转引自马聪：《中国古代共同犯罪的发展历史》，载《郑州航空工业管理学院学报（社会科学版）》2004 年第 12 期。

③ 宁汉林：《中国刑法简史》，中国检察出版社 1997 年版，第 156—158 页。

者减一等"[①]。事实上，这仅为共同犯罪处理上的原则性规定，除此之外还有一些特殊规定，诸如不问首从的情况。[②]值得注意的是，《唐律》中存在"加工行为"的描述，如《贼盗律》规定："诸谋杀人者，徒三年。已伤者绞，已杀者斩。从而加工者绞，不加工者流三千里。"[③]疏议对此处的"加工"作了如下解释："同谋共杀，杀时加工，虽不下手杀人，当时共相拥迫，由其遮遏，逃窜无所，既相因籍，始得杀之，如此经营，皆是加功之类。"关于此处"加工行为"的性质，我国刑法学界观点不一，有学者认为其属于次要的实行行为[④]，有学者则认为系帮助性质的犯罪参与行为[⑤]，也有学者认为此处的加工行为既可以是起辅助作用的帮助犯，也可以是次要的实行犯[⑥]。笔者不以为然，所谓实行犯又称正犯，其并不是让一个故意犯罪行为人实现构成要件，而是自己违法地和有责地因实现构成要件而破坏或危害法益的情形。[⑦]而刑法分则中构成要件所预设的行为正是实行行为，以杀人罪为例，非亲自实施剥夺他人生命的行为者，除非成立间接实行犯，一般不可能成为实行犯。言"加工行为"系次要的实行行为，也即承认了加工者

---

① 《唐律疏议》，中华书局 1983 年版，第 115—116 页。

② 朴宗根：《正犯论》，法律出版社 2009 年版，第 22—24 页。

③ 《唐律疏议》，中华书局 1983 年版，第 329 页。

④ 陈兴良：《共同犯罪论》，中国人民大学出版社 2006 年版，第 9 页。

⑤ 刘凌梅：《帮助犯研究》，武汉大学出版社 2003 年版，第 16 页。

⑥ 朴宗根：《正犯论》，法律出版社 2009 年版，第 25 页。

⑦ [德] 弗兰克·冯·李斯特：《德国刑法教科书》，徐久生译，法律出版社 2006 年版，第 360 页。

系实行犯，这无疑是说加工者也实施了相应的杀人行为，这与“杀时加工，虽不下手杀人”的解释明显不符。另外，从加工者承担罪责的根据来看，加工者虽不下手杀人，但其“共相拥迫，由其遮遏”，导致被害人“逃窜无所”，终被杀害。也就是说，加工者对实行者杀害行为的参与，最终导致被害人的死亡。这均与直接导致被害人死亡的实行犯的实行行为明显不同，怎么可能是实行行为呢？又如何成为次要的实行犯呢？因此，笔者赞同将“加工”解释为帮助行为的观点。唐代之后的宋元明以及清代中叶以前基本上都以《唐律》为蓝本，在共同犯罪方面基本无长足进展。

囿于立法技术与立法观念的局限，我国古代共同犯罪立法中虽然也隐约有关于犯罪教唆、犯罪帮助等共同犯罪分工的描述性规定，但整体来看，上述所谓的类型性区分很大程度上或许都是基于概括或描述的方便，立法者本身并未赋予不同参与行为以特别的立法价值，毋宁说立法者进行如此描述更多的是出于刑罚裁量的动因。事实上，统观我国古代立法例可知，有关共同犯罪立法的基本旨趣不在区分正犯与共犯，更没有规定非实行者之于犯罪实行行为的从属性（相反，在很多场合我们看到的是实行行为分担者之于非实行行为分担者的从属与依赖，比如诸多的聚众犯罪场合），共同犯罪的立法旨趣基本在于根据不同犯罪参与者在共同犯罪中所起作用的大小区别首犯、从犯，并以此作为科刑的法律依据。就此而言，可以认为，我国古代共同犯罪立法基本属于不区分正犯与共犯的统一正犯体系。

四、近现代我国共同犯罪立法鸟瞰

以沈家本为代表的修律运动标志着我国传统法制的解体，也意味着我国法制因继受外国法制影响而迈向了近代化之路。为彻底汲取西方法制之精要，沈家本在全面修订大清新刑律之时，特地从日本聘请了年轻而享有盛誉的刑事法学者岗田朝太郎，这也使得《大清新刑律》受当时日本法制的影响颇深。[①]1910年12月25日，《大清新刑律》颁布，该法在总则部分设有“共犯罪”一章，将共同犯罪人分为造意犯、正犯与从犯三类，并分别就其各自的内涵作了相应界定。《大清新刑律》第29条规定：“二人以上共同实施犯罪之行为者，皆为正犯，各科其刑。于实施犯罪行为之际帮助正犯者，准正犯论。”第31条规定：“于实施犯罪行为以前帮助正犯者为从犯。从犯得减正犯之刑一等或二等。教唆或帮助从犯者，准从犯论。”第32条规定：“于前教唆或帮助，其后加入实施犯罪之行为者，从其所实施者处断。”第34条规定：“知本犯之情节而共同者，虽本犯不知共同之情，仍以共犯论。”第36条规定：“值他人故意犯罪之际，因过失而助成其结果者，准过失共同正犯论。”《大清新刑律》尚未及实施就爆发了辛亥革命，新成立的中华民国仓促颁布的《暂行新刑律》整体上承继了《大清新刑律》的内容。有关共同犯罪方面，《暂行新刑律》与《大清新刑律》相比基本没有大的变动。其后，由于《暂行新刑律》中部分内容已

① 李海东：《日本刑事法学者》（上），法律出版社、日本成文堂联合出版1995年版，第20页。

不适合当时社会需要，国民政府遂命王宠惠等提出刑法修正草案，后经伍朝枢等反复修改并于 1928 年 3 月颁布实行，即《中华民国刑法》。该法有关共同犯罪的规定基本坚持了分工分类法，严格区分正犯与共犯，可谓典型的二元犯罪参与体系。为适应社会发展需要，国民政府自 1931 年开始对旧刑法进行修订，并于 1935 年颁布了新刑法。从 1910 年《大清新刑律》至 1935 年《中华民国刑法》的发展变化来看，共同犯罪立法基本秉承了根据犯罪参与形态区分正犯与共犯，并认定不同参与形态具有不同的规范价值，在正犯与共犯之间倾向于共犯从属性原则。

新中国成立之初即废除了国民政府时期的《六法全书》，但囿于当时特殊的政治时期与政治任务，新中国并未在第一时间颁布新刑法，而主要通过部分单行条例和政策来实现社会治理与对犯罪的打击。上述单行条例中虽然没有关于共同犯罪的一般性规定，但其中也不乏有关共同犯罪的片段性规定。例如，《惩治反革命条例》第 5 条规定："持械聚众叛乱的主谋者、指挥者及其他罪恶重大者处死刑；其他积极参加者处五年以上徒刑。"第 12 条规定："聚众劫狱或暴动越狱，其组织者、主谋者处死刑或无期徒刑；其他积极参加者处三年以上徒刑。"上述规定虽然也区分组织者、主谋者以及指挥者，但很明显区分的意义也旨在刑罚裁量，更没有涉及非正犯之于正犯的从属性问题。

与此同时，新中国刑法的起草工作也一直紧锣密鼓地进行着。1950 年《刑法大纲草案》第 15 条根据分工分类法将共犯分为正犯、组织犯、教唆犯以及帮助犯。"二人以上共同犯罪，而有下列情形之一者，皆为正犯。各按其社会危险性之轻重处罚之：一、事前同谋，临事共同实施犯罪行为者；二、事前同谋，临事未共同实施犯罪行为，而同意共谋人实施犯罪行为者；三、事前主谋，临事未共同实施犯罪行为，而仅雇佣或派遣他人，实施犯罪行为者；四、事前无预谋，临事同情，共同或分担实施犯罪行为者。建立犯罪组织，指导犯罪组织，制定实施犯罪计划或者指导执行计划者，皆为组织犯。按其所组织的犯罪及犯人的社会危险性之重轻处罚之。教唆他人犯罪者为教唆犯，按其所教唆之罪处罚。提示方法供给工具，以及用其他方法便利他人遂行其犯罪者，为帮助犯，得从轻处罚，决定从轻与否，及从轻程度，应审查帮助行为对于犯罪所生之作用及犯罪人之社会危险性。”[①] 此后 1954 年的《刑法指导原则草案》、1956 年的《刑法草案》第 13 稿、1957 年第 21 次、第 22 次修正稿在共犯问题上均采分工分类法，明确规定了不同参与类型及其处罚原则。也就是说，至此刑法有关共同犯罪的立法基本倾向于区分制的立法例。但值得注意的是，自 1962 年《刑法草案》第 27 次稿起，立法者在共犯问题上采取了所谓的作用为主、分工为辅的分类方法。历经多次修改，我国终于在 1979 年颁行了第一部刑法。该法第 22 条至第 26 条集中规定

---

① 高铭暄、赵秉志：《新中国刑法立法文献资料总览》（上），中国人民公安大学出版社 1998 年版，第 140 页。

了共同犯罪问题。[①]

此后针对1979年刑法修订过程中有关共同犯罪的规定基本没有发生重大变化。1997年新颁布的刑法也仅在以下四方面有局部调整：其一，增加了犯罪集团的概念。其二，明确了主犯的类型与处罚原则，将主犯区分为犯罪集团的首要分子与其他主犯，取消了主犯从重处罚的规定。其三，从犯的处罚原则方面，取消了此前比照主犯处罚，胁从犯比照从犯量刑的规定。主要理由是影响共同犯罪人刑事责任大小的因素除了作用大小外，还有各共同犯罪人本身的一些情节，诸如自首、立功、累犯等，这些人身性的情节显然是难以比照的，故而予以删除。其四，删除了胁从犯的立法中“被诱骗”一词，概因“被诱骗”一词如何理解常有歧见，如何认定较难把握，且其也不是胁从犯的特征。[②]

很明显，清末以及稍后的国民政府时期，在变法过程中深受德、日等大陆法系国家刑事立法的影响，我国在共同犯罪立法方

---

① 第22条：共同犯罪是指二人以上共同故意犯罪。二人以上共同过失犯罪，不以共同犯罪论处；应当负刑事责任的，按照他们所犯的罪分别处罚。第23条：组织、领导犯罪集团进行犯罪活动的或者在共同犯罪中起主要作用的，是主犯。对于主犯，除本法分则已有规定的以外，应当从重处罚。第24条：在共同犯罪中起次要或者辅助作用的，是从犯。对于从犯，应当比照主犯从轻、减轻处罚或者免除处罚。第25条：对于被胁迫、被诱骗参加犯罪的，应当按照他的犯罪情节，比照从犯减轻处罚或者免除处罚。第26条：教唆他人犯罪的，应当按照他在共同犯罪中所起的作用处罚。教唆不满十八岁的人犯罪的，应当从重处罚。如果被教唆的人没有犯被教唆的罪，对于教唆犯，可以从轻或者减轻处罚。

② 高铭暄：《中华人民共和国刑法的孕育诞生和发展完善》，北京大学出版社2012年版，第205页以下。

面几乎完全效仿东邻日本，明确采纳正犯与共犯二元界分的立法模式，主张正犯系共同犯罪的核心，共犯在成立以及处罚方面在某种程度上都从属于正犯。新中国成立后，不论是刑法颁布前的单行刑法抑或是此后颁布的刑法，有关共同犯罪的立法规定与德、日等典型的区分制立法例在内容规定方面都大相径庭，但可以确定的是，我国刑法有关共同犯罪的立法并非典型的区分制立法。这也为后来我国学者研究我国共同犯罪立法模式时产生重大的认识分歧埋下了“伏笔”。当然，这也意味着尝试以统一正犯体系为指导去构建我国的犯罪参与理论，在我国并不存在实定法上的障碍；以统一正犯体系为目标从立法论的层面研究修订甚或重构中国特色共同犯罪立法更不存在任何问题。

第二节　统一正犯体系本体展开

众所周知，统一正犯体系内部复存在两种基本类型：形式的统一正犯体系与机能的统一正犯体系。[①]形式的统一正犯体系，是

① 江溯：《犯罪参与体系研究——以单一正犯体系为视角》，中国人民公安大学出版社 2010 年版，第 132 页。在此涉及如何认识并定位苏联刑法典有关共同犯罪立法的归属问题，虽然其具体称谓与表述有别于典型的统一正犯体系，但考虑到其包括性共犯体系中的犯罪参与者均被置于与正犯同一的法定刑之下，类型上的区分旨在确定共同参与者的处罚范围，并且该体系也是根据不同参与者的程度来决定刑罚，因此，究其本质而言，应该认为其本质上属于机能的统一正犯体系。

指对全部犯行形式进行法条语言上的统一化，在构成要件该当性的层面放弃其概念的、范畴的区别。机能的统一正犯体系，与形式的统一正犯体系一样，一方面放弃了对特定的犯行形式进行价值上的级别区分，另一方面却维持了其概念性、类型性区别的体系。[①] 考虑到这两种统一正犯体系各有其特色，因此，有必要以代表性立法为模板做进一步的剖析，以便深刻了解其各自的利弊。一般认为，《意大利刑法典》是形式的统一正犯体系的典范；比较而言，奥地利、挪威、阿根廷等国的刑法典则采用了机能的统一正犯体系。

一、意大利统一正犯立法概略

如前所述，《意大利刑法典》第 110—119 条规定了共同犯罪。为方便了解形式的统一正犯体系的立法特色，有必要在此就其立法规定作详尽的展示：

第 110 条 当数人共同参与同一犯罪时，对于他们当中的每一人，均处以法律为该犯罪规定的刑罚，以下各条另有规定者除外。

第 111 条 指使因其人身条件或者个人身份而不可归罪的或者不受处罚的人员实施犯罪的，对该人员实施的犯罪负责，并且

① ［日］高桥则夫：《共犯体系和共犯理论》，冯军、毛乃纯译，中国人民大学出版社 2010 年版，第 21—22 页。

刑罚予以增加。如果属于可因之实行当场逮捕的犯罪，刑罚增加三分之一至一半。

如果指使他人实施犯罪的人是对被指使者行使父母权的人，刑罚可增至一半；如果属于可因之实行当场逮捕的犯罪，刑罚增加的幅度为三分之一至三分之二。

第 112 条　有下列情形之一的，对犯罪应科处的刑罚予以增加：

（1）共同参加犯罪的人数为 5 人或者 5 人以上的，法律另有规定的除外；

（2）除以下两项规定的情况外，发起或者组织犯罪合作的，或者在共同犯罪活动中起领导作用的；

（3）在行使其权力、领导或监督职责时指使其属员实施犯罪的；

（4）除第 111 条规定的情况外，指使不满 18 周岁的未成年人或者处于精神病或精神缺陷状态的人实施犯罪的，或者利用上述人员实施可因之实行当场逮捕的犯罪的。

利用由于其人身条件或身份的原因而不可归罪或者不受处罚者实施可因之实行当场逮捕的犯罪的，处罚可增加至一半。

如果指使他人实施犯罪或者利用他人实施犯罪的人是对被指使者或被利用者行使父母权的人，在第 1 款（4）项规定的情况下，刑罚可增加至一半；在第 2 款规定的情况下，刑罚可增加至三分之二。

如果某一参加犯罪的人是不可归罪的或者不受处罚的，同样适用本条（1）项、（2）项和（3）项规定的加重处罚。

第 113 条 在过失犯罪中，当危害结果是由数人的合作造成时，对每人处以为该犯罪规定的刑罚。

对于指使他人在犯罪中合作的人，当具备第 111 条和第 112 条（3）项和（4）项规定的条件时，刑罚予以增加。

第 114 条 如果法官认为在第 110 条和第 113 条规定的情况下参加共同犯罪的人在犯罪的准备或者执行过程中只起了轻微的作用，可以减轻处罚。

上述规定不适用第 112 条列举的情况。

对于被指使实施犯罪或者在犯罪中合作的人，当具备第 112 条第 1 款（3）项和（4）项和第 3 款规定的条件时，也可以减轻处罚。

第 115 条 除法律另有规定外，如果两人或者两人以上为实施犯罪的目的而达成协议，并且该犯罪没有实施，不得仅因协议行为而对任何人予以处罚。

但是，在为实施某一重罪而达成协议的情况下，法官可以适用保安处分。

在教唆他人实施犯罪的情况下，如果教唆已经接受，但犯罪没有实施，适用同样的规定。

如果教唆没有被接受，并且属于教唆实施某一重罪，对教唆人可以处以保安处分。

第 116 条 如果已实施的犯罪是某一共同犯罪人不希望实施的犯罪，当结果是因其作为或者不作为造成时，该人也对该犯罪负责。

如果已实施的犯罪重于所希望实施的犯罪，对于希望实施较轻犯罪的人减轻处罚。

第117条　如果由于犯罪人的人身条件或者身份或者由于犯罪人与被害人之间的关系而对某一共同犯罪人改变罪名，其他人也对相同的犯罪负责。但是，如果这后一犯罪比较严重，对于不具备上述条件、身份或者关系的人，法官可以减轻处罚。

第118条　如果使刑罚加重或者减轻的情节涉及犯罪的原因、故意的强度、过失的程度或者犯罪人的人身条件，则只针对与之有关的人员加以考虑。

第119条　使某一共同犯罪人不受处罚的主观情节仅针对与之相关的人具有效力。

排除刑罚的客观情节针对左右共同犯罪人均具有效力。

二、形式的统一正犯体系理论展开

根据《意大利刑法典》有关共同犯罪的上述规定，可以认为，形式的统一正犯体系具有如下几方面的特点：

第一，从其刑法第110条规定可以看出，意大利刑法将所有参与犯罪活动的行为人均统一视为正犯，这使我们历来熟悉的共同正犯、间接正犯、教唆犯、帮助犯等概念瞬间都显得没有存在的必要。根据该法律草案的立法理由可知，第110条原本立足于因果关系说中的条件说，刑法典的起草者认为，总则有关犯罪参与者刑事责任的规定，之所以能适用到那些刑法分则没有明文规定的行为，是因为犯罪参与及其结果是各个犯罪参与者的行为作为一个整体共同作用的结果，从因果关系的角度分析，每个犯罪参与者的行为都是犯罪参与发生的结果，因而对犯罪结果的发生都应该具有同等原因力。[①]但现在看来，将共同犯罪的归责原理简单地构建在条件说基础上并不妥当。“在刑法上，绝不意味着有因果关系（条件说）就可以肯定结果归责，因果关系对于结果归责而言，只是一个必要条件而非充分条件。行为人是否对一个结果负责，或者一个结果是否可以归责于行为人，应当按照行为是否具备不法和罪责来加以判断，而因果关系只是客观不法构成要件中的一个判断要素而已。”[②]因此，有必要在条件说的基础上对犯罪参与领域的归责问题做出修正，并形成较为实质性的判断基准。对此，当今的意大利刑法学界普遍认为，犯罪参与行为最起码应该是实质上有助于犯罪实施的行为，即主观层面强化他人犯罪决意和客观方面能够促使犯罪的实行更为便利的情形。如此方能避免因坚持条件说可能导致犯罪参与场合不当扩大或者缩小归责范围的问题。比如，对于居中协调其他犯罪参与者的行为，其虽不属于之于结果实现的必要条件，但无疑是有助于结果实现的行为；反之，如果某种行为客观上无助于结果的实现，与结果的发生在心

① 江溯：《单一正犯体系研究》，载陈兴良主编：《刑事法评论》第24卷，中国政法大学出版社2009年版，第403页。

② 蔡圣伟：《刑法问题研究（一）》，元照出版公司2008年版，第177页。

理上也不能建立某种关联的话，就应该排除在客观归责之外。[①]事实上，刑法因果关系中的条件说作为客观归责的基础在基本方向上是没有问题的，但考虑到刑法中归责的特殊性与犯罪现象的复杂性，一定程度的修正是必要的，这一点在单个人的犯罪中是如此，在多人共同参与犯罪的场合亦是如此，当今国内外刑法学界不论是占据主流地位的相当因果关系说还是客观归责理论不也都是以条件说作为归责的前提并作必要的修订吗？诚如高桥则夫教授指出的：“可以说统一性正犯原理的基础是因果关系，而且是条件说。但是，这并不意味着仅凭条件说就为其奠定了基础。例如，通过行为形态的限定以及危险性的导入等，也可能限定统一性正犯原理，这样的话，相当因果关系说也许能为其提供基础。因此，作为统一性正犯原理的根据，提出‘因果关系’即已足够。”[②]

第二，在“多主体论”的意义上把握犯罪参与场合不同参与者的构成要件行为以及参与论中的罪刑规范。根据意大利刑法学界的通说——“多主体论”，有关犯罪参与的总则规定与刑法分则的规定结合后，不是简单地扩张了刑法分则规定的范围，而是产生了一种新的与刑法分则规定并立的罪刑规范。该种规范规定的犯罪构成，并不要求单独存在一个完全符合刑法分则的实行行为，而是以多个犯罪参与者的行为相加必须符合单个主体的犯罪构成

① ［意］杜里奥·帕多瓦尼：《意大利刑法学原理》（评注版），陈忠林译评，中国人民大学出版社 2004 年版，第 287—288 页。

② ［日］高桥则夫：《共犯体系与共犯理论》，冯军、毛乃纯译，中国人民大学出版社 2010 年版，第 11 页。

为核心，包括一切决定或有利于犯罪参与及其结果发生的行为。这样，一切参与犯罪的行为，不论是帮助行为、教唆行为，还是实行行为，不论实行行为是由一个人单独完成，还是由不同的犯罪参与者分别完成，也不论在要求特定身份的犯罪中具体行为的实施者是否具有特殊身份，只要他们的行为相加符合刑法分则为单个主体规定的犯罪构成，那每一个犯罪参与者的行为相加都是符合刑法犯罪参与构成要件的行为。[①]“多主体论”不仅表明了犯罪参与行为如教唆、帮助等在法律属性与功能上与单个人直接实施刑法分则构成要件行为的情形一样，都是直接符合犯罪构成要件的行为，而且为其“直接符合构成要件”提供了理论根基——刑法总则有关犯罪参与的规定与刑法分则规定结合后形成了与刑法分则罪刑规范有关且并立的罪刑规范，这也是刑法总则有关犯罪参与问题的规定的立法价值所在。换句话说，刑法总则有关共同犯罪规定中之所以出现教唆、帮助之类的表述，并不是要突出其与分则中构成要件行为的差异性，而只是旨在强调不同的参与类型在刑罚裁量方面可能的差异性，即作为刑罚裁量的情节而存在。

第三，围绕教唆未遂处罚范围的规定可以看出，统一正犯体系下教唆、帮助等参与行为的不法评价可以通过“危险性”的导入、借助实质的刑法解释来防止刑法处罚范围的蔓延。与犯罪帮助相比，犯罪教唆在犯意引起方面确实具有“无中生有”的作用，因此，教唆之于帮助通常具有较重的不法与罪责。或许正因如此，不论

① 陈忠林:《意大利刑法纲要》，中国人民大学出版社 1999 年版，第 222 页。

是二元犯罪参与体系还是统一正犯体系，通常都会专门就教唆未遂问题做出特别规定。但从逻辑推演的角度，经由刑法总则有关包括犯罪教唆在内的罪刑规范的规定，犯罪教唆也具有独立的犯罪构成及其构成要件行为，从一定意义上也可以说，教唆行为本身就属于构成要件行为。就此而言，在犯罪教唆的场合，不论被教唆者是否接受了教唆，也不论被教唆者是否着手实行了所教唆的罪，更不用考虑其犯罪是否得逞，教唆行为本身实施完毕时，教唆者至少符合了与刑法分则构成要件相并列的总则的构成要件，通常也具备了不法性。但考虑到犯罪毕竟是严重侵害法益的行为，即便是需要规制对法益造成侵害危险的行为，则该危险也必须是相对确定的、现实而紧迫的危险。在教唆未遂的场合，虽然教唆者已经将教唆行为实施完毕，但被教唆者压根儿就没有接受教唆，或者虽然当时接受了犯罪教唆但实际上并没有实施任何不法行为时，此类教唆行为的法益侵害的危险着实有些“虚无缥缈”，这也说明成立犯罪所要求的法益侵害客观上是不存在的。因此，惩罚此类行为与其说是遵从法益侵害原则，倒不如说是顶着法益侵害的帽子行惩治危险思想的勾当，这与法治国理念是严重相悖的。考虑到此类行为的特殊性尤其是实践中处罚的“冲动”，立法上明确将此类行为“出罪”就显得很有必要。或许正是基于上述考虑，《意大利刑法典》第 115 条明确将仅达成犯罪协议而无犯罪实施的情形以及被教唆者没有接受教唆的情形均作无罪化处理。其实，这一解释论上的理由也可以从该法第 114 条第 1 款的规定中得到佐证，即法官认为参加共同犯罪的人在共同犯罪过程中只起了轻微作用时，可以减轻处罚。该款规定意味着，在参与者的行为具备犯罪成立要求的法益侵害性基础上，针对不法程度较轻的人，在刑罚裁量时予以减轻。很明显，立法者有关不法的评价不仅是个别的，而且是实质性的。换句话说，在考虑包括教唆、帮助在内的犯罪参与行为的不法问题时，不仅需要在形式层面考察是否存在教唆、帮助等参与行为，而且需要进行实质性的判断参与行为之于结果发生的积极功能与实际效果。因此，单纯从《意大利刑法典》第116条有关教唆未遂的不可罚的规定，不能必然得出意大利刑法有关犯罪教唆的规定没有贯彻统一正犯有关教唆行为是直接实现构成要件行为类型的诫命。在犯罪教唆或帮助的场合，考虑被教唆者是否着手实施分则构成要件行为也只是处于对参与行为可罚性的实质考察，而不宜将其理解为是对“共犯从属性”理论的借镜。就此来说，帕多瓦尼教授的批判是中肯的：“事实上，如果一定要说共犯行为具有从属性的话，那么，这种从属性也不是共犯行为的从属性，而是处罚共犯行为的法律规范的从属性。”①

第四，意大利统一正犯体系完全是在行为客观合作引致法益侵害的意义上规定共同犯罪的，共同犯罪或共同参与只是对二人以上共同犯罪现象的一种单纯描述，并无特别的规范意旨，这一点有别于我国《刑法》第25条有关共同犯罪概念的厘定。也正因如此，意大利刑法有关共同犯罪的立法不仅适用于故意犯罪，而

---

① ［意］杜里奥·帕多瓦尼：《意大利刑法学原理》(评注版)，陈忠林译评，中国人民大学出版社2004年版，第282页。

且适用于过失犯。不仅如此，也可以说其实际上也承认故意行为与过失行为混合共动而成的犯罪参与形式。这一点可以从《意大利刑法典》第113条的规定中得到佐证。这在逻辑体系上就很好地避免了限制的正犯概念与二元参与体系历来存在的“体系二元论”的弊病——在故意犯罪的场合坚持二元犯罪参与体系，在过失犯罪场合则奉行统一正犯体系的做法。诚如批评者指出的，“通说对于构成要件所采取的严格解释立场所形成的限制正犯概念，从其适用范围来看，只能局限在故意犯罪之内，对于过失犯罪则依然使用扩张正犯概念。例如，按照目前学界公认的监督过失理论，当两个以上的行为人由于业务及其他社会生活上的关系，形成所谓的监督与被监督关系时，如果监督者不履行或者不正确履行自己的监督与管理义务，导致被监督者产生过失行为引起了结果的，对监督者仍然追究过失犯罪的刑事责任。换言之，在监督过失的场合，存在着被监督者的过失行为，即被监督者的过失行为直接造成了结果，而监督者并未亲自实施造成结果发生的过失行为。由此产生的合理怀疑是，行为人成立过失犯罪时，我们不要求其亲自实施符合构成要件的行为，但在故意犯罪的场合，则对其作出相反的要求？对此问题，通说显然无法给出合理的解释，最终导致目前的区分理论只能针对故意犯罪予以适用，过失犯罪仍然必须以扩张正犯概念为前提的尴尬境地”[①]。在此基础上，在故意犯

① 阎二鹏：《扩张正犯概念体系的建构——兼评对限制正犯概念的反思性检讨》，载《中国法学》2009年第3期。

罪的场合，犯罪参与者之间有共同的犯罪故意自然成立共同犯罪，不仅如此，即便其犯罪故意的内容不一致甚或完全不同也无关紧要，这就很好地避开了长期困扰我们的“犯罪共同说”与“部分犯罪共同说”的玄思冥想。与此同时，由于只是在一般共动意义上理解共同犯罪问题，因此，无责任能力者以及主观上无罪过的行为人与他人也可能成立共同犯罪，或者说其涉及的犯罪参与问题也自然需要纳入犯罪参与理论研究的视野；而各犯罪参与者之间是否需要双向的意思交流也无关紧要，因此，“片面的共犯”也当然是犯罪参与的一种形式。

第五，在数人参与犯罪的场合，原则上认为每个参与者客观上都是可罚的，且“每人按照该罪的刑罚处罚”。详言之，意大利刑法与德、日共同犯罪立法不同，其并不是将共同犯罪人区分为正犯与共犯，并据此配置轻重不同的法定刑，而是规定每个犯罪参与者原则上应承担相同的刑事责任。立法者之所以做出如此设计，主要理由是：其一，每个犯罪参与行为都属于一个有意识的共同行为的有机组成部分，都至少增强了其他参与者的犯罪决心和增加了犯罪完成的概率，从逻辑上看都是法益侵害结果的原因。故此，行为人如同要对自己的行为负责一样，其当然要对整个犯罪参与行为及其结果承担责任。其二，就犯罪的发生而言，每个犯罪参与者的行为都可能是基本的，离开具体的案情，不可能先验抽象地将犯罪参与者划分为不同的类型，并据此确定其各自承担的刑事责任。事实上，一个起辅助作用的帮助行为，也完全可能是对犯罪的实现起到决定作用的行为。[①]虽然该规定起初被视为为了满足当初法西斯政权镇压犯罪的需要以及被批评其相关理论基础已经过时（如“因果实证主义”“犯罪实证主义”），但现在看来，该规定确立的“同等责任原则”消除了二元参与体系因区分正犯与共犯及其作用而产生的诸多混乱，而且简化了解决犯罪参与者刑事责任的诸多难题，具有理论上的合理性与实践上的便宜性。[②]当然，同等责任并不意味着同等处罚，同等责任只是意味着不在立法上先验地根据参与类型来确定法定刑，更不意味着对所有的犯罪参与者科处同样的刑罚。事实上，司法者必须根据刑法有关量刑情节的规定分别裁量不同犯罪参与者的刑罚，这一点可以从意大利刑法有关共同犯罪的立法规定得到很好的说明，其法文在很大程度上几乎可以看作有关共同犯罪刑罚裁量事由的系统规定。

此外，考虑到共同犯罪的复杂性，意大利刑法有关共同犯罪的规定也涉及数人参与身份犯的场合的刑法适用问题，尤其是刑罚裁量基准；以及较具争议性的第 116 条即“共同犯罪的偏离”问题（相当于我们所说的共犯与错误问题），在这些问题上其立法规定都体现了详尽而别具一格的特点。综观意大利刑法有关共同犯罪的规定，可以说立法规定的重心基本在刑罚裁量，甚至可以说

---

① ［意］杜里奥·帕多瓦尼：《意大利刑法学原理》（评注版），陈忠林译评，中国人民大学出版社 2004 年版，第 296—299 页。

② 陈忠林：《意大利刑法纲要》，中国人民大学出版社 1999 年版，第 232 页。

意大利刑法有关共同犯罪的规定基本是有关刑罚裁量的规定。

三、机能的统一正犯体系：奥地利刑法典

《奥地利刑法典》第12—14条集中规定了犯罪参与问题。此外，在该法第四章“量刑”部分，第33条、第34条也有专门关于犯罪参与场合刑罚裁量的集中规定，具体规定如下：

第12条 所有参与人均作为正犯对待

自己实施应受刑罚处罚的行为，或者通过他人实施应受刑罚处罚的行为，或者为应受刑罚处罚的行为的实施给予帮助的，均是正犯。

第13条 参与人的独立的可罚性

数人共同实施应受刑罚处罚的行为的，按责任的大小分别处罚。

第14条 正犯的特征和关系

（1）法律规定行为的可罚性或刑度取决于行为人的特定的个人特征或关系的，即使参与人中仅有一人具有此等特征或关系，所有参与人均适用该法律规定。行为不法取决于具有特定的个人特征或关系的行为人直接实施应受刑罚处罚的行为，或者以特定方式参与应受刑罚处罚的行为的，必须满足该条件时，始可适用前句之规定。

（2）特定的个人特征或关系仅涉及罪责的，前款规定只适用于具备此等特征或关系的参与人。

第15条 未遂的可罚性

（1）对故意行为的刑罚威慑除适用于实行终了的行为外，同样适用于未遂及未遂之每个参与人。

（2）行为人决定实施应受刑罚处罚的行为，或者通过他人实施应受刑罚处罚的行为，通过直接的预备行为参与应受刑罚处罚的行为的，是行为未遂。

……

第33条 特别的从重事由

行为人具备下列情形之一的，构成特别之从重处罚事由：

……

3. 教唆他人实施应受刑罚处罚的行为的；

4. 发起者或教唆犯参与了数个应受刑罚处罚行为之一或在此等应受刑罚处罚行为中起主要作用的；

第34条 特别的减轻事由

……

4. 行为是在第三人的影响下实施的，或因为恐惧或服从命令而实施的；

……

6. 在数人共同实施应受刑罚处罚的行为中仅起辅助作用的。

四、机能的统一正犯体系之规范分析

第一，《奥地利刑法典》有关共同犯罪的立法虽被视为统一正犯立法的典范，但学理上关于如何定位该法的体系归属尚存争议。通说虽认为奥地利共同犯罪的立法属于机能的统一正犯体系，但也有少数学者或者认为其属于限制的统一正犯体系，或者属于归属的统一正犯体系。详言之，奇纳普菲尔所提倡的机能性统一正犯体系是维持对犯行形式进行概念上、类型上区分的体系，即多类型体系。该体系的特色是在构成要件的层面对正犯进行概念上的区分，但正犯形式的类型化仅仅是根据行为形态进行的区分，各正犯形式是价值上、责任上同等的正犯类型。根据机能性体系，直接正犯是以与构成要件的记述相适应的方法而实现构成要件的人，支配他人的人是诱发正犯，其他做贡献的人是援助正犯。该体系不承认诱发正犯、援助正犯具有从属性，主张各参与者对固有的不法与责任独立答责。比较而言，博格斯塔勒基于如下三点认为奥地利的犯罪参与立法系限制的统一正犯体系：其一，根据第15条第2款规定，援助正犯的未遂不受处罚；其二，当出现与起诉上的正犯形式不同的正犯形式这一问题时，就必须准备申诉；其三，参与形式的错误程序是无效的申诉事由，这些都是以正犯形式之间存在价值差异为前提的。据此，各正犯形式并不表明统一的法律无价值内容，而是具有不同的价值；承认诱发正犯、援助正犯具有限制从属性；该体系同时承认共同正犯与间接正犯，继而会以行为支配为标准来确定各种正犯形式的界限。最终，该体系整体上看是与共犯体系相近的体系。此外，施莫勒主张奥地利共同犯罪立法系归属的统一正犯体系，而该体系与机能的统一正犯体系基本一致，其特殊性在于作为确定正犯形式的界限的标准，采用了客观的归属可能性。认为第12条规定了他人举动的客观归属，因此，是作为直接正犯来归属还是作为诱发正犯、援助正犯来归属这种规范的负责衡量就变得重要。因此，该体系虽然也否认诱发正犯、援助正犯的限制从属性，但肯定了一种依存性，即诱发正犯、援助正犯的成立需要直接正犯必须是客观上能够归属地实施了行为。[①]

第二，有关犯罪参与者的统一定位及其关系。根据《奥地利刑法典》第12条的规定，所有参与人均为正犯。在此基础上，根据各正犯参与犯罪的现象形态的差异可将其进一步区分为：直接正犯、诱发正犯与援助正犯。根据机能的统一正犯体系，直接实行的人是直接正犯，这一点与共犯体系有关直接正犯的理解一致，其他的正犯复分为诱发正犯或者援助正犯；多人分担实行行为的情况下，均为直接正犯，故而共同正犯的概念也没有存在必要。根据限制的统一正犯体系，直接正犯是支配了犯罪流程的人，因此，共犯体系下的间接正犯在此也被纳入直接正犯的序列。根据归属的统一正犯体系，直接正犯是对构成要件的实现做出最终且客观上具有归责可能性的贡献者，除此之外的正犯无论其贡献的重要性如何，均为援助正犯或诱发正犯。与此相关，机能的统一正犯体系与归属的统一正犯体系认为不同的正犯类型之间并不存在价值上的差异，但限制的统一正犯体系则会认为各正犯类型之间存

① ［日］高桥则夫：《共犯体系和共犯理论》，冯军、毛乃纯译，中国人民大学出版社2010年版，第38—41页。

在价值上的差异。[①] 在此基础上，有关不同类型正犯之间的关系问题，机能的统一正犯体系与归属的统一正犯体系虽然承认援助正犯、诱发正犯之于直接正犯存在一种事实上的依赖性，但彻底否定限制的从属性，而限制的统一正犯体系则坚持认为诱发正犯、援助正犯之于直接正犯的限制从属性。

第三，关于不同正犯的独立可罚性。第 13 条明确规定，在犯罪参与的场合，应该按照各参与者责任大小分别科刑。详言之，即便在共同犯罪这一集体现象中，在归责与科刑这一问题上也必须秉承个人责任主义，即必须避免集体责任的现象。犯罪参与场合中的每个人要对参与其中的犯罪行为及由此产生的结果负责，但这并不是说行为人要对他人的责任负责，其依旧属于个人责任的问题。因在共同犯罪场合，行为人利用了他人乃至共同犯罪这一集体现象或形式遂行了自己的不法计划与目的，这当然属于自己的“作品”，也即行为人不仅要对自己直接实施的不法行为负责，而且要对自己透过他人的行为实现的不法行为与结果负责。与此相关，由于秉承独立的可罚性，因此，各参与者并不会因为其他参与者行为的不可罚或减轻处罚而受到影响。但是，也有学者认为，单纯从第 13 条的规定中是无法得出该法有关共同犯罪的体系

① 机能的统一正犯体系之所以认为各正犯形式之间之所以不存在价值差异，是因为既然第 12 条也适用于过失犯，并且在该场合不存在参与形式的价值差异，则在故意犯的场合亦可以做相同理解，立法资料中也肯定了同价值性。[日] 高桥则夫：《共犯体系和共犯理论》，冯军、毛乃纯译，中国人民大学出版社 2010 年版，第 42 页。

归属的，因为采用了限制从属性而非严格从属性的规定在二元参与体系的立法中也存在。例如，《德国刑法典》第29条也规定："对每个参与者，都不考虑他人的责任而根据其责任予以处罚。"[①]但诚如高桥则夫教授批评指出的，"根据新刑法典、草案说明书，根据第13条关于诱发正犯、援助正犯的罪责不以直接实行者故意或者有责地实施行为为条件的规定，如果认为第13条也对故意进行了个别化，那么，就可以认为是机能性体系的立场"[②]。

第四，该法第14条是有关数人参与身份犯场合的刑法适用问题。根据第14条第1款前段规定，在数人参与身份犯的场合，只要参与者中的某一人具备作为不法要素的一身性特别资格或关系，其他参与者也被视为具备了构成要件符合性。但有必要对此处的不法要素做进一步的区分，尤其是在承认主观的不法要素的情况下，应该认为此处的不法要素仅限于客观的不法要素，主观的不法要素要求各参与者必须具备。事实上，客观的不法要素诸如特定的资格或关系是可以被不具备此特定身份者加以利用的，若用我们熟悉的表述语言即"不法具有连带性"，但在笔者看来，与其说不法要素具有"连带性"，倒不如说不法要素具有"可被利用性"。如此，在无不法身份的人参与有此身份的人实施的不法活动时，考虑到其利用了他人的不法身份实现了法益侵害，因此，无身份

① 江溯：《犯罪参与体系研究——以单一正犯体系为视角》，中国人民公安大学出版社2010年版，第153页。

② ［日］高桥则夫：《共犯体系和共犯理论》，冯军、毛乃纯译，中国人民大学出版社2010年版，第44页。

者依旧是对其固有的不法负责。上述解释同样适用于该款后段有关亲手犯的规定。第 14 条第 2 款是有关责任要素的规定，考虑到责任要素的一身专属性，因此，即便在共同犯罪的场合，当某种资格或关系与责任评价相关联时，该要素仅适用于具备此身份者，而不及于其他参与者。因此，可以认为，第 14 条有关数人参与身份犯的规定，本质上是第 13 条基本精神与立场的贯彻与延续。

第五，第 33 条、第 34 条规定了犯罪参与场合的量刑事由。对此，高桥则夫教授曾做过分析："这些规定考虑了参与的多样性。根据机能的体系，所有的参与者在构成要件（不法）的层面上都具有相同价值，仅仅在量刑的层面上考虑参与的社会意义和内容。与此相对，根据限制的体系，不法已经由正犯形式的类型化而被划分为等级，这些条文就不是共动所特有的量刑规定。考察一下第 33 条、第 34 条的加重事由、减轻事由，就可以发现使用了与第 12 条不同的用语，与第 12 条的正犯形式不一致，从这些方面来看，可以说这些规定考虑了与构成要件层面上的法律的、概念的确定相分离的各参与者事实上的重要性。"[①] 笔者对此深以为然，根据其立法者有关犯罪参与的量刑事由的规定可知，犯罪参与场合量刑事由的规定中，立法者几乎不考虑参与者的参与形态，而是以不同参与者之于构成要件实现的贡献大小即实质的作用大小作为刑罚裁量的基准。比如，第 33 条之"发起者或教唆者参与了

① ［日］高桥则夫：《共犯体系和共犯理论》，冯军、毛乃纯译，中国人民大学出版社 2010 年版，第 47 页。

数个应受刑罚处罚行为之一或在此等应受刑罚处罚行为中起主要作用”作为从重事由，第 34 条之“在数人共同实施应受刑罚处罚的行为中仅起辅助作用”作为减轻事由，其本质上都是脱离犯罪参与的类型而作实质上的价值评价，并以此作为科刑的依据。当然，考虑到犯罪教唆的特殊性，[①] 第 33 条特别规定了因此类犯罪参与形式而从重裁量刑罚的事由，这应看作统一正犯立法有关犯罪参与类型在刑罚裁量方面的特殊规定。

综上所述，可以说奥地利刑法有关共同犯罪的立法全面体现了机能的统一正犯的基本思想及其特色：维持了参与形态在概念与类型上的区分，但在规范与价值层面对不同的正犯形式统一看待；主张不同的正犯的不法及其责任应当为独立、个别的判断，否认诱发正犯、援助正犯之于直接正犯的限制从属性；为了避免刑罚裁量的粗糙化，针对犯罪参与的特殊性与复杂性，专门规定了刑罚裁量事由，借此确保犯罪参与领域的罪刑法定与罪刑相当。

五、两种统一正犯立法模式比较

若以《意大利刑法典》作为形式的统一正犯体系之代表，以《奥地利刑法典》作为机能的统一正犯体系的范例，通过横向比较会发现这两种统一正犯体系既有共同之处，也存在较大区别。

---

① 如前所述，与犯罪帮助相比，犯罪教唆虽然在促进法益侵害这一点上与犯罪帮助具有类似性或相当性，但在法益侵害的犯意引起这一点上，犯罪教唆具有“无中生有”的差异性，这一点不论是从行为的自身无价值角度，还是从行为人的非难可能性角度，都要比犯罪帮助者严重许多，这是援助正犯所不能比拟的。

（一）两种统一正犯体系的共同点

首先，与二元区分制严格区分正犯与共犯不同，统一正犯体系将所有的犯罪参与者均作为正犯看待。在此，所谓正犯，不仅是实行所干之事的人，还包括其他的参与者，即不仅是直接实施了我们通常所说的实行行为的人，而且包括强化了实行者的意思的人或者援助了实行者的人，将他们均视为正犯。只是出于表达便宜的考虑，将直接实施了实行行为的人称为“直接正犯”，将共犯体系中的间接正犯、教唆犯、帮助犯等概括为“间接正犯”，而直接正犯与间接正犯则属并列的核心参与形态。也正是因为包括犯罪教唆、犯罪帮助等在内的间接正犯与直接正犯一样，属于并列的核心法律形态，因此，不同的参与形态之间并不存在价值上的分级。

其次，在统一正犯体系下，各犯罪参与者只对其固有的不法、固有的责任答责。奇纳普菲尔认为，关于不法、责任以及处罚的问题，所干之事是否也给其他人的答责性提供根据，以及该答责性属于什么种类，在统一性正犯的场合并不重要。取代对他人的不法、责任的共同答责性，产生的是个人自立的、个人的答责性。在此，完全没有产生从属性原理的余地。① 具体来说，在质的从属性方面，即正犯行为需要在何种程度上具备犯罪要件这种从属性程度的问题，在统一正犯体系中完全不存在。因为每一个犯罪参与者只对其固有的不法、固有的责任进行答责，因此，其他参与

① ［日］高桥则夫：《共犯体系和共犯理论》，冯军、毛乃纯译，中国人民大学出版社2010年版，第19页。

共动者的不法以及罪责情况如何本来就不应该作为特别考虑的因素。在量的从属性方面，即参与的可罚性是否从属于他人实行了所干之事这种实行从属性，统一正犯体系也认为没有必要。据此，甲教唆乙实施杀人行为，乙接受教唆后又因故改变想法并放弃了杀人决意的，统一正犯体系通常认为甲要作为正犯对其完成的杀人罪的未遂负刑事责任。

最后，统一正犯体系立足刑事政策的目的考量，对一切犯罪参与者设定统一的法定刑，并在此基础上精细犯罪参与场合的刑罚裁量情节。虽然各参与者在构成要件实现不法的层面上具有同等的价值，而且原则上适用同一刑罚，但这并不意味着各参与者的刑罚完全相同。统一正犯体系不仅规定一般的量刑原则，而且规定特别的共同合作关系的加重事由或减轻事由，以便实现量刑层面的刑罚个别化。[①] 统一性正犯体系并非追求解释论层面的个别化，而是量刑阶段的刑罚个别化。考虑了共动的多样性的“共动关系的量刑事由”，乃是统一性正犯体系的特色。[②] 这一点尤其在《意大利刑法典》有关共同犯罪的规定中可见一斑。

（二）两种统一正犯体系的差异性

两种体系的不同点在于，机能的统一正犯体系仍然维持各种

---

① 江溯：《犯罪参与体系研究——以单一正犯体系为视角》，中国人民公安大学出版社 2010 年版，第 153 页。

② ［日］高桥则夫：《共犯体系和共犯理论》，冯军、毛乃纯译，中国人民大学出版社 2010 年版，第 19 页。

参与形态在概念上和类型上的区分。也就是说，形式的统一正犯体系认为行为人的概念只有一个，参与形态上也只有一个行为人概念，其不论是在参与形态上，还是在刑罚裁量上均为单一。在这种结构中，所有参与犯罪行为之人，根据条件关系的等价观点，均视为同等程度的正犯。因此，所有行为人在概念上的区分，如共同正犯、同时犯等，均属多余。由于参与行为等价，使得单型结构下行为人的不法和罪责的认定也归于单一。行为人对于犯罪实施的参与，不论全部还是一部分，均将犯罪事实全部的不法视为行为人的不法，并且在归责上也不需要依照个别参与行为进行不同罪责的认定。在单型结构中，认为所有参与者的不法内涵相等，因此概念上或法律上的区分均属多余，且认为将参与形态在构成要件层面加以区分，不仅不必要，而且不恰当。①

就其体系基础来看，意大利统一正犯体系的立法正是以条件说为基础的。该法草案的司法大臣报告书对此解释道："关于多人共同犯参与统一犯罪行为，准备草案从根本上修改了 1889 年刑法典，完全放弃了第一级的加工（准备的加工）和第二级的加工（从犯的加工）、精神、心理的加工与物质的加工、共犯与间接参与者、必要的共犯与非必要的共犯。理论上和实务上在此有必要采用的体系，即将原则性和从属性的参与、精神的和物质的参与的所有形式予以同等对待的原则，是有启发意义的。关于参与犯罪的所有人，同等责任这一判断基准与看待引起结果的各种原因的

① 柯耀程：《刑法总论释义（上）》，元照出版公司 2006 年版，第 316 页。

原则直接相关。这一原则就是，参与产生结果的所有条件都是原因。无论参与因果关系的方式是暴力的还是智能的，所有的原因都应予以归责。因此，即使在事实是多人活动的客体这一假定中，认为结果是由自己的行为引起的则所有的参与者均应当受到非难，也是很容易的。将各参与者的活动联系在一起的线索事实上是对犯罪结果应当承担责任这一认识，它实现在各个原因的结合之中。因此，应当将全体的责任归责于参与者中的每个人。草案拒绝了区别、分离引起结果的原因之比例的可能性，认为在所有的结果产生之时，应当认为该结构的原因具有不可分性。因此，应当使所有的结果保持其本来面貌。继而，不仅承认各参与结果之间的不可分关系可以得到正当化，而且要求寻求必须受到追究的责任者与犯罪的名称具有同一性的要素。”①

但是，在形式的统一正犯体系中，在消除共犯体系中处罚的欠缺以及未遂的范围方面，存在无限扩大可罚性的危险。将当罚性的个别化仅仅作为量刑问题，也会妨碍构成要件的保障机能。因为共动关系的量刑事由的形成无法克服构成要件层面上的单纯化。如果这种量刑事由与历来的正犯和共犯的区分标准是同一的，那么，西德刑法想严格遵守的确实性原则，在形式的统一性正犯体系终究无法实现。因为形式的统一正犯体系不仅排除共犯理论

① ［日］宫泽浩一：《意大利的共犯论》，载齐藤金作博士花甲纪念《现代的共犯理论》，有斐阁1964年版。转引自江溯：《犯罪参与体系研究——以单一正犯体系为视角》，中国人民公安大学出版社2010年版，第153页。

的传统的解释论的范畴，同时还要求从根本上改变构成要件的保障机能以及历来的故意犯的解释方法。① 比较而言，机能的统一正犯体系尊重参与形态在存在论方面的差异，并据此将正犯区分为直接正犯、诱发正犯、援助正犯。机能的统一性正犯体系与形式的统一性正犯体系的本质差异，就在于这种犯行形式的细分化。由于机能的统一正犯体系充分考虑了构成要件符合性层面的类型思考，就避免了"放弃法治国家的保障"这种批判。各种犯行形式都是正犯的表现形式，正犯的各种类型都具有与共犯形式同样的存在论性质。在机能的复数体系中，"共动的二重性"比在形式的体系中更为妥当。在解释论的层面，机能的统一正犯体系也具有其优势：其一，通过区别各种犯行形式，就能够维持传统上对直接正犯所做的构成要件的解释，即与共犯体系一样，在直接正犯的场合能够维持实行行为性；其二，通过对照、定位各种犯行类型，就减少了丧失构成要件层面的法治国家明确性的危险；其三，与共犯体系一样，机能的统一正犯体系中对各种犯行类型进行区分，就可以排除被称为"无效帮助"的领域。②

作为形式的统一正犯体系的法理根据的条件说，现在意大利刑法学界已经丧失其往日的通说地位，因为从刑事政策的角度看，以这种观点来界定共同犯罪的行为，范围特别狭窄。例如，那些

① ［日］高桥则夫：《共犯体系和共犯理论》，冯军、毛乃纯译，中国人民大学出版社 2010 年版，第 22 页。

② ［日］高桥则夫：《共犯体系和共犯理论》，冯军、毛乃纯译，中国人民大学出版社 2010 年版，第 23 页。

对共同犯罪加工但未被实际利用的行为，那些对犯罪的实行来说，不是必要的帮助行为，那些不能从根本上决定犯罪实施的行为等，都不可能成为共同犯罪中的行为。从司法实践的角度看，按照条件说的标准来认定行为的原因力，不仅在涉及行为的心理影响时极端困难，在有的时候，如在每个主体的行为都各自符合刑法分则规定的构成要件时，根本就不可能用原因力标准来认定共同犯罪的行为。从法律规定角度看，《意大利刑法典》第 114 条第 1 款规定了一个选择性的减轻情节，其内容为“在犯罪的预备或实施中重要性极小”的人应减轻处罚。属于该款规定的共同犯罪行为，就肯定不属于按照条件说具有原因力的行为。[①] 也就是说，条件说不仅可能导致共同犯罪行为认定的过分宽泛，也可能不当限缩共同犯罪的成立；不仅如此，在很多时候，参与行为是否与法益侵害之间具有条件关系本身也是很难判定的，或者说有必要在条件说的基础上进行一定的修正。因此，条件说的基本方向——所有的起因者都是正犯者——虽然是正确的，但单纯以条件说为指导欲划定共同犯罪参与者的外部规制界限则是不可能的，因此，必须在条件说的基础上或者之外符合其他的考量因素。诚如高桥则夫教授指出，可以说统一性正犯原理的基础是因果关系，而且是条件说。但是，这并不意味着仅凭条件说就为其奠定了基础。例如，通过行为形态的限定以及危险性的导入等，也可能限定统一性正

① ［意］杜里奥·帕多瓦尼：《意大利刑法学原理》（评注版），陈忠林译评，中国人民大学出版社 2004 年版，第 285—286 页。

犯原理，这样的话，相当因果关系说也许能为其提供基础。因此，作为统一性正犯原理的根据，提出“因果关系”即已足够。① 从目前来看，无论是采取形式的单一正犯体系的《意大利刑法典》还是采取功能的单一正犯体系的《奥地利刑法典》，都不再将条件说作为其理论的基点，而是采取了相当因果关系说或者客观归责理论对犯罪参与者的外部界限加以说明。②

第三节 统一正犯体系理论根基追问及整体评估

一、统一正犯体系理论根基合理性追问

在明确了统一正犯的本体及其特色基础上，有必要立足刑法归责的一般原理对统一正犯体系理论的合理性进行追问。诚如江溯教授指出的，犯罪参与的根本问题在于如何理解集体现象中的个人责任，或者说如何将集体现象所产生的结果归责给个人，这是一切犯罪参与理论的出发点。③ 因此，犯罪参与理论核心问题是结果归责，参与形态可以说是结果归责的形式。结果归责可细化

---

① ［日］高桥则夫：《共犯体系和共犯理论》，冯军、毛乃纯译，中国人民大学出版社 2010 年版，第 11 页。

② 江溯：《犯罪参与体系研究——以单一正犯体系为视角》，中国人民公安大学出版社 2010 年版，第 173 页。

③ 江溯：《犯罪参与体系的理论基础》，中国人民大学出版社 2010 年版，第 6 页。

为“哪些人需要对不法结果负责”以及“如何让上述参与者承担责任”这两个紧密相关的问题，这是共同犯罪理论展开的逻辑原点。奥地利的金阿普菲尔将其概括为“共动的二重性”，即构成要件的范围问题和量刑问题，[①]应该说是准确厘定了犯罪参与拟解决的核心问题及其分析研究的进路。

（一）为结果设定条件的人应对后果答责

犯罪参与本质有关结果答责，即将法益侵害结果该归属于哪些人。刑法上的归责无疑是从众多的自然因果流程中，找出能够视为行为人的“作品”的事物，并要求行为人对该不法结果负责。在判断利益侵害事实是否属于行为人的“作品”时，指导观念便是因果关系。因果关系不只是在犯罪参与问题上具有意义，而是每一个现代法治国归责的基本指导原则。[②]就此而言，李斯特教授在100余年前为处理犯罪参与问题所确定的基调或者说其基本方向——为结果设定条件的人要对该后果答责——应该是正确的。因为不处罚这些人或者处罚的不是这些人，对于利益侵害的预防，或者没有意义，或者即为不足。[③]扩张的正犯概念及统一正犯体系正是透过纷繁复杂的参与现象看到了问题之本质，主张对构成要件结果赋予任何条件的人，包括亲自实现构成要件的人，利用他

---

① ［日］高桥则夫：《共犯体系和共犯理论》，冯军、毛乃纯译，中国人民大学出版社2010年版，第17—18页。

② 蔡圣伟：《刑法问题研究（一）》，元照出版公司2008年版，第151页。

③ 黄荣坚：《基础刑法学》（下），中国人民大学出版社2009年版，第515页。

人为工具而实施的人，促使他人实施构成要件的人，以及协助他人实施构成要件的人，都是正犯。[①] 申言之，在扩张的正犯概念看来，行为人是利用自己的身体活动直接实现构成要件，还是透过他人的身体活动实现构成要件，在实现构成要件及侵害法益这一点上是没有区别的，也不应有区别。比较而言，二元犯罪参与体系强调正犯与共犯的区分，将以自己身体活动实现构成要件者厘定为正犯，以共犯即教唆犯、帮助犯来涵括除正犯以外的犯罪参与者，并认为正犯与共犯系本质有别的参与类型。若立足结果归责，在扩张的正犯概念与限制的正犯概念这一对截然对立的观念中，扩张的正犯概念更符合刑法归责的基本理念。换句话说，认为只有以自己身体活动直接实现构成要件的人才是"真正的犯罪人"的观念违背了刑法归责的基本原理，形成了一个不应有的"转折"：刑法分则中的罪刑规范原本仅适用于以自己身体活动直接实现构成要件的人即直接正犯，但考虑犯罪教唆、帮助之于正犯的促进作用，有必要在刑法总则中特别规定，即"刑罚扩张事由"。[②] 但是，用犯罪教唆、犯罪帮助来概括正犯以外的犯罪参与也有以偏概全之嫌，犯罪的并行、利用、组织、策划、指挥、共谋等恐非犯罪教唆与犯罪帮助能予以概括。间接正犯即对限制的正犯概念的一次检验与挑战：通过对间接正犯的正犯性的确认，限制的正

① 许玉秀：《当代刑法思潮》，中国民主法制出版社2005年版，第570页。

② ［日］大塚仁：《刑法概说（总论）》（第三版），冯军译，中国人民大学出版社2003年版，第239页。

犯概念最终认可了一个事实——非亲自、直接实现构成要件者也成立正犯，但这明显已经与限制的正犯概念赖以确立的理论预设相悖。不仅如此，按照直接—间接模式来界分正犯与共犯并赋予其不同法律属性在方法论上与刑法归责理念也难以协调。直接—间接模式属于典型的存在论构造和物本逻辑，其在一定程度上也许符合了直观的认识观念和朴素的正义情感，但对于规范刑法学而言存在论永远只是素材和对象而非标准与本体。事实上，刑法上的归责理论正好是伴随着刑法的规范化与机能化理解对存在论构造和物本逻辑的克服而逐渐成长起来的。[①] 就此而言，在把握犯罪参与的归责立场与方法上，与限制的正犯概念相比较，应该说扩张的正犯概念是准确且合乎事理的。

（二）参与形式不应决定规范价值

在确定了需要对结果负责的参与者的范围基础上，随后便是各参与者该如何答责。对此，构建在扩张的正犯概念基础上的统一正犯体系的基本逻辑是，各行为人在参与形式上等价，且在各行为不法的内涵上，亦为等范围的关系，即就构成要件的实现以及与此相关的法益侵害而言，各犯罪参与形式是等价值的。虽然所有的正犯形式都具有相同的法律意义与内容，但并不意味着其具有同等的法律意义和内容，后者作为各种贡献在事实上的重要性，

---

① 何庆仁：《共犯论中的直接—间接模式之批判》，载《法律科学》2014 年第 5 期。

则属于刑罚裁量考虑的事项。[1]易言之，不同参与形式虽适用同一个法定刑，但并不意味着事实上同等的重要性与相同的刑罚，后者需要在具体个案中综合各方面因素进行实质且个别的判断。因此，参与形式的认定，充其量仅为判断行为不法的前提而已，并非其本体。[2]笔者以为，上述立论不仅符合事理，也为实践所证实。众所周知，形式与实质有关联却不能等同。形式协助、指引人们认识事物的实质，但形式不决定实质。这一道理同样适用于犯罪参与场合。犯罪参与的形式与其不法程度无内在对应关系，参与形式充其量作为认识行为不法的参考因素，却不能作为决定不法有无及程度高低的指标。这正好说明，参与形式或方法即犯罪教唆还是犯罪实行、亲自实现构成要件抑或是通过他人间接实现构成要件与行为不法程度高低无必然关系，参与者不法的判断需要考虑参与形式，除此之外，参与者与相关利益之间的关系、在整个事件中扮演的角色、参与的程度乃至对相关信息的占有及认识程度在个案的刑罚裁量中都是需要考虑的事项。在这点上，二元犯罪参与体系根据参与形态确定各参与者不法程度的做法不仅有违事理，而且有经验主义之嫌。要“先验地”决定各类共犯行为的意义，以及它们在具体犯罪实施过程中对罪过的影响，在任何

① ［日］高桥则夫：《共犯体系和共犯理论》，冯军、毛乃纯译，中国人民大学出版社 2010 年版，第 43 页。

② 柯耀程：《变动中的刑法思想》，瑞星图书股份有限公司 1999 年版，第 228—230 页。

情况下都是一件非常困难的事情。[①] 由于在二元犯罪参与体系下，参与形态的厘定不仅关乎定罪而且影响量刑，为了在个案中实现罪刑相当与实质正义，二元犯罪参与体系不得不以牺牲形式合理性为代价，一次又一次无奈地移动共犯与正犯界分的标准，最终使得正犯与共犯的界分越显混乱，甚至出现“指鹿为马”的现象：将犯罪教唆等原本的共犯认定为正犯、将亲自实施了构成要件行为的人反而认定为帮助犯。对此，有学者分析指出，正犯与共犯的类型划分本身就是形式的产物，要强行在其中纳入实质评判只能使理论捉襟见肘，这正是种种区分理论在过与不及之间疲于奔命的根本原因。[②]

（三）集体现象中的不法判断也应坚持个人责任原则

统一正犯体系不仅否认参与形式之于不法程度的决定意义，而且在各参与形态的关系上明确主张罪责自负原理，即各正犯仅对其固有的不法和罪责答责，各正犯的可罚性均独立于其他正犯，彼此之间不存在从属关系。[③] 这一点应该是完全符合责任主义这一现代刑法基本原则的，后者以主观责任与个人责任为内容。其中，个人责任与团体责任相对，其基本思想是个人仅对自己的行

---

① ［意］杜里奥·帕多瓦尼：《意大利刑法学原理》（评注版），陈忠林译评，中国人民大学出版社 2004 年版，第 345 页。

② 刘洪：《我国刑法共犯参与体系性质探讨》，载《政法学刊》2007 年第 4 期。

③ 江溯：《单一正犯体系的类型化考察》，载《内蒙古大学学报（哲学社会科学版）》2012 年第 1 期。

为及结果负责，而无须对他人的行为及结果负责。扩张的正犯概念从一开始就力图在共同犯罪这一集体现象中贯彻个人责任主义，主张各正犯仅对其固有的不法负责，避免“单纯因隶属某一集体而被当然归责”这种现象的再现。从论理角度看，人在实现自己的不法过程中，原本就存在多种方式、方法，行为人可根据需要与情况来选择。头脑简单、四肢发达的人可能选择亲自动手杀人，而精于算计的行为人则可能通过劝诱甚至“设局”利用他人来实现自己剥夺他人生命的不法目的。选择亲自动手的人可能赤手空拳，也可能使用某种工具；利用他人的人可能只是动动嘴巴，如犯罪教唆，也可能对现有场域稍加变动并加以利用，如“多纳事例”[①]中的幕后黑手。我们追究利用者故意杀人罪的刑事责任，无非因其自身“个人行为”符合故意杀人罪的构成要件，或者说是对其赤手空拳、利用工具、利用他人身体活动“杀人”的行为负责。在违反故意杀人罪的罪刑规范以及实现故意杀人罪的构成要件意义上，行为人到底是赤手空拳、利用工具抑或是利用他人活动原本就无区别的必要与意义，也正因如此，扩张的正犯概念认为各参与类型在构成要件表征的不法方面是“等范围”的。由于各参与者对其固有的不法负责，因而各参与形态的不法是独立的，从属性没有存在的空间。事实上，这也是符合基本事理的。

---

① “多纳事例”系格拉夫·Z. 多纳专为处理“利用已经决意实施犯罪活动者进行犯罪的人的罪责问题”而设计的。A 得知 B 计划在傍晚时刻在某处从背后开枪打死自己。A 巧妙地制造假象，把自己的敌人 C 引诱到了该行为地点，致使早已埋伏在那里的 B 误将 C 当作 A 开枪杀死。

众所周知，犯罪是对法益的侵害，而法益终归系人在社会生活上的各种利益。因此，具体的人与相关利益之间的归属关系也应作为行为“不法”评价过程中需要考虑的因素。据此，在围绕一个法益的共动关系中，部分行为人因与相关利益间存在法律上的归属关系而否定其行为的违法也理所应当；但否定该部分参与者的不法性，并不必然否定其他参与者行为的违法性，此即违法的相对性。比如，濒临死亡的重病患者为了尽早结束痛苦，恳请子女为其购买安眠药并自杀的场合，自杀行为并不违法，但并不意味着帮助购买自杀用安眠药的行为是合法的。也就是说，坚持违法的相对性，确实会出现行为人因协助他人实施合法行为继而严重侵害法益最终构成犯罪的情形。在前述示例中，在导致个体生命非正常死亡这一点上，自杀协助者与自杀实行者之间是合作关系，即存在合力、利用与促进关系，这一点与一般的共同犯罪一致。但是考虑到不同参与者与法所保护的利益——生命权——的归属关系，自杀行为的实行者的行为缺乏违法性，但为自杀活动提供协力者却具有法益侵害性，因为生命权是个体的终极性权益，法律原则上禁止人们参与他人的自杀行为，或者说为他人的自杀提供协力。又如，监狱的犯人甲为了获得保外就医机会，多次恳请同监舍的犯人乙伤害自己致残，乙接受请求并将犯人甲伤害致残，乙的行为无疑具有违法性，但并不意味着犯人甲的教唆行为也是违法的。比较而言，坚持违法连带性与共犯从属性说，在上述场合反倒会得出违背法感情的结论，即认为自杀行为的协助者不构成犯罪，认为教唆他人重伤自己的人也构成针对自己的故意伤害罪的教唆犯，前一结论明显形成处罚空隙，后一结论忽略了教唆者与受损利益之间在法律上的归属关系。不仅如此，限制的正犯概念一贯主张的从属性理论——此行为的违法与否取决于彼行为——本身违反刑法归责的基本原理，也造成了一系列不必要的混乱与困惑，比如间接正犯概念的生成。[①] 反观从属性理论的蜕变过程不难发现，从属性理论正在逐步崩解。极端从属性说早已被抛弃，限制从属性说虽是德、日刑法理论的通说，但近来最小从属性说在日本的影响力也日渐扩大[②]，我国部分学者对此也表示支持[③]。在笔者看来，部分共动场合最小从属性其实也是不必要的，如前述参与他人自杀的场合。又如，《德国刑法典》第30条第1款明文规定："命令或教唆他人实施重罪而未遂的，依该重罪的未遂论处。"这意味着，教唆无果的场合，行为人也可能因其教唆行为及其法益侵害的危险而被追究刑事责任。[④] 凡此种种或正好说明，共犯从属性理论不仅不是不证自明的公理，而且可能有悖实定法的规定。由此可见，犯罪参与场合诸参与形态之间虽然在构成要

① 蔡圣伟：《论间接正犯概念内涵的演变》，载陈兴良主编：《刑事法评论》第21卷，北京大学出版社2007年版，第53—57页。

② 王昭武：《论共犯的最小从属性说——日本共犯从属性理论的发展与借鉴》，载《法学》2007年第11期。

③ 阎二鹏：《犯罪参与体系之比较研究与路径选择》，法律出版社2014年版，第154页；钱叶六：《共犯的实行从属性之提倡》，载林维主编：《共犯论研究》，北京大学出版社2014年版，第336—341页。

④ 我国《刑法》第29条第2款规定："如果被教唆的人没有犯被教唆的罪，对于教唆犯，可以从轻或者减轻处罚。"我国台湾地区2005年以前的"刑法"第29条第3款也曾明文规定："被教唆人虽未至犯罪，教唆犯仍以未遂犯论。"

件的实现方式上具有“共动”关系，即存在单方利用或者彼此协力关系，但在不法评价的基本向度上仍应遵循罪责自负原则。

二、统一正犯体系优势评估

（一）统一正犯体系在处理犯罪参与问题过程中具有逻辑论理上的一贯性

以扩张的正犯概念为基础的统一正犯体系在犯罪参与问题上扩张性地把握刑法适用的外部边界，原则上将支配法益侵害的参与者均视为刑法上的行为人，在此基础上根据构成要件的类型化、参与行为的违法性以及个人罪责的这样一个由形式到实质、由客观到主观的逻辑判断，既符合刑法归责的基本理念，也与阶层式的犯罪论体系内在耦合。不仅如此，统一正犯体系以及由此构建的犯罪参与理论不仅适用于共同故意犯罪，而且可适用于共同过失犯罪，还可适用于故意与过失共动引致法益侵害的情形，这不仅保证了犯罪参与理论适用于一切共动场合，而且避免了二元参与体系面临的“体系二元论”的尴尬，即故意犯罪按照二元犯罪参与体系处理，过失犯罪则按照统一正犯体系处理。比较而言，以限制的正犯概念为基础构建的二元犯罪参与体系虽限缩性厘定正犯的内涵与外延，表面上看似实现了罪刑法定，也坚守了刑法的谦抑精神，但当面对非典型的犯罪参与时，考虑到形式判断与实质正义之间的冲突与衡平，形式判断不得不让步于个案正义，导致原本的正犯即分担了构成要件行为的参与者被认定为共犯，而真正的教唆犯却被认定为正犯，如“浴盆案”[①]等。从法律适用效果上看，上述判决有其值得肯定之处，但不得不说的是，这无疑是通过牺牲体系的形式合理性来换取个案裁判结论的实质合理性。事实上，为了弥补限制的正犯概念与二元犯罪参与体系逻辑设定上的弊端以及由此引致的个案裁判上的不当，二元犯罪参与体系的提倡者从事了百余年的“修补”工作：一方面不断更变正犯与共犯界分的标准，另一方面通过像变魔法一样不断创造新概念的方式来修补破陋不堪的体系，诸如“间接正犯”“正犯后间接正犯”“共谋共同正犯”等。[②]

（二）统一正犯体系更有利于坚持并贯彻个人责任原则

如前所述，统一正犯体系主张各参与者对其固有的不法、固有的责任答责，且不受其他共同参与者的影响。因此，不论是质的从属性还是量的从属性，在此根本就无存在的必要与空间，这是对个人责任原则的坚决贯彻与体现。比较而言，二元犯罪参与体系原则上坚持从属性理论，在责任共犯论与极端从属性占据通说的时代，甚至认为共犯在责任上也从属于正犯，即认为共犯并不具备独自的犯罪性和可罚性，而是通过借用正犯的犯罪性和可罚

---

① 未婚先育的妹妹因产后身体虚弱，又担心父亲的责备，遂请求她的姐姐将初生的婴儿放在浴盆中淹死。德国帝国最高法院认定，妹妹成立谋杀罪的正犯，而姐姐仅成立帮助犯。

② 张伟：《间接正犯泛化与统一正犯体系的确立》，载《法商研究》2018 年第 3 期。

性而变得可罚，即采用可罚性借用说；[①] 在因果共犯论与限制从属性说成为通说后，二元犯罪参与体系改采限制从属性说，即认为共犯的不法从属于正犯。但面对诸如前述参与自杀、自伤等案例，限制从属性又面临难以解释的障碍。对此，部分区分制的支持者不得不提出违法的相对性并借此缓和论理上的窘境，而部分支持者则径行选择了最小从属性说。但诚如柯耀程教授指出的，区分制论者一旦采用最小从属性，就很难想象共犯何时不成立，共犯从属性至此可谓名存实亡，并借此使得刑法参与类型趋于统一正犯体系。[②] 这反向也正好说明统一正犯体系在不法与责任判断方向上坚持个人责任原则的正确性。正因从属性原则严重违背罪责自负原理，共犯从属性原则被视为在刑法目的思考上根本是一个瘫痪刑法功能的意识形态。[③]

（三）统一正犯体系在充分认识到共动的二重性基础上进行了妥善处理

笔者以为，“共动的二重性”是二元参与体系与统一正犯体系共同面临的问题，也是一切犯罪参与理论拟解决的核心问题，区别仅在于应对的基本观念与具体思路。统一正犯体系以因果关系

---

① ［日］西田典之：《共犯理论的展开》，江溯、李世阳译，中国法制出版社 2017 年版，第 21 页。

② 柯耀程：《刑法总论释义（上）》，元照出版公司 2006 年版，第 316 页。

③ 黄荣坚：《共犯与身份》，载《刑法思潮之奔腾：韩忠谟教授纪念论文集》，财团法人韩忠谟教授法学基金会 2000 年版，第 207 页。

这一刑法归责的基本理念为指导确定构成要件的范围，而二元犯罪参与体系则立足存在论将可罚的参与类型限定为正犯、教唆犯与帮助犯。前者确定的外延或许是扩张的、稍显模糊的，却是符合刑法归责原理与犯罪参与实践的；后者通过类型化的方法限定了刑法规制的外延，迎合了罪刑法定之明确性要求，但也导致明显的处罚空隙。在考虑具体情形中共动的重要性而适当量刑的问题上，统一正犯体系明确区隔犯行形式与贡献大小的关系，主张根据共动的重要性个别裁量刑罚，并规定专门的刑罚裁量事由；二元犯罪参与体系则根据犯行形式经验性地确定法定刑，导致在非典型犯罪参与场合，在定性与定量之间难以兼顾，最终使得正犯与共犯的界分混乱不堪。从逻辑上来看，定罪和量刑分属司法裁判的不同阶段，两者紧密关联但也有所区别。在司法裁判的不同阶段，司法者肩负不同的裁判任务，定罪和量刑的适度分离是符合刑事诉讼过程的，也是符合人们认识事物的规律的，不能混淆两者，更不能用定罪来代替量刑问题。遗憾的是，二元犯罪参与体系正是将两者混为一谈（当然这也是无奈的选择）。比较而言，统一正犯体系正是正确认识了参与类型与参与责任本身具有的不同功能，并分别在定罪与量刑阶段分开考量，避免了将参与类型与参与责任直接挂钩所导致的混乱与弊端。[①]

---

① 阎二鹏：《犯罪参与体系之比较研究与路径选择》，法律出版社2014年版，第111页。

（四）统一正犯体系在处理犯罪参与问题上具有经济性

某一个理论学说是否值得肯定并推崇不仅要考虑其逻辑论理上的圆满性，而且要考量其在理论与实践层面的便宜性或者说经济性。统一正犯体系的经济性是确定无疑的：一切以刑法上重要的方式引起了法益侵害结果的人，原则上要对该不法结果负责，且均为正犯、适用统一的法定刑，这就使得长期困扰区分制的难题在此没有任何意义。比较而言，二元犯罪参与体系注重正犯与共犯的区分，认为两者在本质上截然有别，并赋予不同的价值评判。因此，“区分”不仅是二元犯罪参与体系的鲜明特色，也是摆在其面前的首先要任务。众所周知，不论是主观说、客观说、综合说，还是现在的犯罪支配理论，最终都没有彻底解决正犯与共犯的区分问题。诚如金阿普菲尔批评指出的，在法理上探讨各种区分标准极端抽象，使正犯、共同正犯、教唆犯、帮助犯的概念像“被磨光的法理概念水晶球”，他们被架构成一个法理的阶层共犯体系，而这种法理的阶层体系共犯体系完全无法解决一些非典型的正犯、教唆犯和帮助犯形态。[①] 上述理论学说对实务的指导意义，被认为实在少得可怜。[②]

综上所述，统一正犯体系准确把握了犯罪参与的实像，其有关犯罪人的厘定径直采用了实质的认定标准，没有停留在犯罪实行、犯罪教唆与犯罪帮助等犯行的表象，更没有以此作为厘定可

---

① 许玉秀：《当代刑法思潮》，中国民主法制出版社 2003 年版，第 554 页。

② ［日］平野龙一：《犯罪论的诸问题（上）》，有斐阁 1981 年版，第 135 页。

罚行为类型的标准，避免了二元犯罪参与体系因区分而引致的处罚漏洞；由于实质性地把握可罚的行为类型，且在构成要件层面同价值的把握不同的参与类型，故区分行为类型显得没有必要或者无关紧要，更不存在因区分正犯与共犯而引发的无休止的争论以及由此导致的逻辑弊端。统一正犯体系在犯罪参与这一集体现象中，主张个别且独立地把握不同参与者的不法与罪责问题，真正坚持了个人责任原则。在理论逻辑设定上的科学性，使得该体系回避了原本困扰二元参与体系的诸问题，尤其是正犯与共犯的界分问题，使得该理论体系比较而言更具有经济性。

三、对统一正犯体系的误读及其匡正

统一正犯体系有其忠实的拥护者，但也不乏严厉的批评者。[①]但在笔者看来，来自二元犯罪参与体系主张者的批评或者基于偏见，或者出于误解，多数不足为虑，部分较中肯的批评意见在统一正犯体系下也完全可以得到妥善解决。

（一）统一正犯体系意味着行为人刑法？

二元犯罪参与体系主张者认为，统一正犯体系这一特别为现代学派也为意志刑法所推崇的观点，使得仅依据行为人的个性科

---

① ［日］高桥则夫：《共犯体系和共犯理论》，冯军、毛乃纯译，中国人民大学出版社 2010 年版，第 14—16 页。

处刑罚成为可能。[①] 易言之，批评者认为统一正犯体系意味着行为人刑法或意思刑法。行为人刑法与行为刑法相对应。罗克辛教授对此曾解释道，行为人刑法中，刑罚是与行为人的性格相联系，由行为人对社会的危害及其程度来决定的。行为人不是因为实施了一个行为而有罪，而是因为他是"一个这样的人"而成为法定责难的对象。[②] 在笔者看来，将统一正犯体系等同于行为人刑法明显有失偏颇。不可否认，由学说演进脉络可知，统一正犯体系最早确实由近代学派的代表人物李斯特率先提出。作为统一正犯体系典范的《意大利刑法典》也曾深受当时主观主义刑法理论影响。[③] 但是，不能因为统一正犯体系是由近代学派的代表人物提出，就当然得出认为统一正犯体系必然走向主观主义刑的结论法。众所周知，李斯特虽然是近代学派的代表人物，但在犯罪论领域却是忠实的客观主义刑法观的坚守者与践行者。[④]《意大利刑法典》虽然是在主观主义刑法观盛行的时代制定，但如今恐怕没有人再指责其是行为人刑法，更不会认定其违背法治国原则。事实上，当

① ［德］汉斯·海因里希·耶赛克、托马斯·魏根特:《德国刑法教科书》(下)，徐久生译，中国法制出版社 2017 年版，第 871 页。

② ［德］克劳斯·罗克辛:《德国刑法学总论》(第 1 卷)，王世洲等译，法律出版社 2005 年版，第 106 页。

③ ［意］杜里奥·帕多瓦尼:《意大利刑法学原理》(评注版)，陈忠林译评，中国人民大学出版社 2004 年版，第 380 页。

④ ［德］李斯特:《德国刑法教科书》(总论)，徐久生译，法律出版社 2000 年版，第 167 页。

今单一制与区分制的对立已不能再用以往的主观主义与客观主义图式化加以概括，二者分歧的焦点仅在于：到底什么样的行为可以被视为直接符合了刑法分则构成要件的规定。造成分歧的原因可能很复杂，但可能更多的是一种思维方式及思维习惯上的差别，因而仍然是同为客观主义阵营内部的分歧。[①] 时至今日，“犯罪是行为”“任何人不因思想受处罚”这种观念已经深入人心，在这一点上恐怕任何一位公正的批评者也不会怀疑统一正犯体系的拥护者。事实上，批评者更难找出一个适例来证明因为采纳了统一正犯体系而导致某行为人单纯因不良思想而受刑罚处罚。就此而言，批评者的上述疑虑完全可以打消！

（二）统一正犯体系违背法治国原则？

由于统一正犯体系在规范且实质意义上理解构成要件尤其是构成要件行为，二元犯罪参与体系的主张者指责这会模糊构成要件的界限，违背法治国原则。依法治国原则所确立的构成要件的界限，能满足构成要件合致性的，不仅仅是对法益有因果关系的侵害即可，而且是多数犯罪中，限于特定的侵害方式，如果连因果关系疏远的加工行为也和构成要件行为等价，就会破坏构成要件的界限，降低法律效果的明确性。[②] 刑法的构成要件是法律安

① 任海涛：《共同犯罪立法模式比较研究》，吉林大学出版社 2011 年版，第 17 页。

② 许玉秀：《当代刑法思潮》，中国民主法制出版社 2005 年版，第 556 页。

全的保障，如果说一切都是符合构成要件的行为，则罪与非罪的界限就消失了，若再联想到构成要件是违法性的大致证明和特征，那么从上面的见解出发就会导致合法和违法的界限也变得不清楚了。所有这些均意味着刑法体系的崩溃。不区分正犯和共犯，而一味要求信赖法官或国家机关，这与刑法的目的是不一致的，最终，扩张正犯恐怕多半是要复活专制擅断主义的审判。[①] 在笔者看来，上述质疑与批判或有夸张之嫌。

首先，不可否认，统一正犯体系尤其是形式的统一正犯体系，对参与者的构成要件符合性的理解确实会使构成要件的界限模糊化，继而有背离罪刑法定之明确性要求的嫌疑。有鉴于此，机能的统一正犯体系对构成要件的理解，在原理上与二元参与体系保持一致；不仅如此，机能的统一正犯体系也尝试对犯行进行类型化的构筑，将正犯区分为直接正犯与间接正犯（后者复分为诱惑正犯与援助正犯）。机能的统一正犯体系下的直接正犯与二元参与体系下直接正犯基本等同，这很好地维持了传统上有关直接正犯的一般观念；诱发正犯包括了犯罪教唆以及区分制下传统的间接正犯，而援助正犯则包含了区分制下的犯罪帮助等，与二元区分制一样，机能的统一正犯体系将犯罪参与作为构成要件问题来把握。这就很好地维持了构成要件的明确性，并确保了罪刑法定原则在

① ［日］泷川幸辰：《犯罪论序说》，王泰译，法律出版社2005年版，第429页。

犯罪参与领域的实现。①

其次，构成要件的价值在于为不法判断提供标准，而不法构成要件的实现却不仅限于直接或亲自这一种方式，间接利用自身以外的人、物乃至“场域”实现不法构成要件未尝不可。二元犯罪参与体系下，被认定为间接正犯的诸多类型不正是这种情形吗？这就说明，有必要规范地看待构成要件，并明确其存在价值与意义，而不宜立足经验或文言去理解构成要件，实现构成要件终归是实现法益侵害，或者通过法所禁止的方式如犯罪教唆、帮助等实现法益侵害。到底怎样才算行为实现不法构成要件，从语义学角度就完全取决于如何感觉文字的意义，而这并无绝对的对错可言。所谓“犯罪”或“实现构成要件的行为”，他们的文字意思实在也没有清楚到那种程度，说一定要怎么样才可以算是犯罪，或是一定要怎么样才可以算是实施构成要件的行为。②就此而言，认为统一正犯体系脱离构成要件认定可罚的不法继而认为其违背法治国原则的批评意见，明显没有看到机能的统一正犯体系与形式的统一正犯体系的区别，也没有发现机能的统一正犯体系为实现罪刑法定原则所作出的改变与努力。

---

① 比较而言，在二元犯罪参与体系下，按照犯罪支配理论或重要作用说，未分担构成要件行为者也最终被认定为正犯，而确实分担了构成要件行为者却最终被认定为共犯，这明显不是以刑法分则构成要件类型来区分正犯与共犯。就此而言，我们也可以说二元犯罪参与体系在正犯与共犯的界分过程中置构成要件类型于不顾，有违反罪刑法定原则之嫌！

② 黄荣坚：《基础刑法学》（下），中国人民大学出版社2009年版，第500页。

（三）统一正犯体系导致量刑标准粗糙化？

在批评者看来，在统一正犯体系下，量刑取决于行为人的危险性，这意味着如何制裁不是由法律决定，而是由法官决定。[①] 放弃犯行形式的界分，将导致量刑标准变得粗糙。[②] 笔者以为，上述批评有失公允。统一正犯体系虽然不在构成要件层面实现（实质的）个别化，赋予各犯行形式以同等价值与统一的法定刑，但其同时强调应根据各参与者对不法结果的具体贡献在刑罚裁量阶段实现个别化。为了实现刑罚个别化与量刑规范化，《奥地利刑法典》与《意大利刑法典》中均规定了专门而翔实的量刑事由，其不仅考虑犯罪参与的具体情况，比如参与的人数、扮演的角色、人员之间的相互关系、参与者的自身情况等实质性影响刑罚裁量的因素，而且甚至根据不同的量刑事由进一步精确其对刑罚裁量的影响，比如《意大利刑法典》第 112 条第 2 款明确规定："利用由于其人身条件或身份的原因而不可归罪者或者不受处罚者实施可因之实行当场逮捕的犯罪的，处罚可增加至一半。"第 3 款也是类似的精确量刑条款。这种专门适用于犯罪参与的系统化的精确量刑事由在采纳二元犯罪参与体系的立法例中恐并不多见。这就已经最大限度确保了在犯罪参与领域刑罚裁量上的有法可依与量刑精细化，也从立法层面最大限度避免了司法者刑罚裁量的随意

---

① 许玉秀：《当代刑法思潮》，中国民主法制出版社 2005 年版，第 556 页。

② ［德］汉斯·海因里希·耶赛克、托马斯·魏根特：《德国刑法教科书》（下），徐久生译，中国法制出版社 2017 年版，第 872 页。

性。就此而言，统一正犯体系正是正视并尊重犯罪参与的复杂性，继而主张根据法定的量刑事由实现罪刑个别化。因此，统一正犯体系不仅不会出现量刑的粗糙化，相反，量刑的个别化和精细化在此能够得到充分实现。① 比较而言，在笔者看来，二元犯罪参与体系先验性地根据参与形态确定法定刑的事实不仅导致其法律适用以及犯罪参与理论的漏洞百出，而且显得其在犯罪参与场合刑罚裁量事由的单一与“粗糙”。不论是理论推演还是实践理性均一再显示，影响刑法裁量的事由多种多样，犯罪参与场合尤其如此，根据参与形态配置并裁量刑罚确实有将“复杂问题简单化”之嫌。当然，如果说二元犯罪参与体系的批评者只是因为司法者需要根据法律规定自由裁量刑罚而指责统一正犯体系的话，那批评者的意见恐更不能被接受，毕竟没有自由裁量的司法是不存在的，也难以被称为“司法”。

（四）统一正犯体系导致处罚范围不当扩大?

“导致刑罚处罚范围不当扩大”恐怕是对统一正犯体系最集中的批判意见了。罗克辛教授指出，单一实行人的理论通过将行为构成的满足简化为因果性，这就会导致刑事可罚性发生不可容忍的扩张。② 林山田教授认为：“根植于因果关系的单一正犯概念，将

---

① 江溯：《关于单一正犯体系的若干辩驳》，载《当代法学》2011 年第 5 期。

② ［德］克劳斯·罗克辛：《德国刑法学总论》（第 2 卷），王世洲等译，法律出版社 2005 年版，第 8 页。

会造成无法接受的刑罚扩张现象。例如，单纯的唆使行为或协助行为，就会被解读成可罚的构成要件实施行为，而构成相关犯罪的未遂犯。”① 应该说，上述批评意见相对较中肯，有进一步研究的必要。

首先，统一正犯体系因主张罪责自负原则、否定共犯从属性，逻辑上可能导致参与未遂均属可罚的这样的结论。但是，统一正犯体系虽主张各参与者对其固有的不法负责，但也并不否认与直接实行者相比，参与者在存在论上之于构成要件的实现具有间接性，并据此审慎地考虑参与行为的构成要件符合性与违法性。换句话说，统一正犯体系虽否认共犯从属性，但在对参与行为的不法判断过程中，并不反对参与行为之于直接实行行为事实上的依附性或者说关联性，继而在规范评价层面将“参与行为＋实行行为”视为一个有机的行为整体，并以此作为直接正犯之外的参与犯的构成要件行为。在此，不可否认，与直接正犯的实行行为相比，参与犯的不法行为确实缺乏高度类型化，在法益侵害面也呈现间接性。但是，参与犯的不法行为的定位不应而是存在论的，而是规范论的，其并不局限于教唆行为或帮助行为本身，而是犯罪教唆等法定的参与形式与实行行为的有机统一。据此，机能的统一正犯体系完全可以在构成要件层面否定多数参与行为可罚性。

其次，不论是单独未遂抑或是参与的未遂，未遂犯通常作为具体危险犯，在个案中必须具有可罚的危险。任何一位统一正犯

---

① 林山田:《刑法通论》(下册)，元照出版公司 2008 年版，第 33 页。

体系的主张者均不可能仅因行为人对其他人认真而严肃地说“请帮我杀掉某某”就当然认定已经出现了可罚的危险。易言之，在实质地判断危险的有无及其大小这一点上，共同犯罪与单个人犯罪是完全一致的。因此，根据统一正犯体系，也是要实质性地考察包括参与未遂在内的诸参与形态法益侵害的程度来判断是否应定罪处罚。既然并不是必然要处罚所有的教唆未遂与帮助未遂，自然也就不存在导致处罚范围扩大化的问题。诚如高桥则夫教授指出的，未遂犯的处罚根据在于行为对法益侵害的客观危险性，参与行为本身对法益侵害的危险是间接的，还不能对他进行与实行行为相同的评价。在此，仅实施了教唆、帮助等参与行为，可能尚不值得处罚。①

再次，批评者认为统一正犯体系将构成要件的实现简化为因果性（具体说是条件关系）并据此将与不法结果存在条件关系的人都视为可罚，这将导致处罚范围的不当扩张，但这一批判意见无疑是将视角停留在统一正犯体系早期赖以确立的理论基础上。众所周知，考虑到条件说不当扩大或限缩刑法归责外延的缺陷以及混淆自然归因与刑法归责的弊病，②在条件说基础上蜕变形成的相当因果关系说与客观归责理论早已替代条件说成为中外刑法归责的基本方向。易言之，将统一正犯体系构建在相当因果关系或

① ［日］高桥则夫：《共犯体系和共犯理论》，冯军、毛乃纯译，中国人民大学出版社 2010 年版，第 59 页。

② 王振华：《单一正犯体系的危机与突围：归责体系的构建》，载《法学家》2019 年第 3 期。

客观归责理论之上不仅符合因果关系理论发展的趋势，而且完全符合刑法归责的基本理念。在采用形式的统一正犯体系的意大利，刑法理论已经从立法者早期主张的条件说转向了相当因果关系说。[①]以机能的统一正犯体系为特色的奥地利刑法学界也普遍认为，条件说对于认定行为人是否属于可罚的参与者并不充分，还要考虑行为是否制造或者增加了法不容许的风险以及该风险在构成要件的范围内实现。[②]

最后，众所周知，作为实定法的产物，共同犯罪的处罚范围很大程度上取决于一国实定法的规定并深受该国刑事政策的影响。以参与未遂为例，部分国家或地区共同犯罪立法虽被公认采纳了二元犯罪参与体系与共犯从属性理论，但并不妨碍实定法共同规定教唆未遂可罚而帮助未遂不可罚，比如根据《德国刑法典》第30条、《韩国刑法典》第31条，教唆无果或者说失败的教唆均可能受刑法处罚。相反，《奥地利刑法典》虽奉行统一正犯体系，但也并不妨碍其根据刑事政策考虑而在实定法上选择诱发正犯的未遂的可罚性，而排除援助正犯的未遂的不处罚。《巴西刑法典》虽然采纳了形式的统一正犯体系，但该法第31条明确规定，对于策划、共谋、教唆或者帮助行为，除非另有例外规定，否则在犯罪

① ［意］杜里奥·帕多瓦尼：《意大利刑法学原理》（评注版），陈忠林译评，中国人民大学出版社2004年版，第285—286页。

② Schmoller.Grundstrukturen der Beteiligung mehrerer an einer Straftat-die objektive Zurechnung fremden Verhaltens［J］ÖJZ，1983. 转引自江溯：《关于单一正犯体系的若干辩驳》，载《当代法学》2011年第5期。

的事实尚未达到未遂程度的情况下，不追究刑事责任。[①] 由此可见，在逻辑体系的一贯性与个案的实质的正义之间，前者必须让位于后者，这不仅适用于司法者，而且对立法者同样有效。上述规定本是各国刑事立法选择的结果，很大程度上并无对错可言，也不宜认为其导致刑罚处罚范围的“不当”扩大。

（五）统一正犯体系处理身份犯与亲手犯时存在障碍？

身份犯概指唯有具备特定资格或者条件的人，方属适格的行为人而能构成的犯罪，如受贿罪；亲手犯则指行为人必须亲自实施不法构成要件行为始能成立的犯罪，如重婚罪。[②] 在二元犯罪参与体系看来，在身份犯与亲手犯的场合，统一正犯体系将没有亲自实施犯罪却因与不法结果存在因果关系的共犯视为正犯，有欠妥当。[③] 机能的统一正犯体系拒绝承认违法的连带性，导致在该体系中身份犯、亲手犯问题始终未能得到突破，因为其无论如何都无法将不具备身份者解释为具备身份者、非亲手实施者解释为亲手实施者。[④] 上述批评意见，笔者认为有待进一步商榷。首先，可以

---

① 《巴西刑法典》，陈志军译，中国人民公安大学出版社 2009 年版，第 13 页。

② 林山田：《刑法通论》（上册），作者自版 2008 年版，第 256—257 页。

③ ［德］汉斯·海因里希·耶赛克、托马斯·魏根特：《德国刑法教科书》（下），徐久生译，中国法制出版社 2017 年版，第 872 页。

④ 袁国何：《功能单一正犯体系的理论脉络及其检讨》，载《中外法学》2019 年第 1 期。类似观点可参见柳忠卫：《中国共同犯罪立法模式的归属与选择》，载《政法论丛》2017 年第 2 期；钱叶六：《共犯论的基础及其展开》，中国政法大学出版社 2014 年版，第 6 页；陈家林：《共同正犯研究》，武汉大学出版社 2004 年版，第 4 页。

肯定，不论根据限制的正犯概念还是扩张的正犯概念，在数人参与身份犯、亲手犯的场合，两种截然不同的犯罪参与体系最终均认可无资格或身份者也成立相关犯罪，其不法的参与行为也应受到刑法的规制。表象上的区别仅在于限制的正犯概念论者主张以"共犯"追究无身份或特定资格者的刑事责任，而扩张的正犯概念论者则以"正犯"之名追究其他参与犯的刑事责任。应该说，这种对参与者受罚"身份"的定位与其各自的犯罪参与体系的基本立场是一致的，在扩张的正犯概念与统一正犯体系下，一切可罚的犯行参与者均被定位为"正犯"，原本就无"共犯"可言，因此，在多人参与身份犯或亲手犯的场合，可罚的参与者自然也要被论以"正犯"之责。因此，不能以限制的正犯概念有关正犯的理解要求或审视统一正犯体系下的正犯概念与类型。其次，不可否认，身份犯或亲手犯的成立在构成要件方面有其特殊要求，但在肯认无身份者事实上能够参与身份犯或亲手犯并对相关犯罪的实现产生积极促进甚至支配作用的前提下，处罚无身份者也只是一个解释论的问题。在此，应该结合"共动"的特殊性来展开。详言之，无身份者与有身份者彼此基于行为计划，相互分工协作共同实现不法构成要件的过程中，有身份者与无身份者彼此是相互利用、彼此补给并合力实现不法构成要件的关系。在此，无身份者虽然确实无法通过自己的身体活动单独实现相关犯罪不法构成要件的核心内容，但"共动关系"的存在使得无身份者有可能利用有身份、有资格者的资格、地位并与后者共同实现特别犯的不法。正因如此，意大利刑法学者帕多瓦尼特别指出，数人参与身份犯时，要求至少有一个共同犯罪人必须具有相应的身份，否则，就不存在身份犯的共同犯罪问题。

我国刑法中相关规定与相关司法解释实际上也秉承了这一基本观点。例如，《刑法》第382条第3款即明确规定，与国家工作人员勾结，伙同贪污的，以共犯论处。最高人民法院《关于审理贪污、职务侵占案件如何认定共同犯罪几个问题的解释》第1条、第2条也明确体现了上述基本立场。[①] 以贪污罪为例，无身份者与有身份者伙同贪污的场合，无身份者虽然没有国家工作人员的身份，不可能利用自身具有的职务上的便利，但其完全可以利用与之配合的国家工作人员的身份，即司法解释中明确阐释的"利用国家工作人员的职务便利"，实施侵吞、窃取、骗取公共财物的行为。在此，无身份者虽然无法通过自己的身体活动直接实现构成要件，但可以通过利用有身份者的行为间接实现构成要件，并因此对自己的不法独立答责，而直接抑或间接实现构成要件这一点在规范评价上本无实质区别。易言之，不法身份或资格虽然可能无法拥有，但可以被利用。因此，在多人参与特别犯的场合，只要至少一个具有特定资格或关系的人直接实施了实行行为即为已足。由此可见，统一正犯体系否认违法的连带性并不会在特别犯

① 上述司法解释第1条规定："行为人与国家工作人员勾结，利用国家工作人员的职务便利，共同侵吞、窃取、骗取或者以其他手段非法占有公共财物的，以贪污罪共犯论处。"第2条规定："行为人与公司、企业或者其他单位的人员勾结，利用公司、企业或者其他单位人员的职务便利，共同将该单位财物非法占为己有，数额较大的，以职务侵占罪共犯论处。"

中形成解释论上的障碍。不仅如此，在上述身份犯的场合，在确认了各参与者可罚的不法与责任后，即可统一以相关犯罪正犯之名根据其在共同犯罪中所起作用大小分别裁量刑罚。反观限制的正犯概念或又将陷入无尽的争论中，比如，无身份者能否成为真正身份犯的共同正犯？无特定身份者与有特定身份者共同实施犯罪实行行为的如何认定犯罪的性质？等等。

（六）统一正犯体系会导致“着手”概念的崩溃？

主张统一正犯体系部分学者担心，在统一正犯体系下，行为既、未遂之判断无须取决于直接正犯之行为，而系以行为人自己的行为为独立判断的标准。但对于惹起正犯与协助正犯，其行为之既、未遂判断，如仍以其个别行为为基准，而不需取决于直接正犯之行为，则将使判断既、未遂的法理产生动摇，着手的概念也将随之崩溃。① 我国大陆地区部分学者对此表示认同，② 但笔者以为，应辩证地看待上述问题。首先，可以确定的是，即便是在限制的正犯概念下，对直接正犯犯罪“着手”的认定也经历了一个由主观到客观、由形式的客观说到实质的客观说这样一个演进过程。形式客观说以构成要件行为作为认定是否着手的标准，一定程度上确实具有明确性，但也会出现着手的认定“过早”或“过

---

① 柯耀程：《变动中的刑法思想》，中国政法大学出版社 2003 年版，第 198 页。

② 任海涛：《统一正犯体系之评估》，载《国家检察官学院学报》2010 年第 3 期；阎二鹏：《犯罪参与体系之比较研究与路径选择》，法律出版社 2014 年版，第 123 页。

晚”的弊病，由此形成了实质的客观说（其内复分为实质的行为说、与结果说），此外还有各种折中说。[①]这说明“着手”现在已经具有划定未遂犯处罚时期的意义，也即将某种作为未遂犯处罚根据的价值。这必然导致“着手”的认定越发复杂，作为判断是否“着手”的参考因素也将趋于综合，而不仅限于构成要件行为，作为着手的判断标准也将更趋实质化。虽然“着手”的认定趋于复杂而困难，但我们并不会放弃认定；虽然“着手”的判断标准越发“模糊”，但我们并没有因此指责这种学说演进导致“着手”概念的崩溃，恰恰我们认为这是实质刑法观的体现，是刑法理论的科学化、合理化。其次，如前所述，直接正犯之外的参与犯的构成要件行为应规范把握，其构成要件行为不应仅理解为表象上的犯罪教唆或者犯罪帮助，而是犯罪教唆或犯罪帮助+直接正犯的实行行为，即参与犯的构成要件行为表现为一个纵向的有机的“行为链”，应该在这个意义上认识参与犯的不法，这样才能为不处罚一定的共动的未遂提供解释论的基础。单纯将教唆行为视为直接符合分则构成要件的行为的观点，很显然是对参与犯的不法行为缺乏正确认识。再次，考虑到“着手”已经被视为划定未遂犯的处罚时期的概念，甚至可以说是将某种行为作为未遂犯处罚的根据，因此，有必要联系未遂犯的处罚根据实质性地认定犯罪的“着手”时期。就此而言，不考虑被教唆或被援助的他人参与共动的具体情况，单纯以教唆者或援助者已经实施了教唆

---

① 张明楷：《刑法学》（第五版），法律出版社2016年版，第340—341页。

行为或帮助行为就认定参与者具备了未遂犯所要求的不法，明显违背了着手认定标准上的实质性要求。最后，如同在二元参与体系下，间接正犯“着手”的认定标准上存在利用者标准说、被利用者标准说以及个别化说等观点，如果按照利用者标准说，那么针对统一正犯体系的批判——导致“着手”的概念崩溃——同样适用于二元参与体系！反之，如果按照被利用者标准说，则意味着利用行为本不属于实行行为，但这根据限制的正犯概念又很难解释利用者的正犯性。因此，实质性地把握参与犯的着手时期，既是基于犯罪参与特殊性的考虑，也是基于“着手”具有的现代刑法意义的需要。

四、结　语

通过对扩张的正犯概念与统一正犯体系的历史性回顾，不得不承认，其发端于近代学派鼎盛时期，相关立法如《意大利刑法典》也确实深受主观主义刑法理论影响。但是，不能因其与近代学派具有历史的耦合性就予以彻底否定。与二元犯罪参与体系相比较，统一正犯体系有其优越性：逻辑设定上的准确性、学说论理上的一贯性、个人责任原则坚持的彻底性、法律适用上的经济性、对犯罪参与现象把握的深刻性以及犯罪参与问题处理上实质的妥当性。在统一正犯体系内部，与形式的统一正犯体系相比，机能的统一正犯体系因下述特色而特别值得提倡：通过区分各种犯行形式，维持了传统上对直接正犯的一般认知；通过定位各种犯行类型，维持了构成要件的明确性，保障了罪刑法定原则在犯罪参与领域的实现；对各种犯行类型进行区分，有助于个别且独立地判断各参与者的不法，继而将缺乏可罚的违法的参与排除在刑法规制的视野之外。考虑到我国共同犯罪立法的法制传统——重视参与者在共同犯罪中的作用并以此作为刑罚裁量根据，立足我国共同犯罪立法的规定——参与形式对参与者的定罪与处罚均不具有决定作用，[①]结合我国相关司法解释的规定——主犯、从犯、胁从犯的认定成为相关司法解释的绝对核心，即司法解释在共同犯罪的认定过程中重心致力于量刑问题，[②]甚至存在以主犯所触及的罪名确定共同犯罪性质的现象，应该说我们是有可能以扩张的正犯概念与机能的统一正犯体系为指导，在刑法教义学上展开犯罪参与理论的构建！

---

① 刘明祥:《论中国特色的犯罪参与体系》，载《中国法学》2013 年第 6 期。

② 比如，最高人民法院 2017 年《关于常见犯罪的量刑指导意见》第三部分“常见量刑情节的适用”第 3 点规定：“对于从犯，应当综合考虑其在共同犯罪中的地位、作用等情况，予以从宽处罚，减少基准刑的 20%—50%；犯罪较轻的，减少基准刑的 50% 以上或者依法免除处罚。”很明显，最高司法者实际上是将“从犯”作为一种“量刑情节”来定位的。

参考文献

著作类

1. 高铭暄、马克昌:《中国刑法解释》,中国社会科学出版社2005年版。

2. 高铭暄、马克昌:《刑法学》(第八版),北京大学出版社、高等教育出版社2017年版。

3. 马克昌:《犯罪通论》,武汉大学出版社1999年版。

4. 马克昌:《比较刑法原理》,武汉大学出版社2006年版。

5. 马克昌:《刑法学全书》,上海科学技术出版社1993年版。

6. 何秉松:《刑法教科书》,中国法制出版社1997年版。

7. 张明楷:《刑法学》(第五版),法律出版社2016年版。

8. 张明楷:《外国刑法纲要》,清华大学出版社2007年版。

9. 陈兴良:《共同犯罪论》(第二版),中国人民大学出版社2006年版。

10. 黎宏:《刑法总论问题思考》,中国人民大学出版社2007年版。

11. 黎宏:《刑法学》，法律出版社 2012 年版。

12. 黎宏:《日本刑法精义》(第二版)，法律出版社 2008 年版。

13. 周光权:《刑法总论》，中国人民大学出版社 2011 年版。

14. 冯军:《刑法问题的规范理解》，北京大学出版社 2009 年版。

15. 朴宗根:《正犯论》，法律出版社 2009 年版。

16. 陈家林:《外国刑法通论》，中国人民公安大学出版社 2009 年版。

17. 陈家林:《共同正犯研究》，武汉大学出版社 2004 年版。

18. 陈洪兵:《共犯论思考》，人民法院出版社 2009 年版。

19. 钱叶六:《共犯论的基础及其展开》，中国政法大学出版社 2012 年版。

20. 王志远:《共犯的根基与拓展》，法律出版社 2011 年版。

21. 杨金彪:《共犯的处罚根据》，中国人民公安大学出版社 2008 年版。

22. 阎二鹏:《犯罪参与体系之比较研究与路径选择》，法律出版社 2014 年版。

23. 江溯:《犯罪参与体系研究——以单一正犯体系为视角》，中国人民公安大学出版社 2010 年版。

24. 杨金彪:《共犯的处罚根据》，中国人民公安大学出版社 2008 年版。

25. 田鹏辉:《片面共犯的理论与实践》，科学出版社 2013 年版。

26. 郭莉:《结果加重犯结果研究》，中国人民公安大学出版社 2013 年版。

27. 任海涛:《承继共犯研究》，法律出版社 2010 年版。

28. 刘思凡:《共犯界限论》，中国人民公安大学出版社 2011 年版。

29. 林山田:《刑法通论》(下册)，元照出版公司 2008 年版。

30. 蔡墩铭:《唐律与近代刑事立法之比较研究》，台北汉苑出版社 1976 年版。

31. 林东茂:《刑法纵览》(第七版)，一品文化出版社 2012 年版。

32. 林东茂:《一个知识论上的刑法学思考》，中国人民大学出版社 2009 年版。

33. 许玉秀:《当代刑法思潮》，中国民主法制出版社 2005 年版。

34. 许玉秀:《刑法的问题与对策》，成阳印刷股份有限公司 1999 年版。

35. 许玉秀:《主观与客观之间》，法律出版社 2008 年版。

36. 许玉秀:《刑法》，新学林出版股份有限公司 2012 年版。

37. 柯耀程:《刑法总论释义》，元照出版公司 2006 年版。

38. 柯耀程:《变动中的刑法思想》，台湾瑞兴图书股份有限公司 2001 年版。

39. 甘添贵:《刑法之重要理念》，台湾瑞兴图书股份有限公司 1996 年版。

40. 余振华:《刑法深思·深思刑法》，元照出版公司 2005 年版。

41. 黄常仁:《刑法总论》，汉兴出版有限公司 1995 年版。

42. 黄荣坚:《基础刑法学》，中国人民大学出版社 2009 年版。

43. 黄荣坚:《刑罚的极限》，元照出版公司 1999 年版。

44. 陈子平:《共同正犯与共犯论——继受日本之轨迹及其变迁》，五南图书出版公司 2001 年版。

45. 陈子平《刑法总论》，中国人民大学出版社 2008 年版。

46. 林钰雄:《新刑法总则》，元照出版公司 2006 年版，第 406 页。

47. 杨建华:《刑法总则之比较与检讨》，作者自版 1982 年版。

48. 蔡圣伟:《刑法问题研究（一）》，元照出版公司 2008 年版。

49. 陈友峰:《刑法上行为概念与行为之探索》，台湾辅仁大学法律系 2002 年博士学位论文。

50. [德] 约翰内斯 · 韦塞尔斯:《德国刑法总论》，李昌珂译，法律出版社 2008 年版。

51. [德] 克劳斯 · 罗克辛:《德国刑法学总论》，王世洲等译，法律出版社 2013 年版。

52. [德] 克劳斯 · 罗克辛:《德国最高法院判例: 刑法总论》，何庆仁、蔡桂生译，中国人民大学出版社 2012 年版。

53. [德] 汉斯 · 海因里希 · 耶塞克、托马斯 · 魏根特:《德国刑法教科书》，中国法制出版社 2001 年版。

54. [德] 乌尔斯 · 金德霍伊泽尔:《刑法总论教科书》，蔡桂生译，北京大学出版社 2015 年版。

55. [日] 西原春夫:《犯罪实行行为论》，戴波、江溯译，北京大学出版社 2006 年版。

56. [日] 山口厚:《刑法总论》，付立庆译，中国人民大学出版社 2011 年版。

57. [日] 大谷实:《刑法讲义总论》,黎宏译,中国人民大学出版社 2008 年版。

58. [日] 西田典之:《日本刑法总论》,刘明祥、王昭武译,中国人民大学出版社 2007 年版。

59. [日] 西田典之:《共犯理论的展开》,江溯、李世阳译,中国法制出版社 2014 年版。

60. [日] 高桥则夫:《共犯体系和共犯理论》,冯军、毛乃纯译,中国人民大学出版社 2010 年版。

61. [日] 松原芳博:《刑法总论重要问题》,王昭武译,中国政法大学出版社 2014 年版。

62. [日] 小野清一郎:《犯罪构成要件理论》,王泰译,中国人民公安大学出版社 2004 年版。

63. [日] 三谷隆正:《法律哲学原理》,徐文波译,商务印书馆 1937 年版。

64. [日] 大塚仁:《刑法概说(总论)》(第三版),冯军译,中国人民大学出版社 2003 年版。

65. [日] 大塚仁:《犯罪论的基本问题》,冯军译,中国政法大学出版社 1993 年版。

66. [韩] 李在祥:《韩国刑法总论》,韩相敦译,中国人民大学出版社 2005 年版。

67. [韩] 金日秀、徐辅鹤:《韩国刑法总论》,郑军男译,武汉大学出版社 2008 年版。

68. [意] 杜里奥·帕多瓦尼:《意大利刑法学原理》(评注版),

陈忠林译评，中国人民大学出版社 2004 年版。

69.［俄］Н. Ф. 库兹涅佐娃、И. М. 佳日科娃：《俄罗斯刑法教程》，黄道秀译，中国法制出版社 2002 年版。

论文类

1. 马克昌：《结果加重犯比较研究》，载《武汉大学学报（社会科学版）》1993 年第 6 期。

2. 张明楷：《共同犯罪的认定方法》，载《法学研究》2014 年第 3 期。

3. 张明楷：《严格限制结果加重犯的范围与刑罚》，载《法学研究》2005 年第 1 期。

4. 张明楷：《共同过失与共同犯罪》，载《吉林大学社会科学学报》2003 年第 2 期。

5. 陈兴良：《历史的误读与逻辑的误导——评关于共同犯罪的修订》，载陈兴良主编：《刑事法评论》第 2 卷，中国政法大学出版社 1998 年版。

6. 陈兴良：《间接正犯：以中国的立法与司法为视角》，载《法制与社会发展》2002 年第 5 期。

7. 陈兴良：《共犯论：二元制与单一制的比较》，载中国人民大学刑事法律科学研究中心编：《刑事法热点问题的国际视野》，北京大学出版社 2010 年版。

8. 黎宏：《我国犯罪构成体系不必重构》，载《法学研究》2006 年第 1 期。

9. 黎宏、姚培培:《间接正犯概念不必存在》，载《中国刑事法杂志》2014 年第 4 期。

10. 黎宏:《“过失共同正犯”质疑》，载《人民检察》2007 年第 14 期。

11. 刘明祥:《论中国特色的犯罪参与体系》，载《中国法学》2013 年第 6 期。

12. 刘明祥:《主犯正犯化质疑》，载《法学研究》2013 年第 5 期。

13. 刘明祥:《间接正犯概念之否定》，载《法学研究》2015 年第 6 期。

14. 李洁:《中日共犯问题比较研究概说》，载《现代法学》2005 年第 3 期。

15. 林亚刚:《共谋共同正犯问题研究》，载《法学评论》2001 年第 4 期。

16. 林亚刚:《论过失共同正犯及刑事责任的实现》，载《江西公安专科学报》2001 年第 3 期。

17. 林亚刚、何荣功:《结果加重犯共同正犯刑事责任的探讨》，载《郑州大学学报》2002 年第 4 期。

18. 林亚刚、何荣功:《论“共谋”的法律性质及刑事责任》，载《浙江社会科学》2002 年第 3 期。

19. 李希慧、汤媛媛:《共同过失正犯中“共同注意义务”之否定》，载《国家检察官学院学报》2013 年第 5 期。

20. 李邦友:《日本刑法共谋共同正犯的理论及其发展》，载《法学评论》2001 年第 1 期。

21. 刘艳红：《论正犯理论的客观实质化》，载《中国法学》2011 年第 4 期。

22. 刘艳红：《共谋共同正犯论》，载《中国法学》2012 年第 6 期。

23. 陈家林：《析共同正犯的几个问题》，载《法律科学》2006 年第 1 期。

24. 陈家林：《正犯体系与正犯概念研究》，载《中国刑事法杂志》2005 年第 1 期。

25. 陈家林：《共谋共同正犯研究》，载高铭暄、赵秉志主编：《刑法论丛》第 9 卷，法律出版社 2005 年版。

26. 陈家林：《试论正犯的两个问题》，载《现代法学》2005 年第 2 期。

27. 肖中华：《片面共犯与间接正犯观念之破与立》，载《云南法学》2000 年第 3 期。

28. 王志祥、韩雪：《论共谋共同正犯概念在我国刑法中的确立》，载《中南民族大学学报》2013 年第 2 期。

29. 童德华：《正犯的基本问题》，载《中国法学》2004 年第 4 期。

30. 童德华：《共同过失犯初论》，载《法律科学》2002 年第 2 期。

31. 侯国云、苗杰：《论共同过失犯罪》，载《法学研究》1993 年第 2 期。

32. 侯国云：《交通肇事罪司法解释缺陷分析》，载《法学》2002 年第 7 期。

33. 郑泽善：《论过失共同正犯》，载《政治与法律》2014 年第 11 期。

34. 钱叶六：《双层区分制下正犯与共犯的区分》，载《法学研究》2012 年第 1 期。

35. 钱叶六：《共犯与正犯关系论》，载《中外法学》2013 年第 4 期。

36. 阎二鹏：《共谋共同正犯理论中国化的障碍》，载《中外法学》2014 年第 4 期。

37. 阎二鹏：《论间接正犯概念的消解》，载《法学论坛》2011 年第 4 期。

38. 马荣春：《论共同过失犯罪》，载《河北法学》2003 年第 5 期。

39. 舒洪水、张永江：《论共同过失犯罪》，载《当代法学》2006 年第 5 期。

40. 王昭武：《论共犯的最小从属性说》，载《法学》2007 年第 11 期。

41. 王志远：《我国现行共犯制度下间接正犯的泛化及其反思》，载《河南师范大学学报（哲学社会科学版）》2007 年第 5 期。

42. 陈洪兵：《间接正犯行为媒介论》，载《厦门大学法律评论》第 14 辑，厦门大学出版社 2007 年版。

43. 江溯：《单一正犯体系研究》，载陈兴良主编：《刑事法评论》第 24 卷，北京大学出版社 2009 年版。

44. 江溯：《区分制共犯体系的整体性批判》，载《法学论坛》2011 年第 6 期。

45. 何庆仁：《共犯论中的直接—间接模式之批判》，载《法律科学》2014 年第 5 期。

46. 黄明儒、王振华：《我国犯罪参与体系归属单一制的立法依据论》，载《法学杂志》2017 年第 12 期。

47. 陈毅坚：《作为组织支配的正犯后正犯——支配性共谋的德国理解与中国问题》，载《北方法学》2010 年第 4 期。

48. 陈毅坚：《共谋共同正犯》，载《北大法律评论》2010 年第 1 期。

49. 郑廷谱、邹兵：《试论过失共同正犯——立法论而非解释论之肯定》，载《中国刑事法杂志》2009 年第 7 期。

50. 张开骏：《共犯从属性理论的贯彻与应用》，载《中国刑事法杂志》2013 年第 3 期。

51. 张开骏：《共犯从属性理论的体系建构》，载《清华法学》2013 年第 6 期。

52. 王昭振、赵薇：《组织犯：诠释基础、类型与处罚》，载《河北法学》2008 年第 10 期。

53. 赵辉：《论结果加重犯的共同正犯》，载《武汉理工大学学报（社会科学版）》2006 年第 6 期。

54. 杨金彪：《分工分类与作用分类的同一——重新划分共犯类型的尝试》，载《环球法律评论》2010 年第 4 期。

55. 任海涛：《大陆法系正犯与正犯区分理论评述——兼谈对我国共犯形式客观说之反思》，载《中国刑事法杂志》2006 年第 3 期。

56. 杨延军：《间接正犯的几个基本理论问题新探》，载《法商研究》2010 年第 6 期。

57. 李晓龙：《论结果加重犯的直接性关联》，载《法学》2014

年第 4 期。

58. 陈姗姗:《过失共同正犯理论之质疑》,载《法学评论》2013 年第 2 期。

59. 刘朝阳:《共同过失犯罪新论》,载《政治与法律》2005 年第 6 期。

60. 王振、武立松:《论间接正犯概念的扩张——正犯后正犯》,载《湖南公安高等专科学校学报》2009 年第 2 期。

61. 廖北海:《间接正犯成立范围的扩张——以犯罪事实支配理论为视角》,载《湖北社会科学》2010 年第 11 期。

62. 尹子文、徐久生:《行为控制理论下“正犯后正犯”的边界归属》,载《政治与法律》2014 年第 6 期。

63. 韩其珍:《间接正犯的光与影》,载陈兴良主编:《刑事法评论》第 32 卷,北京大学出版社 2013 年版。

64. 刘洪:《我国刑法共犯参与体系性质探讨》,载《政法学刊》2007 年第 4 期。

65. 袁国何:《功能单一正犯体系的理论脉络及其检讨》,载《中外法学》2019 年第 1 期。

66. 王华伟:《犯罪参与模式之比较研究》,载《法学论坛》2017 年第 6 期。

67. 方军:《共谋共同正犯否定论》,载《政治与法律》2015 年第 5 期。

68. 陈林林:《司法裁判中的演绎论证》,载《浙江大学学报(哲学社会科学版)》2007 年第 1 期。

69. 杨知文:《司法裁决的后果主义论证》, 载《法律科学》2009 年第 4 期。

70. 黄惠婷:《我国与德国刑法共犯理论的发展》, 载《刑事法杂志》1996 年第 6 期。

71. 蔡惠芳:《结果加重犯之共犯问题》, 载《月旦法学》2005 年第 3 期。

72. 许泽天:《共犯之处罚基础与从属性》, 载《罪与刑: 林山田教授六十岁生日祝贺论文集》, 五南图书出版公司 1998 年版。

73. 蔡圣伟:《论间接正犯概念内涵的演变》, 载陈兴良主编:《刑事法评论》第 21 卷, 北京大学出版社 2007 年版。

74. 周庆东:《过失共同正犯——以德国学说为考察中心》, 载《鸟瞰共同正犯》, 台湾承法数位文化有限公司 2012 年版。

75. 黄荣坚:《共犯与身份》, 载《刑法思潮之奔腾: 韩忠谟教授纪念论文集》, 财团法人韩忠谟教授法学基金会 2000 年版。

76. [日] 金光旭:《日本刑法中的实行行为》, 载《中外法学》2008 年第 2 期。

77. [日] 西田典之:《共犯的分类》, 载马克昌、莫洪宪主编:《中日共同犯罪比较研究》, 武汉大学出版社 2003 年版。

78. [日] 西田典之:《日本刑法中的共犯规定》, 载西原春夫主编:《日本刑事法的重要问题》, 金光旭等译, 法律出版社、成文堂联合出版 2000 年版。

79. [日] 佐久间修:《共同过失与共犯》, 林亚刚译, 载马克昌、莫洪宪主编:《中日共同犯罪比较研究》, 武汉大学出版社

2003 年版。

80. [日] 大谷实:《日本刑法中正犯与共犯的区别——与中国刑法中的“共同犯罪”相比照》，王昭武译，载《法学评论》2002 年第 6 期。

81. [德] 普珀:《反对过失共同正犯》，王鹏翔译，载《东吴法律学报》2006 年第 17 期第 3 卷。

82. [德] 克劳斯 · 罗克辛:《正犯与犯罪事实支配理论》，劳东燕译，载陈兴良主编:《刑事法评论》第 25 卷，北京大学出版社 2009 年版。

83. 张伟:《帮助犯概念与范畴的现代展开》，载《现代法学》2012 年第 4 期。

84. 张伟:《我国犯罪参与体系下正犯概念不宜实质化》，载《中国刑事法杂志》2013 年第 10 期。

85. 张伟:《我国犯罪参与体系与双层次共犯评价理论》，载赵秉志主编:《刑法论丛》2013 年第 4 期。

86. 张伟:《“正犯后正犯”与犯罪参与理论研究》，载《法学家》2015 年第 5 期。

87. 张伟:《过失共同正犯研究》，载《清华法学》2016 年第 4 期。

88. 张伟:《间接正犯泛化与统一正犯体系的确立》，载《法商研究》2018 年第 3 期。

89. 张伟:《限制正犯概念与二元犯罪参与体系批判》，载《比较法研究》2019 年第 5 期。

90. 张伟:《结果加重犯之共同正犯研究》，载陈兴良主编:《刑事法评论》第 39 卷，北京大学出版社 2017 年版。

91. 张伟:《共谋共同正犯消解论》，载江溯主编:《刑事法评论》第 41 卷，北京大学出版社 2018 年版。

92. 张伟:《扩张的正犯概念与统一正犯体系》，载《清华法学》2020 年第 5 期。

图书在版编目（CIP）数据

非典型正犯与犯罪参与体系研究 / 张伟著 .—北京：中国法制出版社，2021.9

ISBN 978-7-5216-2118-1

Ⅰ.①非…　Ⅱ.①张…　Ⅲ.①团伙犯罪—研究—中国
Ⅳ.① D924.114

中国版本图书馆 CIP 数据核字（2021）第 165773 号

责任编辑：王雯汀　　封面设计：周黎明

非典型正犯与犯罪参与体系研究

FEI DIANXING ZHENGFAN YU FANZUI CANYU TIXI YANJIU

著者 / 张　伟

经销 / 新华书店

印刷 / 北京虎彩文化传播有限公司

开本 / 880 毫米 ×1230 毫米　32 开　　印张 / 12　字数 / 248 千

版次 / 2021 年 9 月第 1 版　　2021 年 9 月第 1 次印刷

中国法制出版社出版

书号 ISBN 978-7-5216-2118-1　　定价：49.00 元

北京市西城区西便门西里甲 16 号西便门办公区

邮政编码 100053　　传真：010-63141852

网址：http://www.zgfzs.com　　**编辑部电话：010-63141824**

市场营销部电话：010-63141612　　**印务部电话：010-63141606**

（如有印装质量问题，请与本社印务部联系。）